教育部人文社会科学一般项目（15YJA820001）研究成果

重大行政决策终身责任追究制度研究

陈　党　顾赵丽 等 著

浙江工商大学出版社
ZHEJIANG GONGSHANG UNIVERSITY PRESS
·杭州·

图书在版编目(CIP)数据

重大行政决策终身责任追究制度研究 / 陈党等著.
— 杭州：浙江工商大学出版社，2020.6
ISBN 978-7-5178-3915-6

Ⅰ.①重… Ⅱ.①陈… Ⅲ.①行政管理－管理决策－法律责任－研究－中国 Ⅳ.①D922.112.4

中国版本图书馆CIP数据核字(2020)第101607号

重大行政决策终身责任追究制度研究

ZHONGDA XINGZHENG JUECE ZHONGSHEN ZEREN ZHUIJIU ZHIDU YANJIU

陈 党 顾赵丽 等 著

责任编辑 张 玲
封面设计 雅萦斋文化
责任印制 包建辉
出版发行 浙江工商大学出版社
（杭州市教工路198号 邮政编码310012）
（E-mail：zjgsupress@163.com）
（网址：http://www.zjgsupress.com）
电话：0571-88904980，88831806（传真）
排　　版 杭州红羽文化创意有限公司
印　　刷 广东虎彩云印刷有限公司绍兴分公司
开　　本 710mm×1000mm 1/16
印　　张 17.75
字　　数 264千
版 印 次 2020年6月第1版 2020年6月第1次印刷
书　　号 ISBN 978-7-5178-3915-6
定　　价 56.00元

浙江工商大学出版社营销部邮购电话 0571－88904970

目　录

第一章
重大行政决策终身责任追究制度及其价值

重大行政决策终身责任追究既是一种追究行政决策责任的活动，又是一种追究行政决策责任的法律制度，对于规范和控制行政决策权，减少和避免重大行政决策失误，促进行政决策的科学化、民主化、法治化，具有重要的价值。正因为这样，党的十八届四中全会通过的《中共中央关于全面推进依法治国若干重大问题的决定》明确提出："建立重大决策终身责任追究制度及责任倒查机制，对决策严重失误或者依法应该及时作出决策但久拖不决造成重大损失、恶劣影响的，严格追究行政首长、负有责任的其他领导人和相关责任人员的法律责任。"

一、重大行政决策终身责任追究的含义

概念是分析问题的基础。"从词源的角度来审视，'重大行政决策终身责任追究'是一个新兴的复合词组，其由'重大行政决策''终身责任'以及'追究（行政问责）'三词所构成。然而，无论是'重大行政决策'，还是'终身责任'，抑或'追究（行政问责）'，都由于受到人类自身认识的局限、学科的限制以及其本身多义性的影响，致使它们在此种语境下的

内涵和外延皆具有极大的不确定性，继而导致我国理论界和实务界对重大行政决策终身责任追究的主体、对象以及责任形式都有很大的争议。”[①]

（一）决策、行政决策与重大行政决策

要研究重大行政决策终身责任追究制度，首先需要弄清决策、行政决策、重大行政决策的含义和特点，以及重大行政决策和一般行政决策的联系与区别等问题。在此基础上，才能展开进一步的深入研究。

1. 决策

决策是人类社会普遍而重要的活动。上古时期，人类就在以生存为目的的劳动实践中产生了早期朴素的决策思想。文字的产生，使以往的决策经验得以积累、保存和流传，从而使人类的决策活动产生了质的飞跃。早在先秦时期，我国就出现了“决策”一词，《韩非子·孤愤》篇中就有“智者决策于愚人”的文字记载。此外，《孙子兵法》《战国策》《资治通鉴》等著作中都包含了丰富的决策思想和方法。

现代科学管理意义上的决策起源于西方管理学。决策在管理学中具有特定的内涵，西方管理学认为决策其实是一个动态的过程，根据出现的问题先制定目标，然后设计方案，经过选择，最终作出一个决定。其内涵可以分解为三个主要部分：首先是发现相关问题，其次是结合现实进行预测，最后是根据设定的目标进行相关评估分析，将最佳方案挑选出来。人们通常将美国学者西蒙有关决策的论述视为决策理论发展的里程碑，在其之前的被称为古典决策理论，在其之后的则被称为现代决策理论。在管理学和经济学的意义上，决策被解释为公司或政府为实现一定的目标，按照一定的程序制订若干行动方案并加以抉择的活动和过程。

什么是决策？不同学科的学者对这个概念有着不同的理解。孙秀君在其《决策法学》一书中曾将“决策”的定义概括为三种类型：其一，“决策”即“决定”，是个人或社会组织就未来实践的方向、目标、原则和方

① 江国华、梅杨：《重大行政决策程序法学研究》，中国政法大学出版社2018年版，第171页。

法所做的决定；其二，“决策”即“选择”，是一定行为主体为实现既定的目标或价值观而做的选择；其三，“决策”即“过程”，是人们为实现预期目标，对未来进行设计并作出选择的过程。[①]综上所述，决策就是决策主体为了一定的目标，按照一定的程序，作出最好决定与最佳选择的活动和过程。

2. 行政决策

“行政决策又称政府决策，是指国家行政机关及其工作人员为实现一定的行政目标，根据法定权限，按照法定程序对其职责范围内的公共事务作出决定或确定行动方案的活动与过程。”[②]行政决策是决策的一种，它是行政机关为履行行政职能所作出的行为设计和抉择过程。与公民个人的决策、企事业单位的决策相比较，行政决策通常具有以下几个鲜明的特征：

一是行政决策主体的特定性。行政决策的主体不是任意的，而是由法律、法规明确规定的。所以，主体的特定性是行政决策制度的首要特征。在我国，行政事项的决策权被赋予行政机关和法律、法规授权的组织来行使，即只有行政主体才是行政事项的适格决策主体。

二是行政决策目标的公共性。目标的公共性是指行政决策的目标在于公共利益，通过提供公共服务或公共产品的方式满足公共需求，而非满足私人利益，这是合法的行政决策与行政机关滥用行政决策权进行违法决策的根本区别。在现实生活中，一些地方行政首长为了个人利益乱决策，往往造成严重的后果。这样的决策并非真正的行政决策，因为其目的在于一己私利，而非群众的福祉，其作出的决策没有合法的基础。所以，目标的公共性是行政决策的重要特征之一。

三是行政决策行为的权威性。因为行政决策的主体是特定的行政机关和具有公共管理职能的组织，其决策权力来源于法律、法规的明确授权，故其作出的决策内容具有法律效力。如果行政决策在实施过程中遇到障碍，行政机关便可运用行政权力来强制他人服从。这种权威性是行政效率

① 孙秀君：《决策法学》，人民法院出版社2000年版，第4—5页。

② 杨寅：《行政决策程序、监督与责任制度》，中国法制出版社2011年版，第8页。

的需要，也是行政决策目标得以实现的有效方式。所以，行政决策行为的重要特征之一就是具有权威性。

四是行政决策的过程性。行政决策是行政主体在行政管理过程中为解决所面临的矛盾，而选择适当的解决方案的过程。这个过程并不是一蹴而就的，需要各项活动密切配合才能完成。其整体是一个动态的过程，因此行政决策具有过程性。

3. 重大行政决策

作为行政决策的下位概念，“重大行政决策”与“一般行政决策”相对应。由于“重大”一词具有抽象性、复杂性和不确定性，所以要想给“重大行政决策”下一个能够得到理论界和实务界都普遍认可的定义，是相当困难的。但是，我们可以通过以下几个标准来判断其是否属于重大行政决策：一是行政决策主体的层级。从行政决策主体的层级来看，乡镇政府和街道办事处的职权是有限的，其管理的事项多为微观事项，行政决策的影响力也相对比较小，因此通常把重大行政决策的主体限定在县级以上人民政府及其职能部门。二是行政决策作用对象的范围。从受到行政决策影响的人数来看，如果行政决策仅仅影响特定的少数人的利益，这样的行政决策就不属于重大行政决策。换句话说，重大行政决策事项必须是对本行政区域内多数人的利益或者重大的公共利益产生影响的决策事项。三是行政决策影响程度的大小。从行政决策的作用区域来看，重大行政决策必须是对本行政区域产生全局性、根本性影响的事项。反之，如果一项行政决策发生作用的范围非常狭小，只对本行政区的局部范围产生影响，那么它就不是严格意义上的重大行政决策。四是行政决策影响时间的长短。从行政决策影响的时间跨度来看，重大行政决策产生的影响不是暂时的，而是长久的。一旦决策失误，造成的损失将是长期的。

（二）责任和终身责任

在现实生活中，“责任”是一个使用频率颇高的词。根据《现代汉语词典》的释义，“责任”一词主要有两种基本含义：一是分内应做的事，如岗位责任、领导责任；二是没有做好分内应做的事，因而应当承担的过失，如违约责任、赔偿责任等。前者为履行一定义务而产生的负担，是积极意义上的责任，后者则系因未履行其义务所受到的谴责和制裁，是消极意义上的责任。从两者的关系来看，一方面，积极责任是消极责任的前提和基础，如果没有对积极责任的规定，也就不存在对消极责任的追究；另一方面，消极责任是积极责任的保障，如果没有对消极责任的追究，积极责任就难以实现。①

如何理解“终身责任”的含义，以及如何处理终身责任与追诉时效的关系，这也是研究重大行政决策终身责任追究制度无法回避的问题。所谓“终身责任”，实行的是“永久追诉”，如果用日常用语来表述，就是要“一辈子追责”，不管其是否已经变动工作或退休。然而，要追究决策主体的刑事责任，如构成滥用职权罪和玩忽职守罪等，只能通过诉讼方式实现，我国《刑法》根据犯罪的法定最高刑规定了5—20年的刑事责任追诉时效，过了追诉期限原则上不再追诉。根据法治原则，行政决策责任追究制度也不能突破现有的法律规定。因此，对“终身责任”的正确理解应当是：除应当通过诉讼程序追究的刑事法律责任之外，行政法律责任、纪律责任、道德责任都可以不受时间限制，终身予以追究。

（三）重大行政决策责任追究

在现有的地方立法中，只有四川省、广东省深圳市、湖北省武汉市、江西省南昌市等地对“重大行政决策责任追究”的含义作出了规定。其中，《四川省重大行政决策责任追究暂行办法》第三条规定：“本办法所称重大行政决策责任追究，是指县级以上地方人民政府重大行政决策未按照法定权限、程序、时限决策，或者造成重大损失、恶劣影响的，按照本办法规定追究行政首长、负有责任的其他领导人员及相关责任人员（以下简称有关责任人员）的责任。”《深圳市行政决策责任追究办法》第三条规定：“本办法所称行政决策责任追究（以下简称决策责任追究），是指对行

① 郑永兰、刘祖云:《论公共行政的积极责任与消极责任》,《南京农业大学学报》(社会科学版)2004年第1期,第53—54页。

政机关及其工作人员在承办政府重大决策事项时不履行或者不正确履行职责，或者在本单位重大事项决策中，不履行职责或不正确履行职责，造成人身、财产损失，环境破坏或者其他不良社会影响的行为，按照本办法追究行政机关及有关责任人员行政责任的活动。”《武汉市重大行政决策责任追究暂行办法》第四条规定：“本办法所称重大行政决策责任追究，是指对行政机关及其工作人员在参与重大行政决策事项时不履行或者不正确履行职责，造成人身、财产重大损失以及产生社会稳定、生态环境、财政和公共安全等方面恶劣影响的行为，按照本办法追究行政机关及其有关责任人员责任的活动。前款所称不履行职责，包括拒绝、放弃、推诿职责等情形；不正确履行职责，包括无合法依据以及不依照规定程序、规定权限和规定时限履行职责等情形。”《南昌市人民政府重大行政决策责任追究办法》第二条规定：“本办法所称重大决策责任追究，是指对行政机关及其工作人员在承办、决定、执行重大决策过程中，不履行或者不正确履行职责，造成不良社会影响或者后果的行为，追究有关责任人员行政责任的活动。”

根据理论界的研究成果和现有的法律规定，可以将“重大行政决策责任追究”定义为：有权机关依照法律规定的程序，追究县级以上地方人民政府行政首长、负有责任的其他领导人员及相关责任人员重大行政决策责任的活动和制度。

二、重大行政决策责任追究制度的发展脉络

中华人民共和国成立以来，我国的行政决策责任追究制度经历了曲折的发展历程。其中，既有成功的经验值得总结，也有惨痛的教训需要汲取。如果以2003年12月为界，可以将这70多年的历史大致分为两个时期：一是曲折发展时期，二是健康发展时期。

（一）重大行政决策责任追究制度的曲折发展时期

从1949年10月1日中华人民共和国成立，到2003年11月《中国共产

党党内监督条例（试行）》和《中国共产党纪律处分条例》颁布实施之前，我国重大行政决策责任追究制度的发展历程，可以分为以下三个阶段：

1. 第一阶段（1949年10月至1959年3月）

中华人民共和国成立初期，我国受苏联的影响，在总结革命根据地时期的成功经验的基础上，建立了以监察制度为核心的行政决策责任追究制度。

1949年9月29日通过的《中国人民政治协商会议共同纲领》第十九条规定："在县市以上的各级人民政府内，设人民监察机关，以监督各级国家机关和各种公务人员是否履行其职责，并纠举其中之违法失职的机关和人员。人民和人民团队有权向人民监察机关或人民司法机关控告任何国家机关和任何公务人员的违法失职行为。"[①]此后，全国范围内的行政监察机构相继建立，采用自上而下与自下而上相结合的方式，对国家行政机关及其工作人员实行监督。

1949年11月9日，中共中央在《关于成立中央及各级党的纪律检查委员会的决定》中指出：我们的党已成为全国范围内执政的党，为了更好地执行党的政治路线和各项具体政策，密切联系群众，克服官僚主义，决定成立中央和各级党的纪律检查委员会。

1956年广西发生严重自然灾害，粮食大幅度减产，当地党委、政府的主要负责人存在严重的官僚主义作风，对人民疾苦漠不关心，对灾害的严重性估计不足，没有及时采取有力的救灾措施，造成1.47万人外逃、550多人饿死的严重后果。1957年6月14日，中共中央和国务院分别给予广西因灾饿死人事件有关人员撤职、留党察看和记过等处分。

1957年10月23日，全国人大常务委员会第八十二次会议批准了《国务院关于国家行政机关工作人员的奖惩暂行规定》[②]，其内容包括奖惩事项、程序、权限、救济等规定，为实行行政决策责任追究提供了法律

① 肖蔚云、王禹、张翔：《宪法学参考资料》（上册），北京大学出版社2003年版，第112页。

② 2006年1月1日，《中华人民共和国公务员法》施行。同日起，《国务院关于国家行政机关工作人员的奖惩暂行规定》废止。

依据。

1958年5月，中共八大二次会议在北京召开。大会认为当前我国社会的主要矛盾仍然是无产阶级同资产阶级、社会主义道路同资本主义道路的矛盾，通过了“鼓足干劲、力争上游、多快好省地建设社会主义”的总路线。会后，全国各条战线迅速掀起“大跃进”高潮。

2. 第二阶段（1959年4月至1978年11月）

尽管中华人民共和国成立初期就建立了行政监察机构和党的纪律检查机关，并发挥了一定的作用，但是“新中国的法制建设不是在一种平和、理性的条件下进行的，它创建时就背着重负，并密切地同政治斗争联系在一起，法制成为政治斗争的手段和工具”①。正因为这样，接下来在“大跃进”开始后的近20年间，民主集中制原则遭到严重背弃，行政决策极权主义盛行，行政决策责任追究制度一度徘徊不前，甚至遭到严重破坏。

1959年4月，第二届全国人民代表大会第一次会议在北京召开。会议通过了《关于撤销司法部、监察部的决议》，从此，政府内部的行政监察制度不复存在。

1966年5月16日，在北京召开的中共中央政治局扩大会议通过了《中国共产党中央委员会通知》（即“五一六通知”）；同年8月8日，党的八届十一中全会通过了《关于无产阶级文化大革命的决定》（即“十六条”）。这两个会议标志着“文化大革命”的全面发动。在“十年动乱”时期，许多领导人无端遭受迫害，对行政决策责任的追究也进入了一个无法可依、任意追究的阶段。

1977年12月10日，中共中央任命胡耀邦为中央组织部部长，遵照党的实事求是、有错必纠的原则，开始平反冤假错案。1978年12月，中共十一届三中全会决定撤销中共中央曾经发出的关于“批邓反击右倾翻案风”和“天安门事件”的错误文件，为这两个错案和“二月逆流”正式平反。同时，审查和解决了党的历史上一批重大的冤假错案和一些重要领导人的

① 蔡定剑:《历史与变革——新中国法制建设的历程》,中国政法大学出版社1999年版,第16页。

功过是非问题。这标志着平反冤假错案工作全面铺开。到1980年1月，中央和全国各地都平反了一大批冤假错案，已经得到平反的总人数达290万。

3. 第三阶段（1978年12月至2003年11月）

尽管我国的行政决策责任追究制度在中华人民共和国成立伊始便已具雏形，然而，囿于复杂的历史政治原因，一直难以有效地发挥其作用。1978年改革开放以后，随着我国市场经济体制的逐步完善，社会主义法治化的进程也在不断加快。在这种情况下，一些中央领导同志开始思考如何规范政府的决策行为。邓小平同志曾强调，由于决策是一项关系重大而又很复杂的工作，因此，在研究制定和贯彻实施决策时，一定要慎重。要想方设法保证决策的高度正确性，尽可能减少乃至避免决策失误。[①]

1978年12月18日至22日，中共十一届三中全会在北京举行。全会确立了解放思想、实事求是的思想路线，决定在党的生活和国家政治生活中加强民主，并成立了以陈云为第一书记的中央纪律检查委员会。

1985年8月29日，国务院发布《关于审计工作的暂行规定》，决定国务院设审计署，县级以上的地方各级人民政府设审计局；1988年11月30日，国务院发布《中华人民共和国审计条例》，规定：审计机关依法独立行使审计监督权，不受其他行政机关、社会团体和个人的干涉。

1986年11月15日至12月2日，第六届全国人大常委会第十八次会议在北京召开。大会决定恢复国家监察体制，设立中华人民共和国监察部。次年6月，监察部成立。此后，根据《国务院关于在县以上地方各级人民政府设立行政监察机关的通知》，各级行政监察机关也相继成立，我国的行政责任追究制度进入了一个新的发展时期。

1988年5月，《党员领导干部犯严重官僚主义失职错误党纪处分的暂行规定》第八条规定："党员领导干部在经济建设工作中，违反科学决策程序，盲目决定施工、投产，或盲目批准签订合同，购进不合格及不适用的设备、技术，给国家造成重大损失的，对负有直接领导责任者，给予党内

---

① 薛家玉：《学习邓小平的决策理论 提高行政决策水平》，《广东行政学院学报》1993年第1期，第23—25页。

严重警告或撤销党内职务处分，负有重要领导责任者，给予党内严重警告或警告处分。造成巨大损失的，加重处分。”该文件不仅在第十四条中将有关领导责任人员区分为直接领导责任者、重要领导责任者和一般领导责任者，而且还在第十五条中明确规定了重大损失与巨大损失的认定标准：“（一）造成下列结果之一的是重大损失：直接经济损失十万元至五十万元；死亡一人至五人，或重伤五人至三十人；造成严重政治影响的。（二）造成下列结果之一的是巨大损失（本款所列数额不含本数）：直接经济损失五十万元以上；死亡五人以上，或重伤三十人以上；造成特别严重政治影响的。”

1992年，党的十四大报告提出：“决策的科学化、民主化是实行民主集中制的重要环节，是社会主义民主政治建设的重要任务。”

1993年8月14日，国务院公布《国家公务员暂行条例》[①]，自1993年10月1日起施行。该条例共18章、88条，适用于各级国家行政机关中除工勤人员以外的工作人员。

1995年2月9日，《党政领导干部选拔任用工作暂行条例》颁布。该条例出现“责令辞职”一词，并首次提出要建立辞职制度，这被认为是中国官员问责制的源头。时隔7年后，2002年7月颁布的《党政领导干部选拔任用工作条例》明确规定了“引咎辞职”制度，同时对“引咎辞职”和“责令辞职”的概念作出了原则性的规定。

1997年2月27日，中共中央发布《中国共产党纪律处分条例（试行）》，这是党内处理违纪案件的基本依据。

1999年11月24日，山东烟大汽车轮渡有限公司所属的“大舜”号客轮在烟台附近海域倾覆，282人遇难，直接经济损失约9000万元。“11·24”特大海难事故是一起在恶劣的气象和海况条件下，船长决策和指挥失误，船舶操纵和操作不当，船载车辆超载、系固不良而导致的特大责任事故，在依法处理直接责任人员的同时，对负有领导责任的交通部部长

① 2006年1月1日，《中华人民共和国公务员法》施行。同日起，《国家公务员暂行条例》废止。

和山东省省长给予行政警告处分，对交通部分管全国水上交通工作的副部长和山东省分管交通工作的副省长给予行政记过处分。

2001年9月，中共中央发布的《中共中央关于加强和改进党的作风建设的决定》指出，集体领导、民主集中、个别酝酿、会议决定，是党委内部议事和决策的基本制度，必须认真执行。集体领导、民主集中是党的领导的最高原则，个别酝酿、会议决定是重要的方法和程序。要充分发挥党的代表大会和党的委员会全体会议的作用。重大问题必须提交党委常委会集体讨论决定，涉及全局和长远的问题还应提交党的委员会全体会议讨论决定。积极推进决策科学化、民主化，提高党委的决策水平和工作效率。讨论决定问题，要充分发扬民主，广泛听取意见，严格执行规定程序。违反决策程序造成重大失误的，要追究领导责任。

2002年2月21日，人事部印发了《国家公务员行为规范》，明确规定了公务员的义务。

2003年9月，国务院颁发《突发公共卫生事件应急条例》，使公共卫生突发事件的法律责任追究有了直接的法律依据。条例第一条规定，其制定目的是“有效预防、及时控制和消除突发公共卫生事件的危害，保障公众身体健康与生命安全”。结合条例的具体内容可以看出，这里的突发公共卫生事件具有区域性、全局性、危害公众利益等突出的特征，符合当前人们对“重大行政决策”的判断标准。因此，政府部门应对突发公共卫生事件所作出的决策、判断，自然也就属于重大行政决策事项的范畴。

2003年10月，中共十六届三中全会通过的《中共中央关于完善社会主义市场经济体制若干问题的决定》指出，要“完善政府重大经济社会问题的科学化、民主化、规范化决策程序，充分利用社会智力资源和现代信息技术，增强透明度和公众参与度”。

（二）重大行政决策责任追究制度的健康发展时期

2003年“非典”之前的行政决策问责，主要是“个案式”的权力问责，有着浓厚的“人治”色彩。实践证明，要使这项制度卓有成效，行政决策责任的追究必须规范化、常态化。“如果不能跟进以根本的制度保证，问责制也可能扭曲、变形，沦为选择性惩罚以防止责任范围扩大，甚至掩盖更大责任的工具。”①2003年“非典”之后，伴随着行政问责理念的不断强化，我国在党政领导干部决策责任追究方面，逐步形成了“以党内法规和地方政府规章为主、全国性的法律法规为辅”的规范体系。根据不同时期的特点，可以将这个时期的行政决策责任追究分为“法制化”和“法治化”两个发展阶段。

1. 第一阶段（2003年12月至2014年9月）

2003年12月31日，中共中央印发了《中国共产党党内监督条例(试行)》和《中国共产党纪律处分条例》。《中国共产党党内监督条例(试行)》是执政党内部第一部全面、系统地推行自我约束与促进自我发展的制度规范，明确规定了“党内监督的重点是党的各级领导机关和领导干部，特别是各级领导班子主要负责人”。《中国共产党纪律处分条例》对违反党纪、应当受到党纪追究的党组织和党员的各种违纪情形和责任追究方式进行了详细的规定，尤其是明确了失职、渎职的责任追究问题。这两部党内法规对于包括行政决策责任追究制度在内的问责制的发展，具有非常重要的意义。

2004年3月22日，国务院印发了《全面推进依法行政实施纲要》，要求经过10年左右坚持不懈的努力，基本实现建设法治政府的目标。同时，将“健全行政决策机制”“完善行政决策程序”“建立健全决策跟踪反馈和责任追究制度”作为法治政府建设的重要内容。为了实现“依法决策、科学决策、民主决策”的目标，文件首次提出要加强对决策活动的监督，完善行政决策的监督制度和机制，明确监督主体、监督内容、监督对象、监督程序和监督方式。要按照“谁决策、谁负责”的原则，建立健全决策责任追究制度，实现决策权和决策责任相统一。

2004年4月20日，为了加强对党政领导干部的管理和监督，中共中央颁发了《党政领导干部辞职暂行规定》。该规定中有4种辞职情况，即因公辞职、自愿辞职、引咎辞职和责令辞职。其中的第十五条规定：“党政领导干部有下列情形之一的，应当引咎辞职：（一）因工作失职，引发严重

① 刘军宁:《中国如何走向真正的问责制》,《新闻周刊》2004年第17期,第17—19页。

的群体性事件，或者对群体性、突发性事件处置失当，造成严重后果或者恶劣影响，负主要领导责任的；（二）决策严重失误，造成巨大经济损失或者恶劣影响，负主要领导责任的；（三）在抗灾救灾、防治疫情等方面严重失职，造成重大损失或者恶劣影响，负主要领导责任的……”上述几种情形都与重大行政决策有着密切的关系。

2004年9月，中共十六届四中全会通过的《中共中央关于加强党的执政能力建设的决定》将提高决策科学性作为提高党的执政能力的重要内容，提出要“建立决策失误责任追究制度，健全纠错改正机制”。

2005年4月27日，第十届全国人大常委会第十五次会议通过了《中华人民共和国公务员法》，自2006年1月1日起施行。公务员因违法违纪应当承担纪律责任的，依照本法给予处分。处分分为警告、记过、记大过、降级、撤职、开除。“对公务员的处分，应当事实清楚、证据确凿、定性准确、处理恰当、程序合法、手续完备。”

2007年4月22日，国务院公布了《行政机关公务员处分条例》，该条例自2007年6月1日起施行。条例规定：对于负有领导责任的公务员违反议事规则，个人或者少数人决定重大事项，或者改变集体作出的重大决定的，给予警告、记过或者记大过处分；情节较重的，给予降级或者撤职处分；情节严重的，给予开除处分。上述规定涉及违法决策应当承担的法律后果，因而可以直接作为重大行政决策责任追究的法律依据。

2008年6月出台的《国务院关于加强市县政府依法行政的决定》，就完善市县政府行政决策机制提出了6个方面的要求：一是完善重大行政决策听取意见制度；二是推行重大行政决策听证制度；三是建立重大行政决策的合法性审查制度；四是坚持重大行政决策集体决定制度；五是建立重大行政决策实施情况后评价制度；六是建立行政决策责任追究制度。文件强调：要坚决制止和纠正超越法定权限、违反法定程序的决策行为。对应当听证而未听证的、未经合法性审查或者经审查不合法的、未经集体讨论作出决策的，要依照《行政机关公务员处分条例》第十九条第（一）项的规定，对负有领导责任的公务员给予处分。对依法应当作出决策而不作出决策，玩忽职守、贻误工作的行为，要依照《行政机关公务员处分条例》第二十条的规定，对直接责任人员给予处分。

2009年5月22日，中共中央办公厅、国务院办公厅联合发布了《关于实行党政领导干部问责的暂行规定》，自2009年6月30日起施行。这是一部关于党政领导干部问责的专门规定，共26条，分为总则，问责的情形、方式及适用，实行问责的程序和附则4章。在第五条列举的问责情形中，第一项就是“决策严重失误，造成重大损失或者恶劣影响”。同时，第七条还规定了党政领导干部承担责任的方式，主要有“责令公开道歉、停职检查、引咎辞职、责令辞职、免职”。

需要指出的是，早在《关于实行党政领导干部问责的暂行规定》发布实施之前，各地人民政府和国务院部委就先后制定了一些关于责任追究的规章或规范性文件。其中，出台比较早的分别是《公安机关追究领导责任暂行规定》（1997年4月3日）、《长沙市人民政府行政问责制暂行办法》（2003年8月15日）和《天津市人民政府行政责任问责制试行办法》（2004年1月13日）。这一时期制定的相关规定还有《重庆市政府部门行政首长问责暂行办法》《大连市政府部门行政首长问责暂行办法》《太原市国家行政机关及其工作人员行政不作为问责办法（试行）》《哈尔滨市行政机关领导问责暂行办法》等。而在《关于实行党政领导干部问责的暂行规定》出台之后，各地政府及国务院部委又制定了一些相关的规定，如《工业和信息化部党政领导干部问责暂行办法》（2009年）、《深圳市行政决策责任追究办法》（2009年）、《遂宁市重大行政决策失误责任追究办法》（2009年）、《南昌市人民政府重大行政决策责任追究办法》（2010年）等。

2010年，国务院发布的《关于加强法治政府建设的意见》正式提出要“加强重大决策跟踪反馈和责任追究”，完善行政决策的监督制度和机制，明确监督主体、监督内容、监督对象、监督程序和监督方式。

2012年11月，党的十八大报告明确指出，要“建立健全权力运行制约和监督体系。坚持用制度管权管事管人，保障人民知情权、参与权、表达权、监督权，是权力正确运行的重要保证。要确保决策权、执行权、监督权既相互制约又相互协调，确保国家机关按照法定权限和程序行使权力。坚持科学决策、民主决策、依法决策，健全决策机制和程序，发挥思想库作用，建立决策问责和纠错制度。凡是涉及群众切身利益的决策都要充分听取群众意见，凡是损害群众利益的做法都要坚决防止和纠正。推进权力运行公开化、规范化，完善党务公开、政务公开、司法公开和各领域办事公开制度，健全质询、问责、经济责任审计、引咎辞职、罢免等制度，加强党内监督、民主监督、法律监督、舆论监督，让人民监督权力，让权力在阳光下运行”。

2. 第二阶段（2014年10月至今）

2014年10月，中共十八届四中全会通过的《中共中央关于全面推进依法治国若干重大问题的决定》指出：“健全依法决策机制。把公众参与、专家论证、风险评估、合法性审查、集体讨论决定确定为重大行政决策法定程序，确保决策制度科学、程序正当、过程公开、责任明确。”同时，提出要建立重大决策终身责任追究制度，追究重大行政决策严重失误或者不作为的责任。

2016年6月28日，为了规范和强化党的问责工作，中共中央政治局审议通过了《中国共产党问责条例》。2019年9月4日，新修订的《中国共产党问责条例》公布。该条例规定：党委（党组）应当履行全面从严治党主体责任，加强对本地区本部门本单位问责工作的领导，追究在党的建设、党的事业中失职失责党组织和党的领导干部的主体责任、监督责任、领导责任。问责对象是党组织、党的领导干部，重点是党委（党组）、党的工作机关及其领导成员，纪委、纪委派驻（派出）机构及其领导成员。其中，党组织领导班子在职责范围内负有“全面领导责任”，领导班子主要负责人和直接主管的班子成员在职责范围内承担“主要领导责任”，参与决策和工作的班子成员在职责范围内承担“重要领导责任”。问责方式分为对党组织的问责方式和对党的领导干部的问责方式，前者主要是检查、通报、改组，后者则是通报、诫勉、组织调整或者组织处理、纪律处分。该条例不仅系统地规定了问责工作的原则、问责对象、问责情形、问责方式和问责程序，而且还在第十六条中专门规定了“终身问责”问题，即“实行终身问责，对失职失责性质恶劣、后果严重的，不论其责任人是否调离转岗、提拔或者退休等，都应当严肃问责”。

2016年10月27日，中共十八届六中全会通过了《中国共产党党内监督条例》，该条例自公布之日起施行。该条例提出，“建立健全党中央统一领导，党委（党组）全面监督，纪律检查机关专责监督，党的工作部门职能监督，党的基层组织日常监督，党员民主监督的党内监督体系”。由于“党内监督的重点对象是党的领导机关和领导干部特别是主要领导干部”，因而也就包括了对重大决策问题的监督及责任追究。

2016年12月，根据党中央决策部署，第十二届全国人大常委会第二十五次会议通过《全国人民代表大会常务委员会关于在北京市、山西省、浙江省开展国家监察体制改革试点工作的决定》。在认真总结三省市试点工作经验的基础上，国家监察体制改革工作在全国有序展开。改革的目标是：整合反腐败资源力量，加强党对反腐败工作的集中统一领导，构建集中统一、权威高效的中国特色国家监察体制，实现对所有行使公权力的公职人员监察全覆盖。制定监察法是深化国家监察体制改革的内在要求和重要环节。2018年3月20日，第十三届全国人大第一次会议通过《中华人民共和国监察法》，该法自公布之日起施行。作为一部对国家监察工作起统领性和基础性作用的法律，其在规定“各级监察委员会是行使国家监察职能的专责机关”的同时，还明确规定了国家监察机关的职责。

2018年10月1日起施行的《中国共产党纪律处分条例》，分为3编、11章，共142条。该条例不仅规定了纪律处分的指导思想、原则和适用范围，纪律处分的种类和运用规则，还在第二编分则中详细规定了违反各项纪律的情形，包括违反政治纪律、组织纪律、廉洁纪律、群众纪律、工作纪律、生活纪律行为的处分。其中，涉及重大决策的主要是第七十条的规定，包括：“（二）违反议事规则，个人或者少数人决定重大问题的；（三）故意规避集体决策，决定重大事项、重要干部任免、重要项目安排和大额资金使用的；（四）借集体决策名义集体违规的。”根据条例第八条的规定，对党员的纪律处分主要有警告、严重警告、撤销党内职务、留党察看、开除党籍。

2019年9月1日起施行的《重大行政决策程序暂行条例》，不仅以行政法规的形式，规定了作出重大行政决策应当遵循的原则和程序，而且还分别规定了决策机关、决策承办单位或者承担决策有关工作的单位、决策执行单位，以及承担论证评估工作的专家、专业机构、社会组织的法律责任。

此外，自2014年党的十八届四中全会召开以来，一些地方政府也根据本地的实际情况，先后制定了规范重大行政决策责任追究活动的政府规章和规范性文件。其中，影响较大的主要有：《武汉市重大行政决策责任追究暂行办法》(2015年)、《四川省重大行政决策责任追究暂行办法》(2016年)、《阜阳市重大行政决策责任追究办法》(2017年)、《云南省重大行政决策终身责任追究办法（试行）》(2017年)、《西安市重大行政决策责任追究暂行办法》(2017年)。

三、重大行政决策终身责任追究制度的构成和价值

制度是人类社会的普遍现象，同时又是一个难以把握的范畴。正如辛鸣在《制度论——关于制度哲学的理论建构》一书中所说的，“日常话语系统对制度有常识性的理解，理论研究层面对制度有学术性界定，社会实践领域对制度的使用也有自己约定俗成的解释”[①]。即使在学术界，不同学科的学者对“制度”的界定也不尽相同。本书采用的定义是：“制度是社会公认的比较复杂而有系统的行为规则，是维系团体和人类关系的法则和社会行为模式，是在特定的社会活动领域中比较稳定和正式的社会规范体系。”[②]

（一）重大行政决策终身责任追究制度的构成要素

制度既是一种要求成员共同遵守的、按一定程序办事的“规程”或“行动准则”，同时也是一种在一定的历史条件下形成的、由众多关系与准则构成的“体系”。从重大行政决策终身责任追究这个特定的具体制度来看，其构成要素主要有责任追究主体、责任追究对象、责任追究事由、责

① 辛鸣:《制度论——关于制度哲学的理论构建》,人民出版社2005年版,第23页。
② 何世青:《政治文明的法学解读》,中国社会科学出版社2004年版,第199页。

任承担方式和责任追究程序等。

1. 行政决策责任追究主体

行政决策责任追究主体，简称“追责主体”或“问责主体”，解决的是由“谁”来追究重大行政决策责任的问题。它既是建构科学的行政决策责任追究制度必须考虑的主体性因素，也是行政决策责任追究制度得以有效实施的必备前提。如果责任主体不明确，那么责任追究的活动就难以有效开展，责任追究结果的权威性、公正性就值得怀疑。

基于行政决策主体及其责任追究主体的多元性，可以根据责任追究主体与对象是否来自同一个系统，将其分为“同体追责主体”和“异体追责主体”。前者主要是指行政系统内部的专门机关或上级机关对行政公务人员的责任追究，以及作为执政党的中国共产党，按照党内法规对其党员和领导干部的责任追究；后者主要是指国家权力机关、司法机关对党和政府行政决策活动的责任追究，是来自行政系统之外的监督和追责。也就是说，行政决策责任追究的主体主要是行政机关、权力机关、司法机关和执政党。同体责任追究虽然具有直接性、针对性和经常性的特点，但也存在着一些明显的不足。因此，责任追究主体从单一走向多元，实现“同体追责主体”和“异体追责主体”的有机结合与有效协同，将是行政决策责任追究主体乃至整个责任追究制度发展的必然趋势。

需要指出的是，公民、新闻媒体和社会团体虽然不能直接作出有效处理决定意义上的责任追究，但是，作为行政决策责任追究的参与主体，可以通过批评、建议、检举、控告、申诉以及舆论监督的方式，在重大行政决策责任追究过程中发挥重要的积极作用。这是因为，一方面，上级行政机关对下级行政机关的决策失误，有时不能客观面对并及时作出处理，甚至还会因某种共同利益而袒护；另一方面，“作为公共利益维护者的权力机关、司法机关这些异体问责主体，虽然会对政府履行责任的情况进行监督，但政府是否履行责任以及责任履行到何种程度，对他们自身利益并无直接影响，这样就难免出现消极问责的现象”①。只有充分发挥行政决策

① 谷茵:《公民问责的理论逻辑与实践价值》,《人民论坛》2012年第23期,第48—49页。

参与主体的作用，才能使重大行政决策责任追究制度真正落到实处。

2. 行政决策责任追究对象

行政决策责任追究对象简称“追责对象”，也就是我们通常所说的“行政决策主体”或“责任主体”，解决的是追究“谁”的重大行政决策责任的问题。实践中，重大行政决策通常是以县级以上行政机关的名义作出的，而直接行使决策权的则是行政机关的工作人员。因此，重大行政决策的追责对象，一是作出重大决策的行政机关，二是行政机关的工作人员。从重大行政决策责任追究制度的设计初衷来看，责任追究的目的是通过对决策者的惩戒和警示，起到预防的作用，从而使决策机关的工作人员在行使权力的过程中依法、谨慎决策，有效地减少和避免重大行政决策失误，所以重点是追究决策者个人的责任。

按照《重大行政决策程序暂行条例》第三十八条的规定，决策机关违反本条例规定造成决策严重失误，或者依法应当及时作出决策而久拖不决，造成重大损失、恶劣影响的，应当倒查责任。而需要承担责任的分别是“决策机关行政首长、负有责任的其他领导人员和直接责任人员”。由此可见，行政决策责任的追究对象主要有三类：一是决策机关的行政首长；二是负有责任的其他领导人员；三是负有责任的直接责任人员。从整个行政决策运行系统来看，准确认定重大行政决策责任追究的对象是一项十分复杂的任务。既要按照法定职权，正确区分行政首长与副职之间、上下级之间、部门之间、个人与集体之间的决策职责，又要明确党政联合行政决策、集体行政决策、上级干预行政决策的责任追究对象。只有这样，才能真正做到“谁决策、谁负责”，更好地体现“权责一致”和“过罚相当”原则。

3. 行政决策责任追究事由

行政决策责任追究事由简称“追责事由”或“问责情形”，即在哪些情形下应当追究行政决策主体的责任，解决的是重大行政决策责任追究的范围问题。这也是构建重大行政决策终身责任追究制度的重点和难点。如果责任追究的范围界定不明，责任追究主体就难以有效地开展工作，重大行政决策责任追究的效果就会大打折扣。

所采用的归责原则不同，责任追究的情形和范围大小也不同。对于重大行政决策终身责任追究的归责原则，理论界和实务界主要有三种不同的认识：一是主张采用“违法归责”原则，不考虑决策者当时的主观心态；二是主张采用“违法归责＋过错归责”原则，既要认定重大行政决策是否存在违法情形，同时还要考虑决策者在作出重大行政决策行为时主观上是否存在过错；三是综合采用“违法归责＋过错归责＋结果归责”原则，除了违法和过错情形之外，还要看决策事项是否造成重大损失或恶劣影响。

目前，各地在立法中对行政决策责任追究的情形普遍采用了列举的方法，范围大小不一。例如，山东省规定的责任追究事由仅限于违反决策程序；湖北省规定的责任追究事由是违反决策程序和决策严重失误造成重大损失或恶劣影响；四川省规定的责任追究事由则是违反决策程序、怠于履行职责造成重大损失或恶劣影响；而深圳市规定的责任追究事由除了违反决策程序、不履行职责或不正确履行职责之外，还包括超越权限决策以及其他违法违规行为。从归责原则来看，山东省采用的是“违法归责”原则，其他地方采用的归责原则都是“违法归责＋过错归责＋结果归责”。除了列举责任追究的情形之外，许多地方还制定了兜底条款，即“其他应当进行终身责任追究的情形”。通过上面的分析，我们可以将重大行政决策责任追究的法定情形概括为两种，即决策违法和决策不当，其中决策违法还包括了超越决策权限和违反法定程序两种情况。

4. 行政决策责任承担方式

行政决策责任承担方式即责任形式，是重大行政决策终身责任追究的落脚点。行政决策责任是决策主体违法或不当行使行政决策权，造成重大损失或恶劣影响后应当承担的不利的法律后果。对于行政决策责任的承担方式，学者们有不同的观点。有的学者认为：“行政决策责任总体上可分为政治责任、法律责任和道德责任三方面。”[①]有的学者则认为：“重大决策失误产生的责任承担方式大体有三种，即政治责任、法律责任和纪律责

① 周实、马野：《行政决策法律责任追究机制研究》，《国家行政学院学报》2011年第1期，第55—58页。

任。”[①]有的学者认为：“应根据不同的情况，依法依规追究决策失误者的政治责任、行政责任、经济责任和刑事责任。”[②]还有的学者认为：“依据决策者过错程度的大小或所造成的损失的严重与否可将决策失误的责任形式划分为五种，即政治责任、法律责任、经济责任、道义责任和刑事责任。”[③]笔者认为，行政决策责任的承担方式主要是法律责任、纪律责任和政治责任，而“道德责任在形式上表现为行为人愧疚的心理感受以及社会或者他人对行为人的负面评价或者谴责”[④]。

法律责任通常分为民事法律责任、行政法律责任、刑事法律责任和违宪法律责任，其中只有行政法律责任和刑事法律责任属于行政决策法律责任的类型。行政法律责任的承担方式即行政处分，分为警告、记过、记大过、降级、撤职和开除；对刑事法律责任的追究只能通过诉讼方式实现，包括主刑和附加刑。按照我国《刑法》的规定，因重大行政决策违法、失误而涉嫌的职务犯罪主要有滥用职权罪和玩忽职守罪等。在我国党政合一的权力运行模式下，如果作出失误决策的领导人或者其他责任人员具备中国共产党党员身份，则可以按照党内法规给予纪律处分。纪律处分包括党内警告、严重警告、撤销党内职务、留党察看、开除党籍等。“政治责任是行使公权力者因违反政治义务而承担的政治上的否定性后果。这种政治上否定性后果也就意味着社会中的个人或组织已丧失了从事行使政治权力的资格。”[⑤]因此，政治责任的表现形式主要是剥夺责任追究对象的行政权力，包括引咎辞职、罢免、弹劾等。

---

① 陈建科:《重大决策终身责任追究制度研究》,《中共贵州省委党校学报》2014年第6期,第80—84页。

② 薛瑞汉:《建立重大决策终身责任追究制度及责任倒查机制》,《领导科学》2015年第2期,第28—29页。

③ 张峰:《政府决策失误与责任追究——以人造景观“三峡集锦”决策失误为个案》,《理论导刊》2007年第5期,第51—54页。

④ 夏金莱:《重大行政决策终身责任追究制度研究——基于行政法学的视角》,《法学评论》2015年第4期,第19—22页。

⑤ 王成栋:《政府责任论》,中国政法大学出版社1999年版,第80页。

5. 行政决策责任追究程序

行政决策责任追究程序简称“追责程序”，是责任追究主体实施追究活动时应当遵循的方式、步骤、时限和顺序的总称。简单来说，就是追责主体如何认定和追究决策者的责任。没有程序保障，就不可能有真正的权利保障。因此，在重大行政决策终身责任追究活动中，尽管责任追究的主体、对象和所承担的责任形式不同，责任追究的程序也有所区别，但都要依照法定程序进行。

一般来讲，在重大行政决策责任追究过程中，需要依次经过下列几个基本步骤：（1）立案。立案指的是责任追究主体依职权或者依有关人员的要求，决定对某个责任追究对象启动追责程序。根据相关规定和问责实践，能够作为立案依据的主要有：公民或组织的投诉、检举和控告；上级部门及其领导人的指示、要求；相关国家机关的追责建议；新闻媒体的曝光；其他应当启动追责程序的事由。（2）调查。调查作为责任追究的必要环节，主要是收集相关证据、查明案件事实，确认责任追究对象在重大行政决策过程中是否存在违法违纪行为，有无主观上的过错，以及造成的损失和后果等。（3）决定。决定是指责任追究主体在其职权范围内，根据已经查清的事实和相关的法律规定，对责任追究对象作出的惩戒，包括纪律处分、行政法律责任和刑事法律责任等。（4）通知。通知是在责任追究决定作出后，分别将处理结果告知责任追究对象和利害关系人，并告知相应的救济途径。（5）执行。执行简单来讲就是落实处理决定中的惩戒内容。责任追究对象如果对处理决定不服，可以依法申请复议和复核，但不影响决定的执行。

（二）重大行政决策终身责任追究制度的价值

“皮特·奥库安（Peter Aucoin）认为问责可以发挥三个方面的功能及作用：一是问责的控制功能（Accountability as Control），指问责机制的存在，使得行政内外可以通过不同的途径控制行政绩效和行政结果的产生；二是问责的保障功能（Accountability as Assurance），主要表现为公众作为行政权力和责任的委托人，必须通过问责机制才能对代理人（政府）进行监控，使其自身利益得以保障；三是问责的持续推动功能（Accountability as Continuous Improvement），使绩效评估成为政府部门工作的基本制度并成为推动政府部门制定、组织和管理变革的激励因素。”[①]对于重大行政决策责任追究来说，它既是规范和控制行政决策权、减少和避免重大行政决策失误的内在要求，也是保证重大行政决策的质量和效率、建设责任政府和法治政府的现实需要。作为一项基础性的制度安排，重大行政决策责任追究制度的价值主要体现在以下几个方面：

1. 规范和控制行政决策权，有效地减少和避免重大行政决策失误

“在人类的法治实践中，由于行政决策更多地与政治过程相关联，导致它在很大程度上总是以一种他者的身份在场——并未纳入法治的轨道。”[②]在这种情况下，行使行政决策权的主体责任意识淡薄，出现了大量违法决策、随意决策。重大行政决策失误不仅造成了巨大的经济损失，影响了社会可持续发展，而且还引起了人民群众的强烈不满，严重损害了党和政府的权威。从这个意义上来讲，“有些决策失误往往比贪污腐败更可怕”。

重大行政决策失误，最直接的表现是造成严重的资金浪费和经济损失。根据国务院发展研究中心的初步估算，从中华人民共和国成立到2000年，在2万多亿元的财政总投资中，决策失误所造成的浪费至少有1万亿元。[③]此外，据世界银行估计，从“七五”到“八五”期间，我们国家的投资决策失误率在30%左右，资金浪费及经济损失为4000亿—5000亿元。[④]造成重大行政决策失误的原因固然是多方面的，但缺乏科学、有效的责任追究制度则是其中的一个重要原因。实践证明：没有行政决策责任追究制度，就不能有效规范包括决策权在内的行政权力；没有行政决策追

① 宋涛：《社会规律属性与行政问责实践检验》，社会科学文献出版社2010年版，第65—66页。

② 肖北庚、王伟、邓慧强：《行政决策法治化研究》，法律出版社2015年版，第1页。

③ 肖北庚：《行政决策法治化的范围与立法技术》，《河北法学》2013年第6期，第10—19页。

④ 许耀桐：《改革和完善政府决策机制研究》，《理论探讨》2008年第3期，第1—7页。

究制度的法治化，就无法真正建成法治政府和法治国家。

2. 实现重大行政决策的科学化、民主化、规范化，提高重大行政决策的质量和效率

政府管理活动可以分为决策、执行、监督三个不同的环节。其中，行政决策既是行政权力运行的起点，也是决定政府绩效的重要环节。一方面，行政决策是政府管理与服务活动的依据。目前，政府职能涵盖了政治、经济、文化、社会等多个领域，只有及时作出正确的行政决策，政府的监管职能才能得以有效发挥。另一方面，行政决策是否科学、适当，直接关系到政府工作的绩效，进而影响到政府的权威性。对于一个政府机关来讲，行政目标明确、方案选择恰当，可以使行政机关工作人员的作用得到充分发挥，政府活动的效率才能提高；反之，如果行政决策不当甚至失误，政府活动的效率就会大大降低。重大行政决策一旦失误，不仅影响政府绩效，而且会给自然环境和社会经济的发展带来巨大的负面影响。因此，各级政府及其工作人员必须遵守法定的行政决策程序，力争做到行政决策的科学化、民主化、规范化。

“西蒙的研究告诉我们，每一项决策都包含着事实要素和价值要素，两者之间存在‘实然’与‘应然’的基本逻辑差异。根据这种逻辑差异，公共决策失误可以分为客观决策失误和主观决策失误两类。”[①]党和国家领导人对于重大决策失误的严重后果需要有着清醒的认识。早在1986年，万里同志就在《决策民主化和科学化是政治体制改革的一个重要课题》的讲话中明确指出：“在一切失误中，决策的失误是最大的失误。一着不慎，全盘皆输。‘大跃进’决策的失误造成数以千亿计的重大损失。这还只是物质财富方面可以计算出来的损失，还有许多无形的损失，特别是在人们的精神状态方面造成的损失，比这影响更为严重。‘文革’十年的决策失误，更是误国殃民，祸及子孙，使我们至今仍不得不努力消除这些重大决

① 谷志军：《政府决策问责：理论与现实》，浙江大学出版社2016年版，第42页。

策错误所造成的深远后果。”[①]为了防止行政决策权的滥用，实现重大行政决策的科学化、民主化和规范化，必须建立健全行政决策责任追究制度。无论是客观决策失误，还是主观决策失误，都应当依法追究决策者的责任。只有这样，才能保证行政决策权的正确行使，提高行政决策效率，更好地保障人民的利益。

3. 强化领导干部的责任意识，促进行政机关及其工作人员依法行政

决策、执行与监督是政府的三项基本职能，与决策权、执行权、监督权相对应的则是决策责任、执行责任、监督责任。目前，在西方民主国家，问责制已经成为政治制度的一个重要组成部分，对重大行政决策的责任追究也有着比较完善的法律规范和程序规定。然而，在我们国家，许多人却认为：行政决策既不是政治问题，也不是道德问题，更不是法律问题，而是一般的工作问题。既然是“摸着石头过河”，就应当容忍探索和改革中出现的决策失误，“交学费”也是难免的。基于上述错误认识，我国的行政决策责任追究制度建设相对滞后，公共行政领域的决策失误不断发生，“学费”也越来越昂贵，而对行政决策者违法违规决策的追究却少之又少。学者的研究显示，“在中国的行政问责实践中，问责的内容主要集中于行政结果环节，在195个问责事件中，针对行政结果进行问责的事件占68.7%，针对行政执行进行问责的事件占27.7%，而针对行政决策进行问责的事件只占3.6%”[②]。

行政决策主体的责任意识是依法行政和建立责任政府的基本要求。实践证明，仅靠宣传教育和做思想政治工作来培养各级政府及其工作人员的责任意识是不够的，还必须通过严格的行政决策责任追究制度来起到特殊预防和一般预防的作用。只有这样，行政决策主体才能牢固树立公仆意识和责任意识，正确行使手中掌握的权力，依照法定程序谨慎地进行决策，真正做到“权为民所用、情为民所系、利为民所谋”。

---

① 万里：《决策民主化和科学化是政治体制改革的一个重要课题——在全国软科学研究工作座谈会上的讲话》，《软科学研究》1986年第2期，第1—9页。

② 宋涛：《社会规律属性与行政问责实践检验》，社会科学文献出版社2010年版，第165页。

第二章 重大行政决策终身责任追究制度的现状分析

研究重大行政决策终身责任追究制度，不仅要从“应然”的角度，研究理想的决策责任追究制度“应当怎样”，清楚地描绘出重大行政决策终身责任追究制度的目标和前景，而且还要从“实然”的角度，研究目前的决策责任追究制度“究竟如何”，在总结经验的同时发现问题。只有深入分析和研究我国重大行政决策终身责任追究的现状，找出目前这方面存在的主要问题及其原因，才能做到“对症下药”，提出完善重大行政决策终身责任追究制度的基本思路和有效措施，并使其日臻完善，更加卓有成效。

一、重大行政决策责任追究规范的文本梳理

2003年“非典”疫情的发生，成为我国行政决策责任追究制度建立的良好开端和重要转折点。在此之后，为了使重大行政决策责任追究活动有法可依、有章可循，国务院和各地政府陆续制定了一些关于行政决策程序或行政决策责任追究的行政法规、政府规章与规范性文件，逐步形成了以党内法规和地方政府规章及规范性文件为主，全国性的法律、法规为辅的中国重大行政决策责任追究规范体系。由于党内法规和行政法规在第一章

描述重大行政决策责任追究制度的发展脉络时已有较为详细的评价，这里仅对各地政府制定的相关政府规章和规范性文件这两种类型的文本进行梳理。

（一）文本概况

目前，由于理论研究和立法滞后，我国除散见于相关法律、法规中的一些零星规定外，还没有全国性的系统的规范行政决策责任追究的法律、法规，“尽管理论匮乏且人大立法和行政法规都存有空白，但是依法治国和法治政府建设的深入以及行政事务日益具体而庞杂等内外部多重压力，却导致行政决策的科学化、民主化和法制化成为当前国务院和地方各级人民政府的迫切诉求”①。在这种情况下，基于“地方先于中央、政府先于人大”的立法理念，各地在行政决策责任追究实践中勇于探索，陆续制定了一些关于重大行政决策程序及责任追究的政府规章或规范性文件。在研究中，本课题组收集了2004—2019年省（自治区、直辖市）、市（直辖市下辖的区）两级地方人民政府制定的85部政府规章或规范性文件，发布地区、文件名称、文号和实施日期详见表2-1。

表2-1　与行政决策责任追究相关的地方政府规章与规范性文件

序号	发布地区	文件名称	文号	实施日期
1	北京市	《关于健全市政府重大行政决策和行政规范性文件合法性审查工作机制的通知》	京政办发〔2011〕73号	2012-02-01
2		《海淀区重大行政决策程序规定》	海行规发〔2019〕9号	2019-09-04
3	上海市	《静安区重大行政决策程序规定》	静府发〔2004〕22号	2004-10-01
4		《上海市重大行政决策程序暂行规定》	沪府令47号	2017-01-01
5	天津市	《天津市人民政府重大事项决策程序规则》	津政令第5号	2008-07-01

① 朱海波：《地方政府重大行政决策程序立法及其完善》，《广东社会科学》2013年第4期，第225—231页。

续 表

序号	发布地区	文件名称	文号	实施日期
6	重庆市	《重庆市行政决策听证暂行办法》	市政府令第171号	2004-07-01
7		《重庆市政府重大行政决策程序规定》	市政府令第189号	2006-01-01
8	河北省	《邯郸市重大行政决策程序规定》	市政府令第154号	2015-12-01
9		《河北省县级以上政府重大行政决策合法性审查规定》	冀政办字〔2016〕136号	2016-10-01
10		《沧州市重大行政决策程序规定》		2017-07-12
11	山西省	《太原市政府重大事项决策听证办法(试行)》	市政府令第50号	2005-11-01
12		《山西省人民政府关于健全重大行政决策机制的意见》	晋政发〔2015〕29号	2015-07-21
13		《山西省人民政府健全重大行政决策机制实施细则》	晋政办发〔2016〕79号	2016-06-03
14	辽宁省	《葫芦岛市人民政府重大行政决策暂行办法》	市政府令第123号	2009-11-10
15		《沈阳市政府重大行政决策合法性审查规则》	沈政发〔2014〕51号	2015-01-01
16		《辽宁省重大行政决策程序规定》	省政府令第297号	2015-11-19
17		《沈阳市重大行政决策程序规定》	市政府令第59号	2016-05-01
18		《鞍山市人民政府重大行政决策程序规定》		2016-07-05
19		《大连市重大行政决策社会稳定风险评估办法》		2019-02-01
20	吉林省	《通化市人民政府重大决策专家咨询论证实施办法》	通市政办发〔2015〕21号	2015-11-30
21	黑龙江省	《黑龙江省人民政府重大行政决策规则》	黑政发〔2006〕52号	2006-07-01
22		《哈尔滨市人民政府重大行政决策规则》	市政府令第2号	2012-07-01
23		《黑龙江省人民政府重大行政决策合法性审查规定》	黑政办发〔2015〕66号	2015-11-09

续　表

序号	发布地区	文件名称	文号	实施日期
24	江苏省	《扬州市人民政府重大行政决策程序规定》	市政府令第66号	2010-05-06
25		《南京市重大行政决策程序规则》	宁政发〔2011〕301号	2012-04-01
26		《苏州市重大行政决策程序规定》	市政府令第130号	2014-01-01
27		《江苏省行政程序规定》	省政府令第100号	2015-03-01
28		《无锡市重大行政决策程序规定》	市政府令第154号	2016-01-01
29		《徐州市人民政府重大行政决策程序规定》		2017-03-01
30		《南通市人民政府重大行政决策程序规定》	市政府令第3号	2017-07-01
31	浙江省	《宁波市人民政府重大行政决策程序规定》	甬政发〔2011〕117号	2011-12-04
32		《浙江省重大行政决策程序规定》	省政府令第337号	2015-10-01
33		《杭州市人民政府重大行政决策程序规则》	杭政〔2015〕67号	2015-12-11
34	安徽省	《合肥市人民政府重大行政决策程序规定》	合政〔2011〕153号	2011-10-29
35		《淮南市重大行政决策程序规定》	市政府令第133号	2012-09-01
36		《安徽省人民政府关于规范政府系统重大事项决策行为的意见》	皖政〔2014〕72号	2014-10-07
37		《阜阳市重大行政决策责任追究办法》		2017-01-01
38	河南省	《洛阳市重大行政决策程序规定》		2015-09-08
39	山东省	《山东省行政程序规定》	省政府令第238号	2012-01-01
40		《青岛市重大行政决策程序规定(试行)》	青政发〔2015〕25号	2015-12-11
41		《德州市重大行政决策程序规定》	市政府令第3号	2017-03-01
42	湖南省	《湖南省行政程序规定》	省政府令第222号	2008-10-01
43		《衡阳市人民政府重大行政决策程序规则》	衡政发〔2009〕21号	2009-07-22
44		《张家界市人民政府重大行政决策程序规则(试行)》	张政发〔2009〕12号	2009-11-19
45		《湖南省重大行政决策合法性审查暂行办法》	湘政发〔2015〕51号	2016-05-01
46		《长沙市人民政府重大行政决策程序规则》	长政发〔2014〕13号	2014-05-11

续　表

序号	发布地区	文件名称	文号	实施日期
47	湖北省	《湖北省人民政府重大行政决策程序规定(试行)》	鄂政发〔2013〕27号	2013-07-01
48		《武汉市人民政府重大行政决策程序规定》	市政府令第266号	2015-09-01
49		《武汉市重大行政决策责任追究暂行办法》	武政规〔2015〕20号	2015-12-24
50	江西省	《江西省县级以上人民政府重大行政决策程序规定》	省政府令第168号	2008-10-01
51		《南昌市人民政府重大行政决策责任追究办法》	洪府发〔2010〕35号	2011-01-01
52		《江西省县级以上人民政府重大行政决策合法性审查规定》	赣府厅发〔2015〕58号	2015-10-22
53	福建省	《重大行政决策十条规定》	闽政〔2013〕48号	2013-11-29
54		《福州市人民政府重大行政决策若干规定》	福政〔2014〕8号	2014-10-28
55	广东省	《深圳市人民政府重大决策公示暂行办法》	市政府令第154号	2006-07-01
56		《深圳市行政决策责任追究办法》	市政府令第207号	2009-11-01
57		《广州市重大行政决策程序规定》	市政府令第39号	2011-01-01
58		《广东省重大行政决策专家咨询论证办法(试行)》	粤府办〔2012〕37号	2012-04-27
59		《广东省重大行政决策听证规定》	省政府令第183号	2013-06-01
60		《汕头市人民政府重大行政决策量化标准规定》	市政府令第150号	2014-03-01
61	海南省	《海口市行政程序规定》	市政府令第94号	2013-08-01
62		《海南省人民政府关于进一步规范重大行政决策重大项目安排和大额度资金使用决策议事规则》	琼府〔2015〕73号	2015-09-17
63	四川省	《遂宁市重大行政决策失误责任追究办法》	遂府办函〔2009〕383号	2010-01-01
64		《凉山州行政程序规定》	自治州政府令第30号	2013-09-30
65		《四川省重大行政决策程序规定》	川府发〔2015〕24号	2015-06-01
66		《成都市重大行政决策程序规定》	成府发〔2015〕36号	2016-01-01
67		《四川省重大行政决策责任追究暂行办法》	省政府令第314号	2016-11-01

续 表

序号	发布地区	文件名称	文号	实施日期
68	贵州省	《贵州省人民政府重大行政决策程序规定》	黔府发〔2012〕23号	2012-08-01
69		《遵义市人民政府重大行政决策程序规定》	遵府发〔2015〕21号	2016-01-01
70	云南省	《昆明市人民政府重大事项决策程序规定》	市政府令第53号	2004-12-01
71		《云南省重大行政决策程序规定》	省政府令第200号	2015-05-04
72		《昆明市人民政府重大行政决策程序规定》	市政府令第138号	2017-03-01
73		《云南省重大行政决策终身责任追究办法		2018-01-01
74	陕西省	《西安市政府重大行政决策程序规定》	市政府令第120号	2015-12-20
75		《西安市重大行政决策责任追究暂行办法》	市政办发〔2017〕76号	2017-08-15
76	甘肃省	《酒泉市行政程序规定(试行)》	酒政发〔2012〕182号	2013-01-01
77		《兰州市行政程序规定》	市政府令第1号	2015-03-01
78		《甘肃省人民政府重大行政决策程序暂行规定》	省政府令第115号	2015-06-01
79	青海省	《青海省人民政府重大行政决策程序规定》	省政府令第68号	2009-02-10
80		《西宁市人民政府重大行政决策程序规定》		2012-09-01
81	内蒙古自治区	《内蒙古自治区重大行政决策程序规定》	自治区政府令第209号	2015-03-01
82	广西壮族自治区	《广西壮族自治区重大行政决策程序规定》	自治区政府令第93号	2014-01-01
83		《南宁市重大行政决策程序规定》	市政府令第45号	2016-03-01
84	宁夏回族自治区	《宁夏回族自治区重大行政决策规则》	自治区政府令第74号	2015-03-01
85	新疆维吾尔自治区	《博尔塔拉蒙古自治州重大行政决策程序规定》	博州政办发〔2009〕68号	2009-07-30

从表2-1中可以看出，截止到2019年12月底，中国大陆31个省、自治区、直辖市中，除了西藏自治区之外，其余30个省级区划（22个省、4

个自治区、4个直辖市）范围内都先后制定了关于重大行政决策程序及责任追究的政府规章或规范性文件。下面分别从规范名称与主要内容、制定主体与位阶、实施日期与地域分布等方面，对表中的85个文本加以分析。

（二）名称与主要内容

上述85个规范文本，按照其名称和内容不同，可大致划分为四种类型：

第一类是专门规定重大行政决策责任追究的。此类文本有8个，约占文本总数的9.4%。按照制定时间的先后顺序，分别是：《深圳市行政决策责任追究办法》（2009年）、《遂宁市重大行政决策失误责任追究办法》（2009年）、《南昌市人民政府重大行政决策责任追究办法》（2010年）、《武汉市重大行政决策责任追究暂行办法》（2015年）、《四川省重大行政决策责任追究暂行办法》（2016年）、《阜阳市重大行政决策责任追究办法》（2017年）、《云南省重大行政决策终身责任追究办法（试行）》（2017年）、《西安市重大行政决策责任追究暂行办法》（2017年）。

第二类是专门规定重大行政决策程序的。此类文本数量最多，共55个，约占文本总数的64.7%。其中，较为重要的有：《上海市重大行政决策程序暂行规定》《天津市人民政府重大事项决策程序规则》《重庆市政府重大行政决策程序规定》《辽宁省重大行政决策程序规定》《黑龙江省人民政府重大行政决策规则》《浙江省重大行政决策程序规定》《湖北省人民政府重大行政决策程序规定（试行）》《江西省县级以上人民政府重大行政决策程序规定》《四川省重大行政决策程序规定》《贵州省人民政府重大行政决策程序规定》《云南省重大行政决策程序规定》《甘肃省人民政府重大行政决策程序暂行规定》《青海省人民政府重大行政决策程序规定》《内蒙古自治区重大行政决策程序规定》《广西壮族自治区重大行政决策程序规定》《宁夏回族自治区重大行政决策规则》《广州市重大行政决策程序规定》《西安市政府重大行政决策程序规定》《合肥市人民政府重大行政决策程序规定》《杭州市人民政府重大行政决策程序规则》《沈阳市重大行政决策程序规定》《洛阳市重大行政决策程序规定》《宁波市人民政府重大行政决策程序规定》等。

第三类是在规定行政程序时附带规定行政决策程序的。此类文本有7个，仅占文本总数的8.2%。分别是：《湖南省行政程序规定》《山东省行政程序规定》《江苏省行政程序规定》《海口市行政程序规定》《兰州市行政程序规定》《酒泉市行政程序规定（试行）》《凉山州行政程序规定》等。

第四类是专门规定重大行政决策程序中某个环节或某项具体制度的，分别涉及重大行政决策的合法性审查、听证、专家咨询论证、风险评估、公示以及量化标准等。此类文本有15个，约占文本总数的17.6%。其中，规定重大行政决策合法性审查的有6个，分别是《黑龙江省人民政府重大行政决策合法性审查规定》《湖南省重大行政决策合法性审查暂行办法》《江西省县级以上人民政府重大行政决策合法性审查规定》《河北省县级以上政府重大行政决策合法性审查规定》《沈阳市政府重大行政决策合法性审查规则》《关于健全市政府重大行政决策和行政规范性文件合法性审查工作机制的通知》（北京市）；规定重大行政决策听证的有3个，分别是《重庆市行政决策听证暂行办法》《广东省重大行政决策听证规定》《太原市政府重大事项决策听证办法（试行）》；规定重大行政决策专家咨询论证的有2个，分别是《广东省重大行政决策专家咨询论证办法（试行）》《通化市人民政府重大决策专家咨询论证实施办法》。此外，《大连市重大行政决策社会稳定风险评估办法》《深圳市人民政府重大决策公示暂行办法》《汕头市人民政府重大行政决策量化标准规定》《海南省人民政府关于进一步规范重大行政决策重大项目安排和大额度资金使用决策议事规则》等4个文本，分别涉及重大行政决策中的社会稳定风险评估、公示、量化标准等。

分析上述85个规范文本的名称及其内容可以发现，地方政府在制定重大行政决策责任追究制度的过程中，分别采取了专门式与附带式两种立法模式。前者主要是通过制定专门的规章或规范性文件的方式，对重大行政决策终身责任追究问题加以规定，如第一种类型；后者则是通过制定行政程序、重大行政决策程序及其具体制度的规章或规范性文件的方式，在规定相关问题的同时附带规定了行政决策责任追究的内容，如第二、三、四种类型。

（三）制定主体及位阶

从文本的制定主体来看，这85个规范文本可分为三类：一是省级（省、自治区、直辖市）人民政府，如《湖南省行政程序规定》《浙江省重大行政决策程序规定》《四川省重大行政决策责任追究暂行办法》的制定主体。二是较大的市的人民政府，如《武汉市重大行政决策责任追究暂行办法》《深圳市行政决策责任追究办法》《苏州市重大行政决策程序规定》的制定主体。在这里，“较大的市”是一个法律概念，共49个，分为省会城市、经济特区和其他国务院批准的城市。国务院先后四次批准了19个较大的市，分别是：唐山市、吉林市、大同市、包头市、大连市、鞍山市、抚顺市、齐齐哈尔市、无锡市、淮南市、青岛市、洛阳市、重庆市（1997年已升级为直辖市）、宁波市、邯郸市、本溪市、淄博市、苏州市、徐州市。三是设区的市（包括州和北京、上海两个直辖市下辖的区）的人民政府，如《阜阳市重大行政决策责任追究办法》《博尔塔拉蒙古自治州重大行政决策程序规定》《海淀区重大行政决策程序规定》的制定主体。

从位阶来看，在选取的85个规范文本中，有41个属于有立法权的地方人民政府依照地方立法程序制定的政府规章，约占文本总数的48.2%，其余44个系不同层级的地方政府制定的规范性文件。按照《中华人民共和国立法法》的规定，地方政府规章应当经政府常务会议或者全体会议决定，并由省长、自治区主席、市长签署命令予以公布。规范性文件则是除政府规章外，各级行政机关及授权组织在其职权范围内，依照法定程序制定并公开发布的行政措施、决定等，虽然不属于地方立法的范畴，但在本行政区域或其管理范围内具有普遍的约束力，能够反复适用。

（四）制定与实施时间

从85个规范文本的实施日期来看，最早的规范文本有3个，分别是2004年开始实施的《重庆市行政决策听证暂行办法》《静安区重大行政决策程序规定》和《昆明市人民政府重大事项决策程序规定》；最晚的规范文本，则是2019年实施的《海淀区重大行政决策程序规定》和《大连市重大行政决策社会稳定风险评估办法》。按照实施时间分年度进行统计，2004年3个，2005年1个，2006年3个，2007年0个，2008年3个，2009年6个，2010年2个，2011年4个，2012年8个，2013年6个，2014年6个，2015年22个，2016年10个，2017年8个，2018年1个，2019年2个。平均起来，每年5.3个，2012—2017年这6年数量最多，平均每年10个，其中仅2015年就有22个。

从上述规范文本数量的变化中，我们可以看出，地方政府制定与重大行政决策及其责任追究制度相关规范的时间节点主要有三个：第一个时间节点是2004年，其直接原因是当年国务院在《全面推进依法行政实施纲要》中提出了"建立健全公众参与、专家论证和政府决定相结合的行政决策机制，实行依法决策、科学决策、民主决策"的任务。在此之后，重庆市率先制定了省级层面的行政决策听证暂行办法，上海市静安区政府和昆明市政府也分别制定了重大行政决策程序规定。2008年4月17日颁布的《湖南省行政程序规定》，是国内第一部统一的行政程序立法。第二个时间节点是2010年，《国务院关于加强法治政府建设的意见》中要求"坚持依法科学民主决策"，"加强重大决策跟踪反馈和责任追究"。在这段时间里，深圳市政府、四川省遂宁市政府和江西省南昌市政府相继制定了行政决策责任追究的规定，省级层面的规范文本也越来越多。第三个时间节点是2014年，党的十八届四中全会审议通过的《关于全面推进依法治国若干重大问题的决定》首次提出，建立"重大行政决策终身责任追究制度和责任倒查机制"。此后，各地制定的相关规范数量大幅增加，不仅内容中出现了"终身责任追究"的规定，而且立法质量也有所提高。

二、重大行政决策责任追究规范的内容比较

根据课题组收集和掌握的资料，截至2020年2月10日，设区的市以上地方人民政府制定的关于行政决策责任追究的政府规章和规范性文件共有8部，按照制定时间的先后顺序，分别是：《深圳市行政决策责任追究办法》（2009年）、《遂宁市重大行政决策失误责任追究办法》（2009年）、《南

昌市人民政府重大行政决策责任追究办法》(2011年)、《武汉市重大行政决策责任追究暂行办法》(2015年)、《四川省重大行政决策责任追究暂行办法》(2016年)、《阜阳市重大行政决策责任追究办法》(2017年)、《云南省重大行政决策终身责任追究办法(试行)》(2017年)、《西安市重大行政决策责任追究暂行办法》(2017年)。考虑到前面3部地方政府规章或规范性文件制定的时间较早,当时还没有正式提出“重大行政决策终身责任追究”的概念,这里,仅以后面的5部地方政府规章或规范性文件为研究对象,从目的和依据、基本概念、责任追究原则、责任追究主体、责任追究对象、责任追究情形、责任追究方式等方面进行比较和分析。

(一)目的和依据的比较

选取的5个行政决策责任追究规范文本是:《四川省重大行政决策责任追究暂行办法》(简称“四川文本”)、《云南省重大行政决策终身责任追究办法(试行)》(简称“云南文本”)、《西安市重大行政决策责任追究暂行办法》(简称“西安文本”)、《武汉市重大行政决策责任追究暂行办法》(简称“武汉文本”)、《阜阳市重大行政决策责任追究办法》(简称“阜阳文本”)。上述5个规范文本,均在第一条中规定了制定规范的目的和依据。

1. 制定规范的目的

“四川文本”:规范重大行政决策活动,促进依法决策、科学决策、民主决策。

“云南文本”:规范政府重大行政决策行为,强化决策责任,减少决策失误,保障重大行政决策的科学性、民主性、合法性。

“西安文本”:加强对重大行政决策行为的监督,促进依法、科学、民主决策,强化行政决策责任。

“武汉文本”:加强对重大行政决策活动的监督,强化行政决策责任,防止和纠正决策失误,惩处行政决策活动中的违法违规行为,促进依法、科学、民主决策。

“阜阳文本”:加强对重大行政决策行为的监督,促进依法、科学、民主决策，强化行政决策责任。

2. **制定规范的依据**

“四川文本”：(1)《中华人民共和国行政监察法》；(2)《中华人民共和国公务员法》；(3)《行政机关公务员处分条例》。

“云南文本”：(1)《行政机关公务员处分条例》；(2)《云南省党政领导干部问责办法（试行）》；(3)《云南省重大行政决策程序规定》。

“西安文本”：(1)《中华人民共和国公务员法》；(2)《行政机关公务员处分条例》；(3)《西安市政府重大行政决策程序规定》。

“武汉文本”：(1)《中华人民共和国公务员法》；(2)《行政机关公务员处分条例》；(3)《关于实行党政领导干部问责的暂行规定》；(4)《武汉市人民政府重大行政决策程序规定》。

“阜阳文本”：(1)《中华人民共和国行政监察法》；(2)《中华人民共和国公务员法》；(3)《行政机关公务员处分条例》；(4)《阜阳市人民政府重大行政决策程序规定》。

通过比较可以看出，选取的5个规范文本，都把《行政机关公务员处分条例》作为其制定依据。此外，将《中华人民共和国公务员法》作为法律依据的有4个，将《中华人民共和国行政监察法》作为法律依据的有2个，把本地的“重大行政决策程序规定”作为依据的有4个，还有2个分别把《关于实行党政领导干部问责的暂行规定》和本地的党政领导干部问责办法作为制定行政决策责任追究规范的依据。

（二）基本概念的比较

在选取的5个规范文本中，除“西安文本”只规定了“重大行政决策”的含义之外，其他4部地方政府规章或规范性文件都对“重大行政决策责任追究”这个基本概念进行了界定。

“四川文本”（第三条）：“本办法所称重大行政决策责任追究，是指县级以上地方人民政府重大行政决策未按照法定权限、程序、时限决策，或者造成重大损失、恶劣影响的，按照本办法规定追究行政首长、负有责任的其他领导人员及相关责任人员（以下简称有关人员）的责任。”

"云南文本"（第三条）："本办法所称重大行政决策终身责任追究，是指具有下列情形之一，对负有责任的领导人员和直接责任人员不论是否已调职、离职、辞职或者退休，进行责任倒查，实行终身责任追究。"

"武汉文本"（第四条）："本办法所称重大行政决策责任追究，是指对行政机关及其工作人员在参与重大行政决策事项时不履行或者不正确履行职责，造成人身、财产重大损失以及产生社会稳定、生态环境、财政和公共安全等方面恶劣影响的行为，按照本办法追究行政机关及其有关责任人员的活动。"

"阜阳文本"（第三条）："本办法所称重大行政决策责任追究，是指行政机关工作人员在重大行政决策事项中，不履行职责或者不正确履行职责，造成人身、财产重大损失以及产生社会稳定、生态环境、财政和公共安全等方面恶劣影响的行为，由有权机关追究有关责任人员的活动。"

（三）责任追究原则的比较

责任追究原则贯穿行政决策责任追究全过程，直接关系到责任追究规范是否具有科学性和可操作性，以及责任追究活动是否合法、有效。下面选取的这5个规范文本，分别规定了重大行政决策责任追究应当坚持的原则，但具体内容有所差异。

"四川文本"（第四条）：职权法定、客观公正、权责统一、惩教结合。

"云南文本"（第四条）：权责一致、依法依规、客观公正、科学认定、终身追究。

"西安文本"（第三条）：谁决策谁负责、谁主管谁负责、谁承办谁负责。

"武汉文本"（第五条）：权责一致、过罚相当、依法有序、主客观相统一。

"阜阳文本"（第四条）：谁决策谁负责、谁主管谁负责、谁承办谁负责。

（四）责任追究主体的比较

根据“追责主体与追责对象是否属于同一个系统”这一标准，可以把重大行政决策责任追究的主体分为“同体追责主体”和“异体追责主体”。前者是行政系统内的相关机关对决策者实施的责任追究，如行政机关的上级机关和行使行政监察权、审计权的专门行政机关，属于典型的自我监督、自我追责；后者是来自行政系统之外的相关机关对决策者实施的责任追究，包括国家权力机关、司法机关、监察机关，以及党的各级纪律检查机关。从下面5个规范文本来看，其规定的责任追究主体可以说是“大同小异”。

“四川文本”：相关任免机关或者监察机关。

“云南文本”：监察机关或者其他有权限部门。

“西安文本”：各级监察机关。

“武汉文本”：政府或者监察机关、组织人事部门。

“阜阳文本”：任免机关或者监察机关。

（五）责任追究对象的比较

责任追究对象的界定可以说是重大行政决策终身责任追究制度的关键，它直接关系到这项制度能否得到落实。一般而言，重大行政决策通常都是以行政机关的名义作出的，但是，行政机关是一种法律拟制的人格，它本身并不具有意识表达和行为的能力。换句话说，行政机关的决策是通过行政机关的工作人员这些自然人作出的。这样，行政决策责任追究的对象，除了行政公务人员外，是否还包括行政机关自身，就成了一个有争议的问题。在选取的5个规范文本中，有的责任追究对象是行政机关和行政机关的工作人员，有的则仅限于行政机关的工作人员，而不包括行政机关。

“四川文本”：县级以上地方人民政府行政首长、负有责任的其他领导人员及相关责任人员。

“云南文本”：县级以上政府及其工作部门对重大行政决策负有责任的

领导人员和直接责任人员。

“西安文本”：全市各级行政机关，法律、法规授权组织及其工作人员。

“武汉文本”：市人民政府所属行政机关、各区人民政府、各区人民政府所属行政机关及其行政主要负责人、负有责任的其他领导人员和相关责任人员。

“阜阳文本”：各级政府及其部门的责任人员。

（六）责任追究情形的比较

在行政管理过程中，行政机关的决策出现什么情况、产生何种后果后才启动责任追究程序，这是目前行政决策责任追究实践中亟待解决的问题。各地政府在制定相关规范时均对这个问题做了相应的规定，但是，由于人们对重大行政决策责任追究的缘由理解不同，采用的归责原则有所不同，因此，5种规范文本中规定的责任追究情形，也有着明显的不同。

“四川文本”第十四条规定的重大行政决策责任追究情形如下：（1）未按照法律、法规、规章规定进行重大行政决策的；（2）重大行政决策造成重大损失或者恶劣影响的；（3）公民、法人或者其他组织投诉、检举、控告重大行政决策存在违法事实的；（4）法律、法规、规章规定的其他追究责任的情形。此外，还在第七条至第十三条中，分别规定了重大行政决策中“公众参与程序”“专家论证程序”“风险评估程序”“合法性审查程序”“集体讨论决定程序”等不同环节的责任追究情形。

“云南文本”第三条规定的重大行政决策责任追究情形如下：（1）除特殊情形外，在实施重大行政决策过程中未依法按照公众参与、专家论证、风险评估、合法性审查、集体讨论决定等程序规定决策，造成重大行政决策严重失误的；（2）行政决策机关依法应当作出行政决策而未作出决策，或者应当及时作出决策但久拖不决，造成重大损失或者恶劣影响的；（3）在履行重大行政决策程序中弄虚作假的；（4）其他应当进行终身责任追究的情形。

“西安文本”第七条规定，各级政府及其部门在重大事项决策中应当追究责任的情形，包括：(1) 研究重大事项，未按规定做好会前协调等准备工作的；(2) 重大事项未按规定集体审议或者按照议事规则应当由领导集体讨论决定的重大事项，以传阅、会签或者个别征求意见等其他形式替代集体审议和会议表决的；(3) 研究决定重大事项的会议，未按规定达到半数以上领导集体成员到会的；(4) 超越权限决策的；(5) 违反法律、法规或者政府决定、命令决策的；(6) 在重大行政决策中有其他违法违规行为的。此外，还在第五条、第六条中，分别规定了“承办政府重大行政决策事项的调研、方案起草与论证等前期工作”和“负责办理重大行政决策事项审议会议的机构”的责任追究情形。

“武汉文本”第八条规定，行政决策机关有下列情形之一，造成决策严重失误或者重大损失、恶劣影响的，应当追究有关责任人员的责任：(1) 依法应当决策而不决策或者不及时决策的；(2) 超越法定权限决策的；(3) 违反法律、法规、规章或者上级机关依法作出的相关规定决策的；(4) 决策前不进行认真调查研究，主观臆断、盲目决策的；(5) 重大行政决策事项按照规定应当履行公众参与、专家论证、风险评估、合法性审查、集体讨论决定、决策后评估等程序而未履行的，或者选择与重大行政决策事项有直接利害关系或者可能影响客观公正的专家、专业机构进行咨询论证的；(6) 对第三方评估报告、专家咨询论证意见、公众和其他行政机关合理意见未予采纳的；(7) 为个人和特定关系人牟取利益，作出不公正决策的；(8) 发现决策错误、失误或者失当，可以纠正而未及时纠正的；(9) 未履行相关程序，在实施过程中变动或者调整原决策的；(10) 决策后评估报告建议停止执行，决定继续执行的；(11) 重大行政决策中有其他违法违规、不作为或者严重失误的。此外，还在第六条、第七条中，分别规定了“重大行政决策起草单位”和“负责重大行政决策事项审议会议办理、合法性审查等工作的行政机关”的责任追究情形。

“阜阳文本”第八条规定，各级政府及其部门在重大行政决策事项中，有下列情形之一，造成决策严重失误或者重大损失、恶劣影响的，应当追究有关责任人员的行政责任：(1) 研究重大事项，未按规定做好会前协调等准备工作的；(2) 重大事项未按规定集体审议或者按照议事规则应当由领导集体讨论决定的重大事项，以传阅、会签或者个别征求意见等其他形式替代集体审议和会议表决的；（3）研究决定重大事项的会议，未按规定达到半数以上领导集体成员到会的；（4）超越权限决策的；（5）违反法律、法规或者政府决定、命令决策的；（6）在重大行政决策中有其他违法违规行为的。此外，还在第六条、第七条中，分别规定了“承办重大行政决策事项的调研、方案起草与论证等前期工作的行政机关”和“负责办理重大行政决策事项审议会议的机构”的责任追究情形。

（七）责任追究方式的比较

重大行政决策终身责任追究制度中的“责任”究竟是一种什么类型的责任？应当包括哪些责任形式？这同样也是构建重大行政决策终身责任追究制度不容回避的问题。从选取的5个规范文本来看，既包括了行政法律责任、刑事法律责任，也包括了道德责任和党纪责任。

“四川文本”（第十七条）规定：采取批评教育、责令公开道歉、诫勉谈话、停职检查、引咎辞职、责令辞职、免职等方式追究责任；构成违纪的，依照相关法律、法规、规章等规定给予处分；涉嫌犯罪的，移送司法机关依法追究刑事责任。

“云南文本”（第八条、第九条）规定，重大行政决策终身责任追究方式有：通报；诫勉；组织调整或者组织处理，包括停职检查、调整职务、责令辞职、免职、降职等；政纪处分。此外，责任追究对象涉嫌犯罪的，移送司法机关依法处理。重大行政决策责任追究涉及需要追究党员干部党纪责任的，按照《中国共产党纪律处分条例》和《中国共产党问责条例》等规定处理。

“西安文本”（第四条）规定，重大行政决策责任追究包括以下方式：（1）责令作出书面检查；（2）通报批评；（3）诫勉；（4）组织调整或者组织处理；（5）纪律处分。法律、法规另有规定的，从其规定。涉嫌犯罪的，依法移送司法机关处理。

“武汉文本”（第十条）规定：根据责任人员的行为性质、过错程度、危害后果等因素确定情节轻重，分别给予诫勉谈话、责令公开道歉、停职检查、调离岗位、引咎辞职、责令辞职、免职处理。构成违纪的，给予纪律处分；涉嫌犯罪的，移送司法机关处理。

“阜阳文本”（第九条）规定，重大行政决策责任追究包括以下方式：(1) 告诫；(2) 责令作出书面检查；(3) 取消当年评优评先资格；(4) 通报批评；(5) 调离工作岗位或者停职；(6) 给予党纪政纪处分。前款规定可以单独适用或者合并适用，法律、法规、规章以及党内法规另有规定的，从其规定。涉嫌犯罪的，依法移送司法机关处理。

三、重大行政决策责任追究的实践及存在的问题

中国的行政责任追究制度源于对重大安全事故的问责。2003年“非典”之后，责任追究开始向“常态化”转变。责任追究的适用范围，也从最初的重大责任事故和群体性事件，逐渐扩展到违反职业规范、滥用职权、决策严重失误、用人失察以及行政不作为等方面。实践证明，行政决策责任追究对于规范行政决策权力的行使，减少决策失误，促进依法、科学、民主决策，具有重要的作用。而要充分发挥其效能，就要在实践中不断探索，进一步完善我国的行政责任追究制度，尤其是重大行政决策终身责任追究制度。

（一）重大行政决策责任追究的实践

从行政过程的角度，可以将目前的行政问责分为决策问责、执行问责和结果问责，其中，对党政领导干部重大行政决策责任的追究尤为重要。在我国的行政责任追究实践中，下面几个重大事件的发生都与责任追究对象的领导责任或决策失误有着或多或少的联系。

1.“非典”事件

2003年“非典”时期，上千名各级政府官员因隐瞒疫情或防治不力而被查处，这是中华人民共和国历史上首次在突发灾害事件中，短时间内就同一问题连续地、大范围地追究相关责任人员的责任，标志着我国行政问责制的全面推行。

“SARS”（严重急性呼吸综合征，即非典型肺炎，简称“非典”）是2002年在中国广东发生，并扩散至东南亚乃至全球，直至2003年中期才被逐渐消灭的一次全球性传染病疫潮。截至2003年8月16日，中国内地累计报告非典型肺炎临床诊断病例5327例，死亡349人。除此之外，中国香港1755例，死亡300人；中国台湾665例，死亡180人；加拿大251例，死亡41人；新加坡238例，死亡33人；越南63例，死亡5人。

2002年12月“非典”最早暴发时，广州市和广东省政府一直没有发布相关信息。2003年2月11日，广州市政府召开新闻发布会公布广州地区非典型肺炎情况，称所有病人的病情均在控制当中，并强调对于千万人口的广州来说，300多人染病是个很小的比例。2003年2月12日，中国疾病预防控制中心负责人在接受记者采访时预测，全国近期内不会出现大范围呼吸道传染病的流行，但局部地区可能会出现小范围呼吸道传染病的流行。由于没有认识到非典型肺炎的严重程度和潜在威胁，一些地方政府出现了防治不力甚至瞒报少报疫情的情况。

2003年4月，时任北京市长孟学农被免去北京市委副书记、市长职务，与他一同被免职的还有时任卫生部部长、党组书记张文康。

2. 江苏铁本钢铁公司违规建设钢铁项目（江苏“铁本”案）

江苏铁本钢铁有限公司（简称铁本公司）违规建设钢铁项目是一起典型的地方政府及有关部门严重失职、违规的重大行政决策责任追究案件。铁本公司自2002年初筹划在常州市新北区魏村镇、镇江扬中市西来桥镇建设新的大型钢铁联合项目。该项目设计综合能力840万吨钢，概算总投资105.9亿元人民币，2003年6月进入现场施工，2004年3月被江苏省政府责令全面停工。为实施该项目，铁本公司法人代表戴国芳先后成立7家合资（独资）公司，把项目化整为零，拆分为22个项目向有关部门报批。2002年9月至2003年11月，常州国家高新技术产业开发区管委会、江苏省发展计划委员会、扬中市发展计划与经济贸易局先后越权、违规、拆项审批了铁本合资公司的建设项目。铁本公司在未取得环保部门批复环境影响评价报告书就开工建设，严重违反了国家环境保护法、环境影响评价法的有关规定。2003年以来，常州高新区管委会、扬中市政府在未依法办理用地审批手续的情况下非法批准铁本公司征用、占用土地，并违规组织实施征地拆迁，导致铁本公司违法占用土地6541亩（其中耕地4585亩，含基本农田1200亩），且已无法复垦，造成大量耕地被毁。2003年12月，江苏省国土资源厅违规批准了常州市涉及铁本公司的14个批次的土地5988亩，致使铁本公司项目部分非法占地合法化。截至2004年2月末，中国银行常州分行等金融机构对铁本公司及其关联企业合计授信余额折合人民币43.93亿元，其中贷款25.6亿元。经检查，铁本公司通过提供虚假财务报表骗取银行信用和贷款，挪用银行流动资金贷款20多亿元用于固定资产投资。有关金融机构存在贷前审查不严、贷后监控不力，严重违反国家固定资产贷款审贷和现金管理规定等问题。

2004年4月28日，国务院总理温家宝主持召开国务院常务会议，听取了监察部、发展改革委等部门对江苏铁本钢铁有限公司违规建设钢铁项目查处情况的汇报，责成江苏省和有关部门对有关责任人作出严肃处理。根据调查结果，江苏省委、省政府和银监会对涉及失职违规的8名政府和有关银行的相关责任人分别给予党纪、政纪处分及组织处理：给予常州市委书记范燕青党内严重警告处分；建议依法罢免顾黑郎常州市人大常委会副主任职务，给予留党察看一年处分；撤销曹建新常州国家高新技术产业开发区党工委副书记、管委会副主任、新北区委副书记职务；撤销宦祥保扬中市委书记职务；给予扬中市委副书记经颜明党内严重警告处分；给予江苏省国土资源厅副厅长、党组成员王明详行政记大过、党内严重警告处分，并责令辞职；撤销秦雁江苏省发展和改革委员会副主任、党组成员职务；撤销王建国中国银行常州分行行长、党委书记职务。

3. 万源追星事件

四川省万源市系“国家扶贫开发重点县”，2003年人均GDP只有3612元，地方财政一般预算收入为4145万元。为纪念“万源保卫战”胜利70周年，万源市委主要领导提议，并经市委常委会研究决定，万源市从2004年2月份开始筹备以“弘扬红军精神，加快万源发展”为主题的纪念活动。活动内容有“红色万源”大型文艺晚会等7项。晚会由成都中亚经济文化有限公司承办。该公司提出，晚会邀请明星加盟，并由万源市负责组织并发文销售部分门票，以确保收回成本。经市委常委会研究同意，7月17日，万源市委办公室、市政府办公室下发了《关于做好“万源保卫战”胜利70周年纪念活动“红色万源”主题晚会演出票分配工作的通知》，向全市139个党政机关、企事业单位和53个乡镇分配了5000张门票的购买任务，导致各单位耗费公款72.83万元，购买门票2454张。

同年9月1日，媒体报道了万源市在纪念“万源保卫战”胜利70周年活动中“使用公款追星”，并用“红头文件强行摊派购买门票”等情况，在社会上引起强烈反响。四川省纪委会同万源市所处的达州市有关部门迅速组成联合调查组进行了调查。

四川省纪委在通报中指出，万源市委、市政府想通过举办活动提高知名度，加快万源发展，但决策脱离了贫困山区的实际，在地方财力不足、群众生活比较困难的情况下，耗费大量人力、物力举办晚会，请明星，追求高档次，变相加重群众负担，背离了弘扬红军精神的初衷，引起群众不满，在社会上造成了极坏的影响。这一事件暴露了有的领导干部在执政理念和作风建设上的偏差缺失，教训深刻。为此，给予万源市委书记林朗党内严重警告处分。

4. 松花江水污染事件

2005年11月13日，中国石油天然气股份有限公司吉林石化分公司双苯厂硝基苯精馏塔发生爆炸，造成8人死亡，60人受伤，直接经济损失6908万元，并引发松花江水污染事件，沿岸数百万居民的生活受到影响。2005年11月底，国家环保总局称，对这次污染事故负主要责任的是吉林石化分公司双苯厂。该厂缺乏事故状态下防止受污染的“清净下水”流入松花江的措施，爆炸事故发生后，未能及时采取有效措施，防止泄漏出来的部分物料和循环水及抢救事故现场消防水与残余物料的混合物流入松花江。此外，这次水污染事件发生的主要原因还有以下几个：一是吉林石化分公司双苯厂对可能发生的事故会引发松花江水污染问题没有进行深入研究，有关应急预案有重大缺失；二是吉林市事故应急救援指挥部对水污染估计不足，重视不够，未提出防控措施和要求；三是中国石油天然气集团公司和股份公司对环境保护工作重视不够，对吉林石化分公司环保工作中存在的问题失察，对水污染估计不足，重视不够，未能及时督促其采取措施；四是吉林市环保局没有及时向事故应急救援指挥部建议采取措施；五是吉林省环保局对水污染问题重视不够，没有按照有关规定全面、准确地报告水污染程度；六是环保总局在事件初期对可能产生的严重后果估计不足，重视不够，没有及时提出妥善处置意见。

国家环保总局局长解振华因这起事件提出辞职，2005年12月初，国务院同意他辞去局长职务。2006年11月，分别作出如下处理：给予中石油集团公司副总经理、党组成员、中石油股份公司高级副总裁段文德行政记过处分；给予吉化分公司董事长、总经理、党委书记于力，吉化分公司双苯厂厂长申东明等9名企业责任人员行政撤职、行政降级、行政记大过、撤销党内职务、党内严重警告等党纪政纪处分；给予吉林省环保局局长、党组书记王立英行政记大过、党内警告处分，给予吉林市环保局局长吴扬行政警告处分。

5. 厦门PX项目事件

厦门PX项目是2006年厦门市引进的一项对二甲苯化工项目，该项目由台资企业腾龙芳烃（厦门）有限公司投资，厂址设在厦门市海沧投资区的南部工业园区，该项目号称厦门“有史以来最大工业项目”。2006年7月，获得国家发改委核准，2006年11月正式开工，计划2008年12月完工投产。该项目自立项以来，遭到了越来越多人士的质疑。因为厦门PX项目中心地区距离国家级风景名胜区鼓浪屿只有7千米，距离拥有5000名学生（大部分为寄宿生）的厦门外国语学校和北师大厦门海沧附属学校仅4千米。不仅如此，项目5千米半径范围内的海沧区人口超过10万，居民区距厂区最近处不足1.5千米。在10千米半径范围内，覆盖了大部分九龙江河口区，整个厦门西海域及厦门本岛的1/5。此外，项目的专用码头，就在厦门海洋珍稀物种国家级自然保护区，生活在该保护区的珍稀物种包括中华白海豚、白鹭、文昌鱼。

2007年3月，在全国人大、政协“两会”上，中国科学院院士赵玉芬等105名全国政协委员联名签署提案，建议厦门PX项目迁址。此举，引起了媒体和民众的强烈关注。2007年5月下旬，随着工程的推进，更多的信息通过媒体、网络等渠道被披露，由于担心化工厂建成后危及民众健康，市民集体抵制，并以“集体散步”的方式表示抗议和不满。

该项目由于遭到百名政协委员联名反对和市民集体抵制，厦门市政府宣布暂停工程。2007年12月16日，福建省政府针对厦门PX项目问题召开专项会议，最终决定迁建PX项目。厦门PX项目事件从博弈到妥协，再到充分合作，留下了政府和民众互动的经典范例，也说明了重大行政决策征求公众意见的程序意义。

在行政管理过程中，由于主客观因素的共同作用，出现决策失误是不可避免的，人们在短时间内也不可能彻底地消灭行政决策失误。在这种情况下，我们唯一能做的，就是建立科学、有效的责任追究制度来规范决策权的行使，尽量减少决策失误，尤其是重大行政决策失误，力争将决策失误带来的损失减到最小。以个案处理的方式对行政决策失误责任进行追究，一方面可以制裁因主观过错而造成损失的决策者，使其慎重使用手中掌握的决策权，不再犯类似的错误，另一方面，及时追究决策者违法、不当的行政行为的责任，使其承担包括党纪处分、行政责任和刑事法律责任在内的不利后果，还可以起到教育他人的作用。责任追究的实践告诉我们，只有加强对行政决策权的监督，依法追究相关人员的行政决策责任，才能强化行政人员的责任意识，有效地减少重大行政决策失误，从而更好地维护国家和人民的利益。

（二）责任追究实践中遇到的主要问题

经过长期的实践和不懈的努力，我国的行政决策责任追究制度已经初步建立起来，对规范行政决策权力、减少重大行政决策失误起到了积极的作用。但是，受各种因素影响，现有的行政决策责任追究制度还不完善，这在一定程度上影响了其效能的充分发挥。概括起来，目前行政决策责任追究中存在的问题，主要表现在以下几个方面：

1. 缺乏全国统一的法律规定，行政决策责任追究存在明显的地域差异

目前，行政决策责任追究的依据除了党内法规之外，主要是地方政府制定的规章和其他规范性文件，在中央层面缺乏统一的法律规定。在这种情况下，地方政府规章和规范性文件成了我国行政决策责任追究的主要的、直接的依据。然而，由于这些规范的制定主体不同，再加上各地的实际情况存在差异，无论是决策责任追究的事项范围、适用情形，还是责任追究的对象和承担责任的方式，都有着不同的规定。以致出现了这样的怪事：同一个类型的重大行政决策违法或失误，在此地需要承担责任，在彼地则不需要承担责任；在此地承担的是法律责任，在彼地则只要承担纪律责任或道德责任即可。下面，以重大行政决策责任追究的情形和责任形式为例，让我们对比四川、云南这两个省级政府制定的重大行政决策责任追究文件。

根据《云南省重大行政决策终身责任追究办法（试行）》第三条的规定，重大行政决策责任追究的情形，主要有下列四个方面：一是“在实施重大行政决策过程中未依法按照公众参与、专家论证、风险评估、合法性审查、集体讨论决定等程序规定决策，造成重大行政决策严重失误的”，即违反法定决策程序；二是“行政决策机关依法应当作出行政决策而未作出决策，或者应当及时作出决策但久拖不决，造成重大损失或者恶劣影响的”，即行政决策不作为；三是“在履行重大行政决策程序中弄虚作假的”；四是兜底条款，即“其他应当进行终身责任追究的情形”。而《四川省重大行政决策责任追究暂行办法》则分别规定了重大行政决策“公众参与程序”“专家论证程序”“风险评估程序”“合法性审查程序”“集体讨论决定程序”等不同环节的责任追究情形。相关的条款有7个，分别是第七条至第十三条，规定的责任追究情形有20项左右，范围远远大于云南省的规定。

至于决策者承担责任的方式，两个规范性文件之间的差异更大。除了党纪处分和刑事法律责任之外，《云南省重大行政决策终身责任追究办法（试行）》规定的责任追究方式主要有“通报；诫勉；组织调整或者组织处理，包括停职检查、调整职务、责令辞职、免职、降职等；政纪处分”，而《四川省重大行政决策责任追究暂行办法》的规定则是“采取批评教育、责令公开道歉、诫勉谈话、停职检查、引咎辞职、责令辞职、免职等方式追究责任”。与前者相比较，后者规定的责任承担方式中增加了“批评教育”“责令公开道歉”和“引咎辞职”，但少了“通报”“降职”和“政纪处分”所包括的“警告、记过、记大过、降级、撤职、开除”6种。

2. 责任追究主体之间缺乏联系和协调，异体问责相对薄弱

从理论上来说，决策责任追究主体应当是同体问责主体与异体问责主体的双重结合。其中，同体问责主体来自政府系统内部，主要包括上级行政机关以及专设的审计等专门监督机关；异体问责主体指的是政府系统之外的主体，主要有国家权力机关、监察机关、司法机关以及各级党的纪律检查机关。要实现“1+1=2”或“1+1>2”的效果，各个主体首先需要分工明确、各司其职，同时还要相互沟通和协调，密切配合。

当前的领导干部问责主要局限在党政系统内部，决策责任追究的主体除了上级行政机关和组织人事部门之外，主要是党的纪律机关和国家监察机关。一方面，责任追究主体的职责权限不清，相互之间缺乏必要的沟通和协调，在一定程度上存在着扯皮推诿的现象。在这种情况下，有的问题大家争着管，而有的问题却无人去管，严重弱化了重大行政决策责任追究的作用。另一方面，由于异体问责相对薄弱，责任追究主要在系统内部通过“自上而下”的方式实现，缺乏公民、社会组织和媒体的有效监督，不仅公开性和透明度不够，还影响到了责任追究的民主性和公正性。

3. 行政决策主体的职责权限不清，导致行政决策责任的认定困难

重大行政决策责任追究的前提和基础是决策责任的认定。尽管党和国家在关于责任追究的规范性文件中明确规定了“谁决策谁负责、谁主管谁负责、谁承办谁负责”的原则，但在当前中国党政并行的二元公共管理体制下，如何认定行政决策主体与责任追究对象仍然存在着一定的困难，并制约着重大行政决策终身责任追究制度的发展。究其原因，主要有以下几个方面：一是中央与地方的责任追究规定明显不同。《关于实行党政领导干部问责的暂行规定》使用的是“党政领导干部问责”，其责任追究对象既包括政府系统的领导干部，也包括各级党组织的领导干部；而大多数地方政府制定的决策责任追究的规章或规范性文件，使用的都是行政决策责任追究或者行政责任追究，责任追究的对象仅限于行政机关及其工作人员。二是行政首长负责制与民主集中制原则之间的矛盾。根据民主集中制的原则，重大行政决策必须集体讨论决定，不能搞“一言堂”，而行政首长负责制则规定行政首长有最终决定权，并要对决策结果承担相应的领导责任。在这种情况下，究竟是追究行政首长的责任还是追究领导集体的责任？如果是追究领导集体的责任，正副职之间的责任又如何区分？三是领导干部多种身份和角色的混淆。作为执政党的中国共产党，在重大行政决策体制中长期处于领导地位，从而形成了具有中国特色的“党委领导、政府负责”的决策模式。在这种情况下，政府的重大行政决策往往需要经由同级党委同意，党的领导干部还同时兼任各级政府及其组成部门的行政职务。

由于行政决策主体及其职权范围不够明确，在重大行政决策责任追究过程中，究竟应追究哪个决策主体的责任？上下级行政机关之间的责任如何划分？决策责任追究的对象究竟是行政机关还是行政机关的工作人员，抑或两者都要追究？这些问题如果不从法律上明确加以规定，行政决策的责任追究制度就无法有效实施，责任追究就难以使人心服口服，进而无法实现其预期的目标。同时，决策主体的责任难以准确认定，集体负责就无人负责。

4. 责任追究方式的选择比较随意，行政决策责任追究尚未“法治化”

责任追究方式即责任追究对象承担不利后果的具体形式，是从实体层面保证责任追究机制发挥效能的关键。在重大行政决策责任追究的制度设计和实践中，“具体制裁方式要使权力行使者的损失尽可能趋近权力授予者所受到的损失，或者使权力行使者的损失达到足以使他对自己不负责任的行为引起足够重视的水平”[①]。否则，“如果选择较轻的问责方式将会降低公众对问责制的心理预期，造成政府的公信力下降；如果选择较重的问责方式则会引起领导干部不满，影响官员的工作积极性”[②]。

① 陈国权等：《责任政府：从权力本位到责任本位》，浙江大学出版社2009年版，第123页。

② 谷志军：《政府决策问责：理论与现实》，浙江大学出版社2016年，第84页。

“法治化是法治理念向法治现实转变的过程，也是人治实践向法治实践过渡转型的过程。”①当前我国关于责任追究方式的权威规定，主要是《关于党政领导干部问责的暂行规定》《中国共产党问责条例》《中国共产党纪律处分条例》和《行政机关公务员处分条例》。其中，《关于党政领导干部问责的暂行规定》第七条规定，“对党政领导干部实行问责的方式分为：责令公开道歉、停职检查、引咎辞职、责令辞职、免职”。根据《中国共产党问责条例》第八条的规定，对党的领导干部的问责方式有通报、诫勉、组织调整或者组织处理（包括停职检查、调整职务、责令辞职、免职、降职等）、纪律处分。上述问责方式，可以单独使用，也可以合并使用。《中国共产党纪律处分条例》规定的“对党员的纪律处分种类”有5种，即警告、严重警告、撤销党内职务、留党察看和开除党籍。《行政机关公务员处分条例》规定“行政机关公务员处分的种类”为警告、记过、记大过、降级、撤职、开除。责任追究方式的多样性和“集合性”，给行政决策责任的追究带来了很大的困难。由于责任追究方式的适用情形缺乏明确的法律规定，各地在追究决策者的责任时，随意性很大，往往避重就轻、因人而异，不仅以道德责任代替党纪、政纪处分，甚至直接用“停职检查”或“引咎辞职”来代替行政法律责任或者刑事法律责任。此外，各地在责任追究实践中还普遍存在着“重惩戒、轻纠错”的问题，使重大行政决策责任追究制度的整体功能未能得到充分发挥。

5. 责任追究文化严重滞后，决策责任追究制度的整体功能难以有效发挥

重大行政决策责任追究制度的运行，需要有相应的文化背景和一定的外部条件。一般来讲，问责文化包括问责心理、问责思想和问责意识三个层面。周亚越教授曾从这三个层面对中国问责文化的滞后问题进行分析和总结：在心理层面问责主客体的问责心理不成熟，主要表现为问责主体疏于问责和对问责实施的结果缺乏理性，问责客体对问责实施的公正性存在

① 司春燕：《法治与法治化概念辨析：兼与刘永艳教授商榷》，《山东省农业管理干部学院学报》2009年第1期，第129页。

担心和对问责制的实施产生抵触心理；在思想层面对问责制的认识存在偏差，主要表现为将问责制简单等同于引咎辞职，将问责制理解为单纯的责任追究，将问责制理解为同体问责和自上而下的问责；在意识形态层面责任意识淡薄，主要表现为官员责任意识淡薄和公民责任追究意识淡薄。

中国曾经经历了两千多年的封建专制，“官本位”和“权力崇拜”是封建社会的主流思想，也是流传至今的传统观念。责任追究文化滞后在现实生活中主要表现在两个方面：一方面，党政领导干部的民主法治意识淡薄，缺乏应有的责任意识和道德自律意识，习惯于在行政决策中搞“一言堂”，不愿接受来自各方面的监督和制约，一旦决策失误又要千方百计地寻找借口，如人非圣贤、出现决策失误是难免的、改革就要“交学费”等，来逃避应当承担的责任；另一方面，公民的权利意识、政治参与意识不强，再加上法律知识和管理经验欠缺，在决策过程和责任追究中不能积极、有效地参与。除此之外，中国是一个典型的“人情社会”，在责任追究活动中，责任追究主体往往会碍于情面，或者顾及各种关系，采取“大事化小、小事化了”的做法，使责任追究制度的功能和目的难以充分实现。实践证明，客观层面的制度建设与主观层面的文化建设之间是一种相辅相成的关系。这就要求我们，在不断完善重大行政决策责任追究机制的同时，还要积极培育责任追究文化，强化责任意识，为重大行政决策终身责任追究制度的施行营造一个良好的外部环境。

第三章

重大行政决策终身责任追究的依据和原则

“行政决策责任是指行政决策主体在行政决策活动中怠于履行或者错误履行应尽的决策义务而应受到的谴责和制裁的总称。”[①]实质上，重大行政决策终身责任追究制度是一种对追责对象的惩戒制度，它直接影响到公务员的权利与义务。因此，在设计相关的行政决策责任追究制度以及实施行政决策责任追究过程中，不仅要有明确的法律依据或者党内法规依据，还要确立和遵循一系列基本原则。

一、重大行政决策终身责任追究的主要依据

总的来看，我国重大行政决策终身责任追究的依据主要来自两个方面：一是国家法律。通常所说的“法律”有狭义和广义之分。其中，狭义的法律仅指全国人大及其常委会制定的基本法律和基本法律以外的法律；而广义的法律指的是法的整体，它不仅包括宪法和狭义的法律，还包括国务院制定的行政法规、有立法权的地方人大及其常委会制定的地方性法

① 杨寅:《行政决策程序、监督与责任制度》,中国法制出版社2011年版,第168页。

规、民族自治地方的人大制定的自治条例与单行条例，以及国务院组成部门制定的部门规章和有立法权的地方政府制定的地方政府规章。这里使用的“法律”是广义的法律，包括了宪法、法律、行政法规、地方性法规和政府规章。二是党内法规。“党内法规是党的中央组织以及中央纪律检查委员会、中央各部门和省、自治区、直辖市党委制定的规范党组织的工作、活动和党员行为的党内规章制度的总称。”①中国共产党是我国的执政党，党的各级组织及其领导人员在行政决策中发挥着重要的作用，因此，党内法规既是管党治党的重要依据，同时也是重大行政决策终身责任追究的主要依据。

（一）宪法依据

我国的现行宪法由1982年第五届全国人大第五次会议通过的宪法典和以后陆续通过的52条宪法修正案组成。宪法是规定国家性质、政权组织形式、国家机构以及公民基本权利的法律。无论是宪法的基本原则，还是宪法的相关规定，都为建立和实行重大行政决策终身责任追究制度提供了重要的宪法依据。概括起来，主要体现在以下7个方面：

（1）宪法确立了“人民主权”原则，为人民监督各级政府及其工作人员提供了宪法依据。《中华人民共和国宪法》第二条明确规定：“中华人民共和国的一切权力属于人民……人民依照法律规定，通过各种途径和形式，管理国家事务，管理经济和文化事业，管理社会事务。”在此基础上，《中华人民共和国宪法》第四十条第一款规定：“中华人民共和国公民对于任何国家机关和国家工作人员，有提出批评和建议的权利；对于任何国家机关和国家工作人员的违法失职行为，有向有关国家机关提出申诉、控告或者检举的权利。”同时，还在第二十七条中规定，国家机关“实行工作责任制”，“一切国家机关和国家机关工作人员必须依靠人民的支持，经常保持同人民的密切联系，倾听人民的意见和建议，接受人民的监督，努力为人民服务”。

① 参见《中国共产党党内法规制定条例》第二条。

（2）宪法规定了“民主集中制”原则，为国家权力机关对行政机关的决策行为实施监督提供了宪法依据。《中华人民共和国宪法》第三条规定：“中华人民共和国的国家机构实行民主集中制的原则。全国人民代表大会和地方各级人民代表大会都由民主选举产生，对人民负责，受人民监督。国家行政机关、监察机关、审判机关、检察机关都由人民代表大会产生，对它负责，受它监督。”

（3）宪法规定了“法治”原则，为重大行政决策责任追究制度的“法治化”提供了重要的宪法依据。《中华人民共和国宪法》第五条规定，“中华人民共和国实行依法治国，建设社会主义法治国家”，“一切违反宪法和法律的行为，必须予以追究”。

（4）宪法规定各级政府及其组成部门实行“行政首长负责制”，为在重大行政决策违法或失误时追究行政首长的领导责任提供了直接依据。《中华人民共和国宪法》第八十六条第二款、第一百零五条第二款分别规定，“国务院实行总理负责制。各部、各委员会实行部长、主任负责制”；“地方各级人民政府实行省长、市长、县长、区长、乡长、镇长负责制”。

（5）宪法规定了“监察委员会”的法律地位以及监察工作的原则，为各级国家监察机关行使监察权奠定了基础。现行的《中华人民共和国宪法》在规定“各级监察委员会是国家的监察机关”的同时，还在第一百二十七条中明确规定：“监察委员会依照法律规定独立行使监察权，不受行政机关、社会团体和个人的干涉。监察机关办理职务违法和职务犯罪案件，应当与审判机关、检察机关、执法部门互相配合，互相制约。”

（6）宪法规定了“审计机关”的地位和职权，为行政系统内部的专门监督提供了宪法依据。《中华人民共和国宪法》第九十一条、第一百零九条分别规定：“国务院设立审计机关，对国务院各部门和地方各级政府的财政收支，对国家的财政金融机构和企业事业组织的财务收支，进行审计监督”；“县级以上的地方各级人民政府设立审计机关。地方各级审计机关依照法律规定独立行使审计监督权，对本级人民政府和上一级审计机关负责”。

（7）宪法规定了人民法院和人民检察院的法律地位以及公、检、法之间的关系，为追究重大行政决策主体的刑事法律责任提供了保障。根据《中华人民共和国宪法》的规定，“人民法院是国家的审判机关”，“人民检察院是国家的法律监督机关”，“人民法院、人民检察院和公安机关办理刑事案件，应当分工负责，互相配合，互相制约，以保证准确有效地执行法律”。

（二）法律依据

目前，除了宪法之外，与重大行政决策终身责任追究制度关系比较密切、能够直接作为其依据的法律，主要有《中华人民共和国公务员法》《中华人民共和国监察法》和《中华人民共和国刑法》。下面，分别加以介绍。

1.《中华人民共和国公务员法》

2005年4月27日第十届全国人大常委会第十五次会议通过的《中华人民共和国公务员法》，经由2018年12月29日第十三届全国人大常委会第七次会议修订，自2019年6月1日起施行。该法在结构上分为18章，分别为：总则；公务员的条件、义务与权利；职务、职级与级别；录用；考核；职务、职级任免；职务、职级升降；奖励；监督与惩戒；培训；交流与回避；工资、福利与保险；辞职与辞退；退休；申诉与控告；职位聘任；法律责任；附则。该法作为规范公务员管理的专门法律，在加强对公务员的监督，保障公务员的合法权益方面，分别做了下列规定：

（1）规定了公务员的权利和义务。公务员是“依法履行公职、纳入国家行政编制、由国家财政负担工资福利的工作人员”。作为干部队伍的重要组成部分，一方面，公务员要履行其法定义务，忠于职守，勤勉尽责，努力提高工作质量和效率，接受人民的监督；另一方面，有权“获得工资报酬，享受福利、保险待遇”，“对机关工作和领导人员提出批评和建议”，“非因法定事由、非经法定程序，不被免职、降职、辞退或者处分”。

（2）规定了对公务员的内部监督制度。该法第五十七条规定：“机关应当对公务员的思想政治、履行职责、作风表现、遵纪守法等情况进行监督，开展勤政廉政教育，建立日常管理监督制度。对公务员监督发现问题的，应当区分不同情况，予以谈话提醒、批评教育、责令检查、诫勉、组织调整、处分。对公务员涉嫌职务违法和职务犯罪的，应当依法移送监察机关处理。”

（3）规定了处分的种类和期限。该法第六十二条规定：“处分分为：警告、记过、记大过、降级、撤职、开除。”同时，还在第六十四条规定：“公务员在受处分期间不得晋升职务、职级和级别，其中受记过、记大过、降级、撤职处分的，不得晋升工资档次。受处分的期间为：警告，六个月；记过，十二个月；记大过，十八个月；降级、撤职，二十四个月。”

（4）规定了处分决定机关的义务和公务员的“陈述和申辩”权利。该法第六十三条规定：“对公务员的处分，应当事实清楚、证据确凿、定性准确、处理恰当、程序合法、手续完备。公务员违纪违法的，应当由处分决定机关决定对公务员违纪违法的情况进行调查，并将调查认定的事实以及拟给予处分的依据告知公务员本人。公务员有权进行陈述和申辩；处分决定机关不得因公务员申辩而加重处分。处分决定机关认为对公务员应当给予处分的，应当在规定的期限内，按照管理权限和规定的程序作出处分决定。处分决定应当以书面形式通知公务员本人。”

2.**《中华人民共和国监察法》**

2018年3月20日，第十三届全国人大一次会议通过了《中华人民共和国监察法》。这是在深化国家监察体制改革的形势下，为了加强对所有行使公权力的公职人员的监督、实现国家监察全面覆盖、深入开展反腐败工作而制定的法律。其主要内容包括：总则；监察机关及其职责；监察范围和管辖；监察权限；监察程序；反腐败国际合作；对监察机关和检察人员的监督；法律责任；附则。

（1）规定了监察工作的原则。该法第五条规定：“国家监察工作严格遵照宪法和法律，以事实为根据，以法律为准绳；在适用法律上一律平等，保障当事人的合法权益；权责对等，严格监督；惩戒与教育相结合，宽严相济。”

（2）规定了监察机关的职责。该法第十一条规定：“监察委员会依照本法和有关法律规定履行监督、调查、处置职责：（一）对公职人员开展廉政教育，对其依法履职、秉公用权、廉洁从政从业以及道德操守情况进行监督检查；（二）对涉嫌贪污贿赂、滥用职权、玩忽职守、权力寻租、利益输送、徇私舞弊以及浪费国家资财等职务违法和职务犯罪进行调查；（三）对违法的公职人员依法作出政务处分决定；对履行职责不力、失职失责的领导人员进行问责；对涉嫌职务犯罪的，将调查结果移送人民检察院依法审查、提起公诉；向监察对象所在单位提出监察建议。”

（3）规定了监察对象的范围。该法第十五条规定：“监察机关对下列公职人员和有关人员进行监察：（一）中国共产党机关、人民代表大会及其常务委员会机关、人民政府、监察委员会、人民法院、人民检察院、中国人民政治协商会议各级委员会机关、民主党派机关和工商业联合会机关的公务员，以及参照《中华人民共和国公务员法》管理的人员；（二）法律、法规授权或者受国家机关依法委托管理公共事务的组织中从事公务的人员；（三）国有企业管理人员；（四）公办的教育、科研、文化、医疗卫生、体育等单位中从事管理的人员；（五）基层群众性自治组织中从事管理的人员；（六）其他依法履行公职的人员。”

（4）规定了监察机关的处置权限。该法第四十五条规定：“监察机关根据监督、调查结果，依法作出如下处置：（一）对有职务违法行为但情节较轻的公职人员，按照管理权限，直接或者委托有关机关、人员，进行谈话提醒、批评教育、责令检查，或者予以诫勉；（二）对违法的公职人员依照法定程序作出警告、记过、记大过、降级、撤职、开除等政务处分决定；（三）对不履行或者不正确履行职责负有责任的领导人员，按照管理权限对其直接作出问责决定，或者向有权作出问责决定的机关提出问责建议；（四）对涉嫌职务犯罪的，监察机关经调查认为犯罪事实清楚，证据确实、充分的，制作起诉意见书，连同案卷材料、证据一并移送人民检察院依法审查、提起公诉；（五）对监察对象所在单位廉政建设和履行职责存在的问题等提出监察建议。监察机关经调查，对没有证据证明被调查人存在违法犯罪行为的，应当撤销案件，并通知被调查人所在单位。”

（5）规定了监察对象申请复审、复核的救济程序。该法第四十九条规定：“监察对象对监察机关作出的涉及本人的处理决定不服的，可以在收到处理决定之日起一个月内，向作出决定的监察机关申请复审，复审机关应当在一个月内作出复审决定；监察对象对复审决定仍不服的，可以在收到复审决定之日起一个月内，向上一级监察机关申请复核，复核机关应当在二个月内作出复核决定。复审、复核期间，不停止原处理决定的执行。复核机关经审查，认定处理决定有错误的，原处理机关应当及时予以纠正。”

3.《中华人民共和国刑法》

《中华人民共和国刑法》不仅在总则中规定了刑罚的种类及具体运用，而且还在分则部分专门规定了“渎职”类职务犯罪。所谓职务犯罪，是指刑法中所规定的有关职务而为的一类犯罪的总称，它是指国家公职人员或视同公职人员利用职务上的便利，或滥用职权，或不尽职责，破坏国家对职务活动的管理职能，并依照刑法应当受到处罚的行为。[①]其中，与行政决策相关的职务犯罪主要有下列几个罪名：

（1）第三百九十七条规定的“滥用职权罪”和“玩忽职守罪”。国家机关工作人员滥用职权或者玩忽职守，致使公共财产、国家和人民利益遭受重大损失的，处三年以下有期徒刑或者拘役；情节特别严重的，处三年以上七年以下有期徒刑。本法另有规定的，依照规定。国家机关工作人员徇私舞弊，犯前款罪的，处五年以下有期徒刑或者拘役；情节特别严重的，处五年以上十年以下有期徒刑。本法另有规定的，依照规定。

（2）第四百零八条规定的“环境监管失职罪“和“食品监管渎职罪”。负有环境保护监督管理职责的国家机关工作人员严重不负责任，导致发生重大环境污染事故，致使公私财产遭受重大损失或者造成人身伤亡的严重后果的，处三年以下有期徒刑或者拘役；负有食品安全监督管理职责的国家机关工作人员，滥用职权或者玩忽职守，导致发生重大食品安全事故或者造成其他严重后果的，处五年以下有期徒刑或者拘役；造成特别严重后果的，处五年以上十年以下有期徒刑。徇私舞弊犯前款罪的，从重处罚。

① 参见樊风林：《职务犯罪的法律对策及其治理》，中国人民公安大学出版社1994年版，第111页。

（3）第四百零九条规定的“传染病防治失职罪”。从事传染病防治的政府卫生行政部门的工作人员严重不负责任，导致传染病传播或者流行，情节严重的，处三年以下有期徒刑或者拘役。

（4）第四百一十条规定的“非法批准征收、征用、占用土地罪”和“非法低价出让国有土地使用权罪”。国家机关工作人员徇私舞弊，违反土地管理法规，滥用职权，非法批准征收、征用、占用土地，或者非法低价出让国有土地使用权，情节严重的，处三年以下有期徒刑或者拘役；致使国家或者集体利益遭受特别重大损失的，处三年以上七年以下有期徒刑。

（三）行政法规依据

根据《中华人民共和国立法法》的规定，国务院根据宪法和法律，制定行政法规。经国务院常务会议审议通过或者经国务院总理审定的行政法规，通常由总理签署国务院令公布，并在国务院公报、中国政府法制信息网以及在全国范围内发行的报纸上刊载。目前，与重大行政决策终身责任追究制度关系较为密切的行政法规，主要有《行政机关公务员处分条例》《突发公共卫生事件应急条例》和《重大行政决策程序暂行条例》等。

1.《行政机关公务员处分条例》

行政纪律惩戒工作是政府行政管理工作的重要组成部分。党中央、国务院历来高度重视行政纪律惩戒工作，相继制定了一系列有关行政纪律惩戒工作的行政法规和方针政策。1957年，经全国人大常委会批准，国务院发布了《国务院关于国家行政机关工作人员的奖惩暂行规定》；1988年国务院发布了《国家行政机关工作人员贪污贿赂行政处分暂行规定》；1993年国务院发布了《国家公务员暂行条例》，对公务员纪律惩戒做了原则规定。2007年4月4日，国务院第173次常务会议通过了《行政机关公务员处分条例》，自2007年6月1日起施行。制定该条例的目的在于严肃行政机关纪律，规范行政机关公务员的行为，保证行政机关及其公务员依法履行职责。其主要内容如下：

（1）规定了行政机关公务员处分的原则和要求。该条例第四条规定：“给予行政机关公务员处分，应当坚持公正、公平和教育与惩处相结合的原则。给予行政机关公务员处分，应当与其违法违纪行为的性质、情节、危害程度相适应。给予行政机关公务员处分，应当事实清楚、证据确凿、定性准确、处理恰当、程序合法、手续完备。”

（2）规定了行政机关公务员处分的种类及适用情形。该条例第六条规定：“行政机关公务员处分的种类为：（一）警告；（二）记过；（三）记大过；（四）降级；（五）撤职；（六）开除。”行政机关公务员因行政决策违法、失误而应当受到处分的适用情形主要有：“负有领导责任的公务员违反议事规则，个人或者少数人决定重大事项，或者改变集体作出的重大决定的”；“不依法履行职责，致使可以避免的爆炸、火灾、传染病传播流行、严重环境污染、严重人员伤亡等重大事故或者群体性事件发生的”；“违反财经纪律，挥霍浪费国家资财的”；“其他滥用职权，侵害公民、法人或者其他组织合法权益的行为”。

（3）规定了行政机关公务员处分的决定机关及其权限。根据该条例第四章的相关规定，对行政机关公务员给予处分，由任免机关或者监察机关（统称处分决定机关）按照管理权限决定。具体规定如下：对经全国人民代表大会及其常务委员会决定任命的国务院组成人员给予处分，由国务院决定；对经地方各级人民代表大会及其常务委员会选举或者决定任命的地方各级人民政府领导人员给予处分，由上一级人民政府决定；对地方各级人民政府工作部门正职领导人员给予处分，由本级人民政府决定。其中，拟给予撤职、开除处分的，需向同级人民代表大会及其常委会提出罢免或免职建议。在此之前，可以决定暂停其履行职务。

（4）分别规定了“从重处分”“从轻处分”“减轻处分”“免除处分”的情形。该条例第十二条、十三条分别规定了“从重处分”“从轻处分”的情形。其中，“有下列情形之一的，应当从轻处分：（一）主动交代违法违纪行为的；（二）主动采取措施，有效避免或者挽回损失的；（三）检举他人重大违法违纪行为，情况属实的”。此外，第十四条还规定：“行政机关公务员主动交代违法违纪行为，并主动采取措施有效避免或者挽回损失的，应当减轻处分。行政机关公务员违纪行为情节轻微，经过批评教育后改正的，可以免予处分。”

(5) 设专章规定了行政机关公务员“处分的程序”和“不服处分的申诉”。该条例第五章设9个条款，比较详细地规定了“处分的程序”。第六章是“不服处分的申诉”，共4个条款，其中的第四十八条规定：“受到处分的行政机关公务员对处分决定不服的，依照《中华人民共和国公务员法》和《中华人民共和国行政监察法》的有关规定，可以申请复核或者申诉。复核、申诉期间不停止处分的执行。行政机关公务员不因提出复核、申诉而被加重处分。”

(6) 特别规定了退休人员的处分问题。该条例第五十二条规定：“有违法违纪行为应当受到处分的行政机关公务员，在处分决定机关作出处分决定前已经退休的，不再给予处分；但是，依法应当给予降级、撤职、开除处分的，应当按照规定相应降低或者取消其享受的待遇。”

2.《突发公共卫生事件应急条例》

2003年5月7日国务院第7次常务会议通过、2003年5月9日发布并实施的《突发公共卫生事件应急条例》，是在抗击“非典”的特殊时期制定的，旨在有效预防、及时控制和消除突发公共卫生事件的危害，保障公众身体健康与生命安全，维护正常的社会秩序。该条例分6章，共54条。其中，与责任追究相关的内容如下：

(1) 规定了“突发公共卫生事件”的概念。该条例第二条将“突发公共卫生事件”这个概念界定为：“突然发生，造成或者可能造成社会公众健康严重损害的重大传染病疫情、群体性不明原因疾病、重大食物和职业中毒以及其他严重影响公众健康的事件。”

(2) 规定了县级以上各级人民政府及其有关部门的义务。该条例第八条规定：“国务院有关部门和县级以上地方人民政府及其有关部门，应当建立严格的突发事件防范和应急处理责任制，切实履行各自的职责，保证突发事件应急处理工作的正常进行。”

(3) 规定了“突发事件举报制度”。该条例第二十四条规定：“国家建立突发事件举报制度，公布统一的突发事件报告、举报电话。任何单位和个人有权向人民政府及其有关部门报告突发事件隐患，有权向上级人民政府及其有关部门举报地方人民政府及其有关部门不履行突发事件应急处理职责，或者不按照规定履行职责的情况。接到报告、举报的有关人民政府及其有关部门，应当立即组织对突发事件隐患、不履行或者不按照规定履行突发事件应急处理职责的情况进行调查处理。对举报突发事件有功的单位和个人，县级以上各级人民政府及其有关部门应当予以奖励。”

（4）规定了地方政府及其卫生行政主管部门瞒报、谎报的法律责任。该条例第四十五条规定：“县级以上地方人民政府及其卫生行政主管部门未依照本条例的规定履行报告职责，对突发事件隐瞒、缓报、谎报或者授意他人隐瞒、缓报、谎报的，对政府主要领导人及其卫生行政主管部门主要负责人，依法给予降级或者撤职的行政处分；造成传染病传播、流行或者对社会公众健康造成其他严重危害后果的，依法给予开除的行政处分；构成犯罪的，依法追究刑事责任。”

（5）规定了卫生行政主管部门和其他有关部门的失职、渎职责任。该条例第四十八条的规定：“县级以上各级人民政府卫生行政主管部门和其他有关部门在突发事件调查、控制、医疗救治工作中玩忽职守、失职、渎职的，由本级人民政府或者上级人民政府有关部门责令改正、通报批评、给予警告；对主要负责人、负有责任的主管人员和其他责任人员依法给予降级、撤职的行政处分；造成传染病传播、流行或者对社会公众健康造成其他严重危害后果的，依法给予开除的行政处分；构成犯罪的，依法追究刑事责任。”

3.《重大行政决策程序暂行条例》

自2019年9月1日起施行的《重大行政决策程序暂行条例》是专门规范重大行政决策程序、明确决策责任的行政法规。该条例共6章、44条，分别对重大行政决策的事项范围，决策的作出、执行和调整程序以及重大行政决策责任追究等问题作出了具体规定，因而可以作为重大行政决策终身责任追究的直接依据。

（1）规定了“重大行政决策事项”的范围。该条例首先在第三条中采用“列举”的方法，界定了重大行政决策事项：“本条例所称重大行政决策事项（以下简称决策事项）包括：（一）制定有关公共服务、市场监管、社会管理、环境保护等方面的重大公共政策和措施；（二）制定经济和社会发展等方面的重要规划；（三）制定开发利用、保护重要自然资源和文化资源的重大公共政策和措施；（四）决定在本行政区域实施的重大公共建设项目；（五）决定对经济社会发展有重大影响、涉及重大公共利益或者社会公众切身利益的其他重大事项。”接着，又明确了应当排除的事项，即“财政政策、货币政策等宏观调控决策，政府立法决策以及突发事件应急处置决策不适用本条例”。同时，还进一步规定：“决策机关可以根据本条第一款的规定，结合职责权限和本地实际，确定决策事项目录、标准，经同级党委同意后向社会公布，并根据实际情况调整。”

（2）规定了重大行政决策的“合法性审查”制度。该条例明确规定：“决策草案提交决策机关讨论前，应当由负责合法性审查的部门进行合法性审查。”根据该条例第二十七条的规定，“合法性审查的内容包括：（一）决策事项是否符合法定权限；（二）决策草案的形成是否履行相关法定程序；（三）决策草案内容是否符合有关法律、法规、规章和国家政策的规定”。

（3）规定“风险评估结果应当作为重大行政决策的重要依据”。该条例在第二章中专设一节对风险评估问题进行了规定。其具体内容包括：重大行政决策的实施可能对社会稳定、公共安全等方面造成不利影响的，决策承办单位或者负责风险评估工作的其他单位应当组织评估决策草案的风险可控性。决策机关认为风险可控的，可以作出决策；认为风险不可控的，在采取调整决策草案等措施确保风险可控后，可以作出决策。

（4）规定了重大行政决策的“终身责任追究”制度。该条例规定：“决策机关违反本条例规定造成决策严重失误，或者依法应当及时作出决策而久拖不决，造成重大损失、恶劣影响的，应当倒查责任，实行终身责任追究，对决策机关行政首长、负有责任的其他领导人员和直接责任人员依法追究责任。”

（5）规定了重大行政决策的“监督制度”和“请示报告制度”。该条例第八条规定：“重大行政决策依法接受本级人民代表大会及其常务委员会的监督，根据法律、法规规定属于本级人民代表大会及其常务委员会讨论决定的重大事项范围或者应当在出台前向本级人民代表大会常务委员会报告的，按照有关规定办理。上级行政机关应当加强对下级行政机关重大行政决策的监督。审计机关按照规定对重大行政决策进行监督。”与此同时，该条例第三十一条还明确规定：“重大行政决策出台前应当按照规定向同级党委请示报告。”

（四）规章依据

政府规章是国务院各部委或各省、自治区、直辖市的人民政府，省、自治区的人民政府所在地的市，以及设区的市的人民政府，根据宪法、法律、行政法规等制定和发布的规范性文件。其中，国务院各部委制定的称为“部门行政规章”，其余的称为“地方行政规章”。部门行政规章又称“部委规章”，主要指国务院各部、委制定的规章。部委规章应当经部务会议或者委员会会议决定，由本部门的首长签署命令予以公布。其特点是适用单一的领域，专业性较强，并在本系统范围内适用于全国；地方行政规章亦称“地方政府规章”，主要指有立法权的各级地方人民政府制定的规章。地方政府规章应当经政府常务会议或者全体会议决定，由省长、自治区主席、市长或者自治州州长签署命令予以公布。其特点是适用于本行政区域，既具有针对某一事项的特定性，又具有针对一般情况的综合性。

在我国，政府规章的数量非常多，使用起来也比较便利。就行政责任追究领域来讲，既有国务院组成部门制定的部委规章，如《公安机关追究领导责任暂行规定》（1997年4月3日）、《工业和信息化部党政领导干部问责暂行办法》（2009年12月15日）等，也有不同层级的地方政府制定的地方政府规章，如《重庆市政府部门行政首长问责暂行办法》（2004年5月13日）、《深圳市行政决策责任追究办法》（2009年9月3日）、《四川省重大行政决策责任追究暂行办法》（2016年9月1日）等。鉴于相关的政府规章数量众多，且只能在一定的区域范围内适用，受篇幅所限，这里不再一一介绍。

（五）党内法规依据

在我国，党内法规也是重大行政决策终身责任追究制度的重要依据。党内法规制度体系，是以党章为根本，以准则、条例等中央党内法规为主干，由各领域、各层级党内法规制度组成的有机统一整体。从制定主体看，党内法规的制定主体只能是党的中央组织、中央纪律检查委员会、中央各部门及省、自治区、直辖市党委。从名称来看，党内法规的名称为党章、准则、条例、规则、规定、办法、细则。从位阶来看，党内法规主要由4个位阶构成。其中，党章是全党必须共同遵守的根本的、最高的行为规范，处于党内法规的最高位阶；以准则、条例等命名的中央党内法规，通常由党的全国代表大会、党的中央委员会全体会议、中央政治局会议或中央政治局常务委员会会议审议批准，在党内法规体系中位于第二位阶；中央纪律检查委员会、中央各部门制定的规则、规定、办法、细则，对党的某一方面重要工作或者事项作出具体规定，位于党内法规体系的第三位阶；省、自治区、直辖市党委制定的规则、规定、办法、细则，位于党内法规体系效力位阶的第四层级。与行政决策责任追究制度相关的党内法规，主要是处于第二位阶的“条例”和第三位阶的“规定”。

1.《中国共产党问责条例》

2019年9月1日，修改后的《中国共产党问责条例》施行。该条例是对党章规定的细化延伸，是对党内其他问责规定的归纳提炼，是问责工作的基础性法规。其主要内容如下：

（1）第三条规定了“问责原则”。党的问责工作应当坚持的原则是：依规依纪、实事求是；失责必问、问责必严；权责一致、错责相当；严管和厚爱结合、激励和约束并重；惩前毖后、治病救人；集体决定、分清责任。

（2）第五条规定了“问责对象”。该条规定，问责对象是党组织、党的领导干部，重点是党委（党组）、党的工作机关及其领导成员，纪委、纪委派驻（派出）机构及其领导成员。

（3）第六条规定了“责任划分”。在追究党组织领导班子集体责任时，必须分清领导班子和班子成员的责任。根据该条的规定，领导班子负有“全面领导责任”，领导班子主要负责人和直接主管的班子成员在职责范围内承担“主要领导责任”，参与决策和工作的班子其他成员在职责范围内承担“重要领导责任”。

（4）第七条规定了“问责情形”。该条规定，党组织、党的领导干部违反党章和其他党内法规，不履行或者不正确履行职责，有下列情形之一的，应当予以问责：一是党的领导弱化；二是党的政治建设抓得不实；三是党的思想建设缺失；四是党的组织建设薄弱；五是党的作风建设松懈；六是党的纪律建设抓得不严；七是推进党风廉政建设和反腐败斗争不坚决、不扎实；八是全面从严治党主体责任、监督责任落实不到位；九是履行管理、监督职责不力；十是在涉及人民群众最关心最直接最现实的利益问题上不作为、乱作为、慢作为、假作为；十一是“其他应当问责的失职失责情形”。

（5）第八条规定了“问责方式”。对党组织的问责方式有3种，即检查、通报、改组；对党的领导干部的问责方式有4种，即通报、诫勉、组织调整或者组织处理、纪律处分，其中诫勉包括谈话诫勉和书面诫勉，组织调整或组织处理则包括停职检查、调整职务、责令辞职、免职、降职等。上述问责方式，可以单独使用，也可以合并使用。

（6）第十六条规定了“终身问责”。该条例贯彻全面从严治党要求，坚持“失责必问、问责必严”原则，确立了“终身问责”制度，规定“对失职失责性质恶劣、后果严重的，不论其责任人是否调离转岗、提拔或者退休等，都应当严肃问责”。

2.《中国共产党纪律处分条例》

2003年12月，中共中央印发了最早的《中国共产党纪律处分条例》，并随着实践的不断发展，先后于2015年和2018年两次予以修订。新修订的《中国共产党纪律处分条例》，分为总则、分则、附则3编，共11章、142条，自2018年10月1日起施行。

（1）第四条规定了党的纪律处分工作应当坚持的原则。一是坚持党要管党、全面从严治党；二是党纪面前一律平等；三是实事求是；四是民主集中制；五是惩前毖后、治病救人。

（2）第八条规定了对党员的纪律处分种类。对党员的纪律处分种类包括：“（一）警告；（二）严重警告；（三）撤销党内职务；（四）留党察看；（五）开除党籍。”党员受到警告处分一年内、受到严重警告处分一年半内，不得在党内提升职务和向党外组织推荐担任高于其原任职务的党外职务。撤销党内职务处分，是指撤销受处分党员由党内选举或者组织任命的党内职务。留党察看处分，分为留党察看一年、留党察看二年。党员受留党察看处分期间，没有表决权、选举权和被选举权，其党内职务自然撤销。党员受到开除党籍处分，五年内不得重新入党，也不得推荐担任与其原任职务相当或者高于其原任职务的党外职务。

（3）规定了纪律处分的运用规则。根据第二十一条规定："从轻处分，是指在本条例规定的违纪行为应当受到的处分幅度以内，给予较轻的处分。从重处分，是指在本条例规定的违纪行为应当受到的处分幅度以内，给予较重的处分。"根据第二十二条的规定："减轻处分，是指在本条例规定的违纪行为应当受到的处分幅度以外，减轻一档给予处分。加重处分，是指在本条例规定的违纪行为应当受到的处分幅度以外，加重一档给予处分。"

（4）规定了党纪处分、政务处分与刑事处罚的衔接顺序。一方面，党组织在纪律审查中发现党员严重违纪、涉嫌违法犯罪的，原则上先作出党纪处分决定，并按照规定给予政务处分后，再移送有关国家机关依法处理。另一方面，党员依法受到刑事责任追究的，党组织应当根据司法机关的生效判决、裁定、决定及其认定的事实、性质和情节，依照本条例规定给予党纪处分，是公职人员的由监察机关给予相应政务处分；党员依法受到政务处分、行政处罚，应当追究党纪责任的，党组织可以根据生效的政务处分、行政处罚决定认定的事实、性质和情节，经核实后依照规定给予党纪处分或者组织处理。

（5）第三十七条将有关责任人员区分为"直接责任者""主要领导责任者"和"重要领导责任者"。直接责任者，是指在其职责范围内，不履行或者不正确履行自己的职责，对造成的损失或者后果起决定性作用的党员或者党员领导干部；主要领导责任者，是指在其职责范围内，对直接主管的工作不履行或者不正确履行职责，对造成的损失或者后果负直接领导责任的党员领导干部；重要领导责任者，是指在其职责范围内，对应管的工作或者参与决定的工作不履行或者不正确履行职责，对造成的损失或者后果负次要领导责任的党员领导干部。

（6）分别规定了对违反各种纪律行为的处分。该条例第二编中分别规定了对违反下列纪律行为的处分：一是对违反政治纪律行为的处分；二是对违反组织纪律行为的处分；三是对违反廉洁纪律行为的处分；四是对违反群众纪律行为的处分；五是对违反工作纪律行为的处分；六是对违反生活纪律行为的处分。

3.《**中国共产党党内监督条例**》

2016年10月27日，中国共产党第十八届中央委员会第六次全体会议审议通过了《中国共产党党内监督条例》。该条例共47条，分为8章，即：总则；党的中央组织的监督；党委（党组）的监督；党的纪律检查委员会的监督；党的基层组织和党员的监督；党内监督和外部监督相结合；整改和保障；附则。

（1）规定了“党内监督体系”。第九条规定：“建立健全党中央统一领导，党委（党组）全面监督，纪律检查机关专责监督，党的工作部门职能监督，党的基层组织日常监督，党员民主监督的党内监督体系。”

（2）明确了党内监督的重点对象。第六条规定：“党内监督的重点对象是党的领导机关和领导干部特别是主要领导干部。”

（3）规定了党的各级纪检机关的性质和任务。根据该条例第二十六条的规定：“党的各级纪律检查委员会是党内监督的专责机关，履行监督执纪问责职责，加强对所辖范围内党组织和领导干部遵守党章党规党纪、贯彻执行党的路线方针政策情况的监督检查，承担下列具体任务：（一）加强对同级党委特别是常委会委员、党的工作部门和直接领导的党组织、党的领导干部履行职责、行使权力情况的监督；（二）落实纪律检查工作双重领导体制，执纪审查工作以上级纪委领导为主，线索处置和执纪审查情况在向同级党委报告的同时向上级纪委报告，各级纪委书记、副书记的提名和考察以上级纪委会同组织部门为主；（三）强化上级纪委对下级纪委的领导，纪委发现同级党委主要领导干部的问题，可以直接向上级纪委报告；下级纪委至少每半年向上级纪委报告1次工作，每年向上级纪委进行述职。”

（4）规定了党员的监督义务。第三十六条规定："党员应当本着对党和人民事业高度负责的态度，积极行使党员权利，履行下列监督义务：（一）加强对党的领导干部的民主监督，及时向党组织反映群众意见和诉求；（二）在党的会议上有根据地批评党的任何组织和任何党员，揭露和纠正工作中存在的缺点和问题；（三）参加党组织开展的评议领导干部活动，勇于触及矛盾问题、指出缺点错误，对错误言行敢于较真、敢于斗争；（四）向党负责地揭发、检举党的任何组织和任何党员违纪违法的事实，坚决反对一切派别活动和小集团活动，同腐败现象作坚决斗争。"

（5）规定了不同监督系统之间的联系。第三十七条规定："各级党委应当支持和保证同级人大、政府、监察机关、司法机关等对国家机关及公职人员依法进行监督，人民政协依章程进行民主监督，审计机关依法进行审计监督。有关国家机关发现党的领导干部违反党规党纪、需要党组织处理的，应当及时向有关党组织报告。审计机关发现党的领导干部涉嫌违纪的问题线索，应当向同级党组织报告，必要时向上级党组织报告，并按照规定将问题线索移送相关纪律检查机关处理。在纪律审查中发现党的领导干部严重违纪涉嫌违法犯罪的，应当先作出党纪处分决定，再移送行政机关、司法机关处理。执法机关和司法机关依法立案查处涉及党的领导干部案件，应当向同级党委、纪委通报；该干部所在党组织应当根据有关规定，中止其相关党员权利；依法受到刑事责任追究，或者虽不构成犯罪但涉嫌违纪的，应当移送纪委依纪处理。"

4.《关于实行党政领导干部问责的暂行规定》

中共中央办公厅、国务院办公厅联合印发，自2009年6月30日起施行的《关于实行党政领导干部问责的暂行规定》，对于加强党政领导干部的管理和监督，增强党政领导干部的责任意识，提高党的执政能力和执政水平，具有重要的意义。该条例共26条，分为4章。

（1）规定了对党政领导干部实行问责的原则及不同责任形式的衔接问题。第三条规定："对党政领导干部实行问责，坚持严格要求、实事求是，权责一致、惩教结合，依靠群众、依法有序的原则。"第四条规定："党政领导干部受到问责，同时需要追究纪律责任的，依照有关规定给予党纪政纪处分；涉嫌犯罪的，移送司法机关依法处理。”

（2）列举了对党政领导干部实行问责的情形。第五条规定：“有下列情形之一的，对党政领导干部实行问责：（一）决策严重失误，造成重大损失或者恶劣影响的；（二）因工作失职，致使本地区、本部门、本系统或者本单位发生特别重大事故、事件、案件，或者在较短时间内连续发生重大事故、事件、案件，造成重大损失或者恶劣影响的；（三）政府职能部门管理、监督不力，在其职责范围内发生特别重大事故、事件、案件，或者在较短时间内连续发生重大事故、事件、案件，造成重大损失或者恶劣影响的；（四）在行政活动中滥用职权，强令、授意实施违法行政行为，或者不作为，引发群体性事件或者其他重大事件的；（五）对群体性、突发性事件处置失当，导致事态恶化，造成恶劣影响的；（六）违反干部选拔任用工作有关规定，导致用人失察、失误，造成恶劣影响的；（七）其他给国家利益、人民生命财产、公共财产造成重大损失或者恶劣影响等失职行为的。”

（3）规定了对党政领导干部实行问责的方式及适用情形。“对党政领导干部实行问责的方式分为：责令公开道歉、停职检查、引咎辞职、责令辞职、免职。”根据第十条的规定，受到问责的党政领导干部，取消当年年度考核评优和评选各类先进的资格。引咎辞职、责令辞职、免职的党政领导干部，一年内不得重新担任与其原任职务相当的领导职务。

（4）规定了对党政领导干部实行问责的程序。第十二条规定：“对党政领导干部实行问责，依照下列程序进行：（一）对因检举、控告、处理重大事故事件、查办案件、审计或者其他方式发现的党政领导干部应当问责的线索，纪检监察机关按照权限和程序进行调查后，对需要实行问责的，按照干部管理权限向问责决定机关提出问责建议；（二）对在干部监督工作中发现的党政领导干部应当问责的线索，组织人事部门按照权限和程序进行调查后，对需要实行问责的，按照干部管理权限向问责决定机关提出问责建议；（三）问责决定机关可以根据纪检监察机关或者组织人事部门提出的问责建议作出问责决定；（四）问责决定机关作出问责决定后，由组织人事部门办理相关事宜，或者由问责决定机关责成有关部门办理相关事宜。”

（5）规定了被问责的党政领导干部的权利。主要体现在三个方面：其一，作出问责决定前，应当听取被问责的党政领导干部的陈述和申辩，并且记录在案；对其合理意见，应当予以采纳。其二，《党政领导干部问责决定书》应当写明问责事实、问责依据、问责方式、批准机关、生效时间、当事人的申诉期限及受理机关等，并送达被问责的党政领导干部本人及其所在单位。其三，被问责的党政领导干部对问责决定不服的，可以自接到《党政领导干部问责决定书》之日起15日内，向问责决定机关提出书面申诉。问责决定机关接到书面申诉后，应当在30日内作出申诉处理决定。申诉处理决定应当以书面形式告知申诉人及其所在单位。

5.《公职人员政务处分暂行规定》

2018年4月16日，中共中央纪委、国家监察委员会联合印发了《公职人员政务处分暂行规定》，目的在于促进所有行使公权力的公职人员依法履职、秉公用权。该规定共23条，其主要内容如下：

（1）第二条规定监察机关有权对公职人员给予政务处分。根据本条的规定，公职人员有违法违规行为应当承担法律责任的，在国家有关公职人员政务处分的法律出台前，监察机关可以根据被调查的公职人员的具体身份，依照相关法律、法规、国务院决定和规章对违法行为及其适用处分的规定，给予政务处分。

（2）第六条规定了政务处分的种类。监察机关对违法的公职人员可以依法作出警告、记过、记大过、降级、撤职、开除等政务处分决定。

（3）第七条规定了党纪处分、政务处分与刑事责任的衔接顺序。根据本条的规定，公职人员中的中共党员严重违反党纪涉嫌犯罪的，应当由党组织先做出党纪处分决定，并由监察机关依法给予政务处分后，再依法追究其刑事责任；非中共党员的公职人员涉嫌犯罪的，应当先由监察机关依法给予政务处分，再依法追究其刑事责任。公职人员中的中共党员先依法受到行政处罚和刑事责任追究的，党组织、监察机关可以根据生效的行政处罚决定和司法机关的生效判决、裁定、决定及其认定的事实、性质和情节，依纪依法给予党纪、政务处分。

（4）第九条规定了对公务员外的公职人员的处理措施。对基层群众性自治组织、国有企业等单位中从事管理的人员，或者未列入国家机关人员编制的受国家机关依法委托管理公共事务的组织中从事公务的人员、其他依法履行公职的人员，监察机关可以依法采取下列处理措施：一是依据《中华人民共和国监察法》采取谈话提醒、批评教育、责令检查、诫勉；二是依据本规定第三条有关法规采取警示谈话、通报批评、停职检查、责令辞职。此外，监察机关可以依法向有关机关、单位提出下列监察建议：一是取消当选资格或者担任相应职务资格；二是调离岗位、降职、免职、罢免。上述处理措施可以单独使用，也可以合并使用。

（5）第十一条分别规定了监察机关给予政务处分时应当履行的手续。主要包括下列情形：“（一）对经各级人民代表大会及其常务委员会选举或者决定任命的公职人员给予撤职、开除处分的，应当先由人民代表大会及其常务委员会依法罢免、撤销或者免去其职务，再由监察机关依法作出处分决定。（二）对经中国人民政治协商会议各级委员会全体会议及其常务委员会选举或者决定任命的公职人员给予撤职、开除处分的，应当先由政协全体会议及其常务委员会免去其职务后，再由监察机关依法作出处分决定。（三）对各级人大代表、政协委员给予政务处分，应当向其所在的人大常委会或者政协常委会通报。（四）对基层群众性自治组织中从事管理的人员给予责令辞职等处理的，由县级监察机关向其所在的基层群众性自治组织及上级管理单位（机构）提出建议。”

（6）第十八条规定了对有违法行为的已退休、辞职、死亡的公职人员的处理。有违法行为应当受到政务处分的公职人员，在监察机关作出处分决定前已经退休的，不再给予处分；监察机关可以对其立案调查，依法应当给予降级、撤职、开除处分的，应当按照规定降低或者取消其享受的待遇。有违法行为应当受到政务处分的公职人员，在监察机关作出处分决定前已经辞去公职或者死亡的，不再给予处分，但是监察机关可以立案调查，对其违法取得的财物和用于违法的财物，依照本规定第二十一条处理。

二、重大行政决策终身责任追究的基本原则

所谓重大行政决策终身责任追究的基本原则，是能够反映行政决策责任追究制度的本质特征和价值，贯穿于重大行政决策责任追究的始终，并对追责法律规范的制定与实施具有普遍规制作用的根本准则。“我们只有承认法律既包括法律规则，又包括法律原则，才能解释我们对于法律的特别尊敬。”[①]正因为这样，在构建重大行政决策终身责任追究法律制度以及责任追究的实践中必须遵循一定的原则，这些原则不仅关系到行政决策责任追究立法的科学性、可行性，同时还直接影响到行政决策责任追究活动的合法性、有效性。

目前，相关学者对行政决策责任追究基本原则的认识，可以说是仁者见仁、智者见智。例如，杨寅教授提出，行政决策责任追究的原则是：权责一致，责任追究法定，程序公正公开，教育与惩戒相结合。[②]而《行政决策的法制化研究》一书的作者周实、齐宁则认为：“在追究行政决策责任时应遵循以下主要原则：权责统一原则、责任法定原则、公正平等原则、效益原则。”[③]

现有的关于行政决策责任追究的法律、法规、规章及党内法规文件，对于基本原则的规定也不统一。其中，《中华人民共和国监察法》第五条规定：“国家监察工作严格遵照宪法和法律，以事实为根据，以法律为准绳；在适用法律上一律平等，保障当事人的合法权益；权责对等，严格监督；惩戒与教育相结合，宽严相济。”《行政机关公务员处分条例》第四条规定：“给予行政机关公务员处分，应当坚持公正、公平和教育与惩处相结合的原则。”《关于实行党政领导干部问责的暂行规定》第三条规定：

① [美]德沃金著，信春鹰等译：《认真对待权利》，中国大百科全书出版社1998年版，第18页。

② 参见杨寅：《行政决策程序、监督与责任制度》，中国法制出版社2011年版，第172—174页。

③ 周实、齐宁：《行政决策的法制化研究》，东北大学出版社2014年版，第184页。

“对党政领导干部实行问责，坚持严格要求、实事求是，权责一致、惩教结合，依靠群众、依法有序的原则。”而《中国共产党问责条例》第三条则规定，党的问责工作应当坚持的原则是“依规依纪、实事求是，失责必问、问责必严，权责一致、错责相当，严管和厚爱结合、激励和约束并重，惩前毖后、治病救人，集体决定、分清责任”。至于地方政府制定的关于行政决策责任追究的规定，在应当坚持的基本原则方面差异更大。例如，《四川省重大行政决策责任追究暂行办法》中规定的原则是“职权法定、客观公正、权责统一、惩教结合”；《云南省重大行政决策终身责任追究办法（试行）》中规定的原则是“权责一致、依法依规、客观公正、科学认定、终身追究”；《武汉市重大行政决策责任追究暂行办法》中规定的原则是“权责一致、过罚相当、依法有序、主客观相统一”；而《西安市重大行政决策责任追究暂行办法》和《阜阳市重大行政决策责任追究办法》中规定的原则都是“谁决策谁负责、谁主管谁负责、谁承办谁负责”。

对基本原则认识上的巨大差异，以及法律文本的规定不统一，不仅导致相关法律、法规、规章及党内法规之间的冲突，而且还直接影响其功能的充分发挥。要确立行政决策终身责任追究制度的基本原则，必须掌握下列两个重要标准：一是根本性。基本原则是在整个责任追究法律体系中居于最高层次的行为准则，必须能够体现行政决策责任追究机制的本质特征和基本价值，并贯穿行政决策责任追究的立法和实施全过程。按照这个标准，可以将只体现在立法与实施阶段，或者仅仅涉及“责任认定”等某一个问题上的原则，如“责任法定”“主客观相统一”等原则，排除在行政决策责任追究的基本原则之外。二是特殊性。作为行政决策责任追究的基本原则，必须立足于行政决策责任追究的本质特征和价值追求，体现出行政决策责任追究制度的特殊性。按照这个标准，可以进一步把那些可以广泛适用于不同领域的原则，如“实事求是”“依靠群众”等排除在行政决策责任追究制度的基本原则之外。

根据上述判断标准，并结合国内外学者的研究成果和行政决策责任追究实践，可以把下列原则作为重大行政决策责任追究制度的基本原则：

（一）权责一致原则

任何一个法律关系中的当事人（包括行政决策主体在内），都是权利与义务的结合体，既享有一定的权利，也要承担相应的义务。一般来讲，权利与义务在数量关系上是等值的。"如果把权利作为数轴的正侧，把义务作为数轴的负侧，则权利每延展一个刻度，义务必向另一方向延展相同的刻度，权利的绝对值总是相同于义务的绝对值。"[①]这可以说是对权利义务对等的最形象的比喻。

权利与义务的对等性在行政权力的行使过程中具体表现为权责一致原则。所谓权责一致，是指行政机关及其工作人员享有的行政权力与其应当承担的责任具有高度的一致性。正如著名的管理学家法约尔所指出的，"责任是权力的孪生物，是权力的当然结果和必要补充。凡权力行使的地方就有责任"[②]。行政权力与责任的平衡，是法治社会对所有行政主体的要求，行使重大行政决策权力的行政机关和公务人员亦不例外。在重大行政决策责任追究过程中，只有坚持权责一致，才能真正达到规范行政决策权、避免决策失误的目的，最终实现行政决策的科学化、民主化、法治化。

概括起来，权责一致原则的基本内容主要有三个方面：首先，行政职权与行政职责是不可分割的，有权就有责。这是因为，权力与责任之间是一种相伴相生的关系，在赋予国家行政机关权力的同时，必须附加相应的职责。正如"没有无义务的权利，也没有无权利的义务"一样，既不存在无责任的权力，也不存在无权力的责任。其次，行政职权与行政职责是相对应的，行使行政职权必须以履行行政职责为核心。对于各级国家行政机关及其公务人员来说，公共管理的"治权"来自人民的让渡，必须以履行行政职责为目的，公共管理活动中的行政决策更是如此。也就是说，在两者的关系上，行政职责是第一位的，行政职权是第二位的。再次，行政权力的大小和责任的大小是一致的。行政权力与责任之间是一种正比例关

① 张文显:《法理学》,高等教育出版社、北京大学出版社1999年版,第88页。

② 转引自丁煌:《西方行政学说史》,武汉大学出版社1999年版,第65页。

系：行政权力越大，责任越重；行政权力越小，责任越轻。换句话说，行政权力与责任必须保持均衡。否则，权力大于责任会导致权力的滥用，责任大于权力则会影响职责的履行。

（二）依法问责原则

依法问责，是指行政决策主体的责任必须由法定的有权机关在其法定权限内，依照法律规定的条件和程序予以认定和追究。根据这一原则，参与行政决策的人员是否应当对其行为承担责任、承担什么样的责任、由谁来认定和追究，以及如何认定和追究等，都必须由法律事先作出明确的规定。根据上述要求，“国家的任何责任主体都有权拒绝承担法律明文规定以外的责任”[①]。依法问责原则是法治原则在行政决策责任追究领域中的集中体现，其含义和要求包括以下几个方面：

第一，行政决策人员的责任是法定的。法律责任作为一种否定性后果，其责任形式和适用范围应当由法律规范预先设定，没有法定的依据不能随便予以追究。在公法领域，责任法定几乎可以说是绝对的，如刑法中的“罪刑法定”，行政法中的“法无明文规定不处罚”，等等。根据责任法定的原则，如果法律没有规定人们要为某种决策行为承担法律责任，就不能追究行为人的法律责任；如果法律没有规定行为人用某一方式承担违法决策或者决策失误的责任，也就不能要求行为人用该方式承担责任。否则，就是责任擅断和违法追究。

第二，追究行政决策责任的主体和权限是法定的。认定和追究法律责任的权力是一种法律制裁权，只能由获得国家法律或党内法规授权的特定机关在授权范围内行使，其他机关、组织和个人都无权自行认定和追究行政决策人员的法律责任，这是法律责任区别于道德责任的一个重要特征。在现实生活中，能够认定和追究行政决策人员法律责任的机关是多元的，既有上级行政机关和纪检监察机关，也有国家权力机关和司法机关，它们之间有着明确的分工。一般来讲，刑事法律责任只能由国家司法机关通过

① 张文显：《法理学》，法律出版社1997年版，第150—151页。

刑事诉讼程序认定和追究，对于公务人员的党纪处分和政务处分则主要由党的纪律检查机关、国家监察机关以及其他行政机关负责。此外，各级人大及其常委会也可以通过行使罢免权来追究有关行政机关工作人员违法决策或决策失误的责任。

第三，追究行政决策责任的程序是法定的。正当法律程序是西方国家的一项基本原则，其主要内容是：实施任何影响公民生命、自由、财产的行为，都要遵循法律规定的正当程序，包括事前通知相对人，听取相对人的意见或申辩，必要时为相对人举行正式听证等。行政决策责任追究作为一种惩戒性的法律制度，往往会给行政决策机关和个人带来某种不利的影响。为了保证重大行政决策责任追究的公正性和有效性，责任追究主体在认定和追究相关人员的法律责任的过程中，必须严格遵守法律规定的方式、步骤和时限，并充分保障责任追究对象陈述、申辩、申诉的权利。违反法定程序的责任追究是无效的。

（三）过罚相当原则

过罚相当原则，亦称过错与惩罚相适应原则，是指在行政决策责任追究活动中，应当根据责任追究对象的行为性质、过错大小、情节轻重以及社会危害程度来决定惩罚的种类，以防止和避免重责轻罚、轻责重罚以及当罚而不罚、不当罚而罚等现象的发生。“过罚相当”既是法律公正性的必然要求和具体体现，同时也是衡量和评价惩戒是否合理的一个重要标准。在行政决策责任追究的立法和实践中，只有坚持这个原则，才能使责任追究对象心服口服，从而实现责任追究制度的目的。否则，就会适得其反，难以达到预期的效果。

自古以来，中外政治家、军事家在治国和治军中都很重视“过罚相当”这个原则。古人云：“赏不可虚施，罚不可妄加，赏虚施则劳臣怨，罚妄加则直士恨。”[①]这句话的意思是说，奖赏不能白白授给无功的人，处罚不能胡乱施加在无过错的人身上。奖赏平白授给无功的人，有功劳的人

① 诸葛亮著，方家常注译：《诸葛亮文集全译》，贵州人民出版社1997年版，第270页。

就会因不服而埋怨；处罚胡乱施加于无过错的人身上，正直的人就会怨恨。在西方，也有一些法律格言体现了“过罚相当”“责任相称”的原则和要求。例如，“The greater the crime，the higher the gallows（罪行越大，绞架越高）”等。

在现代法治社会，尤其是对公务员的管理和惩戒，更要根据法治要求和公正、公平的原则，做到“过错与惩罚相适应”。具体来讲，有两个方面：一是责任的种类要与违法行为的性质相适应。在重大行政决策责任追究活动中，应当根据违法、不当行为的性质来确定适用何种责任，既不能以道德责任代替党纪、政务处分，也不能用纪律处分代替行政法律责任，更不能用政务处分来代替刑事法律责任。二是责任的形式要与责任追究对象的过错大小和危害程度相适应。在认定和追究行政决策责任时，要根据决策者的过错大小和情节轻重，选择与之相适应的责任承担方式，如警告、记过、记大过、降级、撤职和开除。在追究决策者的刑事法律责任时，一定要充分考虑犯罪后果、主观恶性以及有无法定的从重、从轻、减轻和免除处罚等情节，选择相应的刑罚种类和刑期。

（四）惩罚与教育相结合原则

惩罚与教育相结合，是指设定和追究公务人员的行政决策责任，既要体现对责任追究对象的惩罚和制裁，又要教育责任追究对象及其他公务人员尊法、守法，实现重大行政决策责任追究制度的惩罚与教育的双重功能。通过责任追究活动，对有违法或不当行为的行政决策人员进行处罚，可以起到一定的惩戒和评价作用。但是，惩罚并不是责任追究的唯一内容和最终目的，而仅仅是一种特殊的教育手段，其目的在于促使行政决策人员增强法治观念，强化责任意识，以对党和人民高度负责的精神，依法、民主、科学决策，有效避免和减少行政决策失误的发生，以保证国家法律的正确实施，更好地维护公共利益。

坚持惩罚与教育相结合原则，必须防止两种错误倾向：一是防止将惩罚作为行政决策责任追究的最终目的，对决策者的处罚过多、过重、过滥。这样做，不仅不能收到预期的效果，反而会使参与行政决策的公务人员产生抵触情绪，影响重大行政决策的正常开展以及决策责任追究制度功能的充分发挥。二是防止碍于情面，采用“大事化小、小事化了”的做法，以思想教育代替必要的党纪处分、政务处分，甚至用“引咎辞职”来代替职务犯罪中的刑事法律责任。单纯的思想教育，其作用是十分有限的，并不能代替党纪、政纪处分，更不能代替必要的刑事制裁。惩罚和制裁本身就是一种教育形式，通过使责任者承担某种不利后果，既可以教育责任追究对象本人，又可以教育其他公务人员，从而起到“特殊教育”和“一般教育”的双重作用。

（五）程序保障原则

程序保障，是指认定和追究责任追究对象的责任必须通过一定的法定程序，保障当事人充分享有知情权、陈述权、申辩权和请求救济权。为此，《中华人民共和国公务员法》第六十三条明确规定：“对公务员的处分，应当事实清楚、证据确凿、定性准确、处理恰当、程序合法、手续完备。公务员违纪违法的，应当由处分决定机关决定对公务员违纪违法的情况进行调查，并将调查认定的事实及拟给予处分的依据告知公务员本人。公务员有权进行陈述和申辩；处分决定机关不得因公务员申辩而加重处分。”

“法律程序有两种价值：一种是作为达到良好结果的手段，一种是程序自身的德性。程序工具主义者将程序纯粹看成实现实体法的‘功利’手段，认为评价一种法律程序规则的好坏就是看它实现良好结果的有效性。而程序本位主义者偏重过程价值有效性，认为程序的意义在于过程之中，程序有其独立的价值，其在实现形式公正与保障个人尊严方面有特殊的价值。”[①] 正因为这样，责任追究对象的程序权利必须贯穿于责任追究的全过程。首先，有关机关在认定和追究责任之前，应当认真听取责任追究对象的陈述和申辩，并充分考虑其意见和要求；其次，责任追究对象有权了解不利处分的内容、事实依据和法律依据，并要求与本案有利害关系的人回

① 胡建淼：《公权力研究》，浙江大学出版社2005年版，第346页。

避；再次，受到处罚的责任追究对象不仅可以向处分决定机关提出异议，而且还可以向上级机关申请复议、复核。实践证明，责任追究程序不仅是实现责任追究目的的重要手段，而且在体现责任追究活动的合法性、正当性以及保障责任追究对象的权利等方面具有重要的价值，必须以公正为主要价值目标，同时兼顾效率。

（六）追究行政决策责任与改进决策工作相结合原则

追究行政决策责任与改进决策工作相结合，是指在重大行政决策责任追究过程中，既要依法追究决策主体的责任，使其对自己实施的违法或不当决策行为付出一定的代价，又要及时纠正行政决策工作中存在的错误，促进行政决策的科学化、民主化、法治化。

重大行政决策责任追究作为一种权力监督制约制度，其目的在于为行政决策权力套上责任的枷锁，促使各级国家行政机关及其工作人员依法行使职权、正确履行职责。这就要求决策者在享有与其职位相适应的权力的同时，必须承担与这种权力相适应的责任。其内容包括两个方面：一是违法或不当行使行政决策权力的责任；二是在行政管理活动中因不履行或者未正确履行其法定职责而承担的不作为责任。然而，在重大行政决策责任追究实践中，仅仅对负有直接责任或间接责任的人员予以处罚是不够的，还必须针对行政决策工作中存在的问题和薄弱环节，在查找原因的基础上，采取行之有效的措施及时加以改进。只有这样，才能强化行政决策主体的法治意识和责任意识，使其能够谨慎地使用手中掌握的行政决策权力，从而提高决策质量和效率，更好地维护公共利益。

最后，需要指出的是，“一项基本原则的确立并非一蹴而就的事情，它是社会需求与因此而生的理念以及相应的实践互促互动，长期发展的结果”[①]。重大行政决策责任追究制度的基本原则亦不例外，它要接受责任追究实践的检验，并在长期的探索和实践中得到发展，逐步趋于完善。

① 应松年:《当代中国行政法》,中国方正出版社2005年版,第75页。

第四章

重大行政决策终身责任追究的主体和对象

重大行政决策终身责任追究，从静态的结构来讲，是一种制度，从动态的过程来看，则是一种活动。在这种行政决策责任追究活动中，责任追究主体与责任追究对象之间构成一种追究与被追究的关系。其中，责任追究主体是依法对行政决策责任进行认定和追究的机关，而责任追究对象则是因行政决策违法或不当而承担责任的机关或个人。构建重大行政决策终身责任追究制度，首先需要解决“由谁追究”“谁来担责”的问题，这就是重大行政决策终身责任追究的主体和对象。此外，还涉及行政决策责任追究的参与主体，即公民、组织或新闻媒体等。

一、重大行政决策责任追究的主体

责任追究主体即“由谁追责”，旨在解决出现重大行政决策违法或失误的情形时，由哪一个机关来进行认定和追究责任的问题。这既是构建重大行政决策责任追究制度必须首先考虑的因素，也是行政决策责任追究有效实施的重要前提条件。以“责任追究主体是否与责任追究对象处于同一系统”作为划分标准，可以将行政决策责任追究分为“同体问责”和“异体问责”两种。所谓同体问责，是指责任追究的主体与对象均处于政府系统内部，这样的主体称为同体责任追究主体；所谓异体问责，是指责任追究的主体来自政府系统之外，与责任追究对象不属于同一个系统，这样的主体称为异体责任追究主体。无论是同体责任追究主体，还是异体责任追究主体，都有其自身的优势和不足。

目前我国已有的专门规定重大行政决策责任追究的规范文本，主要有四种类型：一是上一级行政机关或者决策机关；二是（行政）监察机关；三是各级政府或者组织人事部门；四是任免机关或者（行政）监察机关[①]（详见表4-1）。

表4-1　行政决策责任追究主体比较

规范名称	责任追究主体
《重大行政决策程序暂行规定》	上一级行政机关、决策机关
《四川省重大行政决策责任追究暂行办法》	相关任免机关或者监察机关
《云南省重大行政决策终身责任追究办法(试行)》	监察机关或者其他有权部门
《西安市重大行政决策责任追究暂行办法》	监察机关
《武汉市重大行政决策责任追究暂行办法》	政府或者监察机关、组织人事部门
《南昌市人民政府重大行政决策责任追究办法》	任免机关或者监察机关

（一）同体责任追究主体

在行政系统内部，存在着两种类型的同体责任追究。一是纵向的同体责任追究，即上级政府对下级政府、各级政府对其职能部门及其工作人员的责任追究；二是横向的同体责任追究，即行政系统内部的审计机关、行政复议机关以及法制机构等对同级政府的职能部门的责任追究。需要说明的是，这里之所以把“监察机关”排除在同体责任追究主体之外，是因为监察体制改革之后，各级监察委员会已不再是政府内部的行政监察机关，

① 表4-1中的“监察机关”系原来的行政监察机关，而不是作为国家监察机关的监察委员会。

而是与政府并列的国家监察机关。因此，它已由原来的同体责任追究主体变成了现在的异体责任追究主体。

1. 各级政府

层级制的结构和上下级行政机关之间的领导关系，决定了上一级政府有权认定和追究下一级政府的决策责任，各级政府有权认定和追究所属职能部门的决策责任。目前，我国的地方政府分为四级，分别是省级（省、自治区、直辖市）人民政府、市级（设区的市、自治州）人民政府、县级（县、自治县、不设区的市、市辖区）人民政府和乡级（乡、镇、民族乡）人民政府。其中，除乡级人民政府外，县级以上人民政府都是重大行政决策责任追究的主体。

我国是单一制的集权型国家，上下级行政机关之间存在着领导与被领导、监督与被监督的关系，这就使得上级行政机关对下级行政机关决策责任的追究更加直接、有效，因而在减少行政决策失误方面发挥了重要的积极作用。然而，由于上下级行政机关处于同一个系统，不可避免地存在着某种联系或一定的利害关系，上级行政机关往往碍于情面，以“保护干部的积极性”或“家丑不可外扬”为由，对下级行政机关的决策失误“大责小究、小责不究”，甚至为了自己免于承担监督不力的领导责任而拼命地“捂盖子”，袒护包庇责任追究对象，这样严重影响了行政决策责任追究活动的正常开展，也使这一制度的实施效果大打折扣。

2. 审计机关

审计机关是政府系统内部的专门监督机关，同时也是行政决策责任追究的主体。作为政府组成部门，它的职责主要是维护财政经济秩序，提高财政资金使用效益，避免重大行政决策失误，促进廉政建设，保障国民经济和社会的健康发展。《中华人民共和国审计法》规定：“国家实行审计监督制度。”国务院和县级以上地方人民政府设立审计机关，负责“对本级各部门（含直属机构）和下级政府预算的执行情况和决算以及其他财政收支情况，进行审计监督”。对被审计单位违反国家规定的财务收支行为，审计机关在法定职权范围内，依照法律、行政法规的规定，区别情况，采取相应的处理措施，并可以依法给予处罚。

“任何权力制约机制的有效运行都毫无例外地取决于其独立地位，独立性是行政监督的本质特征和内在要求。”①审计机关作为政府的组成部门，要接受同级政府的领导，审计报告在提交人大之前必须征求政府的意见，这本身是没有问题的。然而，有的地方政府领导过分考虑自己的政绩，或者害怕承担行政决策失误的责任，往往以审计报告中揭露的问题会“损害人民政府形象”“影响地方的稳定”这些冠冕堂皇的理由，要求审计机关事先“过滤”掉一些较为严重的问题。在这种情况下，审计机关的领导出于经济理性考虑，最终不得不听从于掌握其职务升迁和审计机关经费的政府领导的指示。因此，审计机关必须保持一定的独立性，不受其他行政机关、社会团体和个人的干涉。同时，要进一步加强与党的纪检机关、国家监察机关、检察机关的联系。只有这样，才能更好地发挥其专业优势，在重大行政决策责任追究方面起到应有的作用。

3. 行政复议机关

行政复议机关是政府系统内部设立的履行行政复议职责的专门行政监督机关，它的主要任务是解决行政争议，纠正下一级或者所属的行政机关作出的违法、不当的具体行政行为，保护行政相对人的合法权益，同时还具有自我纠错和内部追责的职能，通过对行政行为的合法性、合理性进行审查，依照规定的权限和程序，对行政机关的行政决策失误提出处理意见。因此，行政复议机关也是我国重大行政决策责任追究中一个不可或缺的主体。

根据《中华人民共和国行政复议法》的规定，行政复议机关受理的行政复议事项主要包括：“（一）对行政机关作出的警告、罚款、没收违法所得、没收非法财物、责令停产停业、暂扣或者吊销许可证、暂扣或者吊销执照、行政拘留等行政处罚决定不服的；（二）对行政机关作出的限制人身自由或者查封、扣押、冻结财产等行政强制措施决定不服的；（三）对行政机关作出的有关许可证、执照、资质证、资格证等证书变更、

① 沈亚平：《关于行政监督的理论分析》，《天津社会科学》1998年第2期，第108—113页。

中止、撤销的决定不服的；（四）对行政机关作出的关于确认土地、矿藏、水流、森林、山岭、草原、荒地、滩涂、海域等自然资源的所有权或者使用权的决定不服的；（五）认为行政机关侵犯合法的经营自主权的；（六）认为行政机关变更或者废止农业承包合同，侵犯其合法权益的；（七）认为行政机关违法集资、征收财物、摊派费用或者违法要求履行其他义务的；（八）认为符合法定条件，申请行政机关颁发许可证、执照、资质证、资格证等证书，或者申请行政机关审批、登记有关事项，行政机关没有依法办理的；（九）申请行政机关履行保护人身权利、财产权利、受教育权利的法定职责，行政机关没有依法履行的；（十）申请行政机关依法发放抚恤金、社会保险金或者最低生活保障费，行政机关没有依法发放的；（十一）认为行政机关的其他具体行政行为侵犯其合法权益的。”此外，还可以根据公民、法人或者其他组织的申请，对国务院部门的规定、县级以上地方各级人民政府及其工作部门的规定和乡、镇人民政府的规定一并进行审查。作为被申请人的行政机关不履行或者无正当理由拖延履行行政复议决定的，行政复议机关或者有关上级机关应当责令其限期履行，并“对直接负责的主管人员和其他直接责任人员依法给予警告、记过、记大过的行政处分；经责令履行仍拒不履行的，依法给予降级、撤职、开除的行政处分”。

（二）异体责任追究主体

现阶段我国重大行政决策的异体责任追究主体，主要包括各级监察委员会、各级党组织和党的纪律检查机关、各级人大及其常委会，以及人民法院和人民检察院（合称司法机关）。

1. 各级监察委员会

随着国家监察体制的改革，各地都陆续设立了监察委员会。“各级监察委员会是行使国家监察职能的专责机关”，它由本级人民代表大会产生，在地位上和“一府两院”是并列的；而以往的监察部（厅、局）均属于各级政府的职能部门，行使的只是行政监察职能。因此，监察委员会作为党统一领导的国家反腐败机构，不仅在法律地位上具有高度的权威性，而且在监督对象与监督范围方面实现了对所有行使公权力的公职人员的“全覆盖”，因而也就成为我国重大行政决策责任追究的重要主体之一。

根据《中华人民共和国监察法》的规定，监察委员会主要履行“监督、调查、处置”职责，有权根据公职人员的违法事实及后果，对违法行政决策的公职人员分别作出记过、记大过、降级、撤职、开除等政务处分，同时还有权对涉嫌职务犯罪的公职人员进行立案调查，然后将调查结果移送人民检察院审查并提起公诉，从而使失职、渎职的公职人员受到刑事处罚。

需要特别指出的是，国家监察机关作为责任追究的主体，其责任追究对象并不仅限于政府机关的公务员，还涵盖行使公权力的所有公职人员。对于这些履行公职的人员，除了政务处分和刑事处罚之外，监察机关还可以根据不同情况，分别采取“谈话提醒、批评教育、责令检查、诫勉”，或者“警示谈话、通报批评、停职检查、责令辞职”等责任追究方式。此外，还可以向有关机关、单位提出“监察建议”，其内容包括“取消当选资格或者担任相应职务资格”“调离岗位、降职、免职、罢免”等。

2. 各级党组织及党的纪律检查机关

中国共产党是我国的执政党，根据“党管干部”的原则，政府机关的工作人员，尤其是各级人民政府及其组成部门的行政首长，通常都是由各级党组织研究确定后，向同级人民代表大会推荐，再经过法定选举或决定程序当选的，而且行政官员往往兼任党内职务或者具有中共党员身份。在这种情况下，各级党组织及其纪律检查委员会理应享有管理权和监督权，成为重大行政决策责任追究的主体。

《中国共产党问责条例》第四条明确规定：“党委（党组）应当履行全面从严治党主体责任，加强对本地区本部门本单位问责工作的领导，追究在党的建设和党的事业中失职失责党组织和党的领导干部的主体责任、监督责任和领导责任。问责对象是各级党委（党组）、党的工作部门及其领导成员，各级纪委（纪检组）及其领导成员，重点是主要负责人。”显然，这里所说的“失职失责”就包括了决策失误在内。而自2009年6月30日起施行的《关于实行党政领导干部问责的暂行规定》，更是直接把“决策严重失误，造成重大损失或者恶劣影响”作为责任追究的首要情形。作为重大行政决策的责任追究主体，各级党组织及其党的纪律检查机关对党的领导干部的问责方式除了“纪律处分”之外，还有“通报、诫勉、组织调整或者组织处理”。其中的“组织调整或者组织处理”主要包括采取停职检查、调整职务、责令辞职、降职、免职等措施。

3. 各级人大及其常委会

各级人大及其常委会应当而且能够作为重大行政决策责任追究的主体，这是由我们国家的政权性质和国家权力机关的法律地位所决定的。《中华人民共和国宪法》第二条规定：“中华人民共和国的一切权力属于人民。人民行使国家权力的机关是全国人民代表大会和地方各级人民代表大会。人民依照法律规定，通过各种途径和形式，管理国家事务，管理经济和文化事业，管理社会事务。”从理论上讲，人民是国家权力的终极所有者，同时也是根本意义上的责任追究主体。但是，“民主作为多数人的统治并不意味着社会中的大多数成员直接成为统治者。多数人的统治仅仅是指少数人的统治是在多数人的真正同意和委托下进行的，并且得到了多数人的有效制约和监督”[①]。在我国，各级人民政府是国家权力机关的执行机关，由同级人大产生，对人大及其常委会负责并报告工作。对于各级人大及其常委会来讲，“和立法同等重要的事，是对政府的严密监督。一个有效率的被赋予统治权力的代议机构，应该不只是像国会那样，仅限于表达全国民众的意志，而还应该领导民众最终实现其目的，做民众意见的代言人并且做民众的眼睛，对政府的所作所为进行监督”[②]。

根据宪法的规定，地方各级人民代表大会分别选举并且有权罢免本级人民政府的行政首长，有权审查和批准本行政区域内的国民经济和社会发展计划、预算以及它们执行情况的报告，有权监督本级人民政府的工作，有权撤销本级人民政府不适当的决定、命令。因此，较之其他的行政决策

① 周叶中:《代议制度比较研究》,武汉大学出版社2005年版,第2页。

② [美]伍德罗·威尔逊著,熊希龄等译:《国会政体:美国政治研究》,商务印书馆1986年版,第164页。

责任追究主体，各级人大及其常委会实施的责任追究会更加有效。这是因为，“人大主导的问责具有更高的法理权威以及外在于行政体制的超然地位，权威性可以使它居高临下地审视和督察政府的工作，超然性则可以使它摆脱部门利益关系的纠葛而能更好地监督政府的工作，追究政府官员的责任”①。

4. 司法机关

重大行政决策终身责任追究制度的有效实施，不仅取决于来自政府系统内部的同体问责，而且还涉及国家权力机关、监察机关、司法机关和党的纪律检查机关等种类繁多的主体。“在所有这些错综复杂的权力关系中，司法部门具有一种更为专门化的权力制约职能，其地位也更为特殊。它不仅可以对立法和行政部门的权力进行制度化的约束，而且还是保护宪政制度的机关。司法机关的作用是其他国家机关望尘莫及的。”②

“司法机关”通常有狭义和广义之分。狭义的司法机关仅指审判机关，即各级人民法院；广义的司法机关，除了审判机关之外，还包括法律监督机关，即各级人民检察院。在重大行政决策责任追究实践中，司法机关对决策责任的追究，主要限于法律责任层面，而不适用于其他责任形式。其中，人民法院追究行政管理领域的违法决策责任，主要是通过审理行政诉讼案件或者职务犯罪案件实现的，而人民检察院除了依法对监察机关移送的职务犯罪案件提起公诉之外，还可以以司法建议书的形式，建议相关的责任追究主体依法依规启动责任追究程序，使违法、不当决策的责任人员承担相应的政治责任或道德责任。

二、重大行政决策责任追究的参与主体

基于对行政问责制的不同理解，人们在责任追究主体的范围这个问题

---

① 张贤明：《政治责任与法律责任的比较分析》，《政治学研究》2000年第1期，第13—22页。

② 胡伟：《司法政治》，三联书店（香港）有限公司1994年版，第42—43页。

上有着不同的观点。有的学者认为，行政问责制属于政府系统内部的“同体问责”，责任追究的主体仅限于上级行政机关和有关领导。例如，韩剑琴提出：“行政问责是一种内部监督机制，主要是由政府有关部门进行调查核实，并由政府进行责任追究。尽管在监督的渠道上可能是由公民、法人或者其他组织检举，甚至新闻媒体的曝光也可能成为问责的依据之一，但总体而言，行政问责制是行政系统内部的问责，是一种内部监督的机制，亦可称之为‘同体问责’。”[①]有的学者则认为，行政问责制是“同体问责”与“异体问责”的结合，责任追究的主体不仅包括国家行政机关、权力机关和司法机关，也包括政党、公民、社会团体和新闻媒体。例如，周亚越教授提出：“行政问责的主体，不仅有同体的问责主体即行政机关的上级领导，而且有异体的问责主体包括人大、中国共产党、各民主党派、司法机关、新闻媒体、公众等。”[②]还有的学者进一步把行政问责的主体区分为“问责发起主体”和“问责决定主体”。例如，曹鎏博士提出：“以对问责机制影响程度的不同，问责的主体又可以被细化为问责发起主体和问责决定主体两大类……所谓问责发起主体，是指当问责法定事由出现时，有权向问责决定主体提出问责建议的个人和组织的统称。”“所谓问责决定主体，是指当问责发起主体发起问责程序之后，有权审查是否需要正式启动问责程序以及作出最终问责决定的组织。”[③]

上述第一种观点将行政问责制视为行政系统内部的“同体问责”，这样的话责任追究主体的范围过于狭窄，尤其是将国家权力机关、司法机关以及党的纪律检查机关排除在外，明显不符合我国行政责任追究的实际情况；第二种观点将各民主党派、新闻媒体和公众也作为“异体问责”的主体，责任追究主体的范围过于宽泛，这实际上是把问责主体与监督主体混为一谈，不利于我国行政问责制的法治化以及责任追究对象合法权益的保

① 韩剑琴:《行政问责制——建立责任政府的新探索》,《探索与争鸣》2004年第8期,第20页。

② 周亚越:《行政问责制的内涵及其意义》,《理论与改革》2004年第4期,第42页。

③ 曹鎏:《行政官员问责的法治化研究》,中国法制出版社2011年版,第127页、第135页。

障；第三种观点将问责主体区分为“问责发起主体”和“问责决定主体”，既肯定了公民、人民团体、新闻媒体等主体在行政问责中的作用，又指出了公民、人民团体、新闻媒体等“发起主体”与国家权力机关、行政机关、司法机关等“决定主体”之间的区别，具有一定的合理性。本书中的重大行政决策责任追究主体，不限于同体责任追究的主体，既包括各级人民政府、审计机关和行政复议机关，也包括来自政府系统之外的国家权力机关、监察机关、司法机关以及各级党组织和党的纪律检查机关。至于公民、人民团体和新闻媒体等，则不属于异体责任追究的主体，而是“责任追究的参与主体”。

（一）公民

“在人类社会的绵延发展中，公民参与是国家走向政治民主和政治文明不可分割的部分，是公民进入公共领域生活、参与治理、对那些关系他们生活质量的公共政策施加影响的基本途径。”①公民，作为国家权力的终极所有者，依法享有监督政府机关的决策活动的权利，并有权要求相关的国家机关启动责任追究程序，使决策者承担相应的责任。这是因为，“无论是在政治还是在行政方面，为了对制定基本政策的更为巨大的力量进行监督，公众的批评则是完全安全而且有益的，是完全不可缺少的”。②

我国《宪法》第四十一条规定：“中华人民共和国公民对于任何国家机关和国家工作人员，有提出批评和建议的权利；对于任何国家机关和国家工作人员的违法失职行为，有向有关国家机关提出申诉、控告或者检举的权利，但是不得捏造或者歪曲事实进行诬告陷害。对于公民的申诉、控告或者检举，有关国家机关必须查清事实，负责处理。任何人不得压制和打击报复。”根据上述规定，可以将公民的监督权利分为批评权、建议权、申诉权、控告权和检举权。其中，批评权、建议权和检举权属于督政性的

① [美]约翰·克莱顿·托马斯著，孙柏瑛等译：《公共决策中的公民参与：公共管理者的新技能与新策略》，中国人民大学出版社2005年版，第2页。

② [美]伍德罗·威尔逊著，李方译：《行政学研究》，《国外政治学研究》1987年第6期。

公民监督，而申诉权、控告权则属于维权性的公民监督。无论是出于主人公的责任感，还是为了维护自己的合法权益，公民对于政府机关行政决策的监督，都是自觉自愿进行的。在监督和问责活动中，责任追究参与主体的这种自觉性是非常重要的，它不仅决定了公民能够积极地行使其监督权，主动发起责任追究活动，而且还可以使人们克服各种各样的困难，以百折不挠的精神和坚韧不拔的意志，顽强地同国家机关工作人员的官僚主义作风做斗争，从而实现重大行政决策责任追究制度的惩戒和教育功能。

需要指出的是，公民虽然依法享有对政府机关及其工作人员进行监督的民主权利，但由于其本身不是公权力的行使者，因而不能直接对政府机关及其工作人员的违法、不当行为进行责任追究，只能通过法定申请程序或者形成一定的舆论压力，促使有权的国家机关或党的纪律检查机关启动责任追究程序。“也就是说，公民参与行政问责的功能是启动问责机器，然后根据行政机关及其工作人员不当履职行为性质的不同，由相应的问责主体对行政机关及其工作人员进行行政问责。”①因此，公民必须提高自身素质，善于利用制度化的通道，充分发挥其监督行政机关、避免决策失误的作用。与此同时，各级国家机关的工作人员也必须不断强化公仆意识，自觉接受群众监督，努力增加对公众需求的回应。正如有的学者所指出的，“善治是政府与公民之间的积极而有效的合作，这种合作成功与否的关键是参与政治管理的权力。公民必须具有足够的政治权力参与选举、决策、管理和监督，才能促使政府并与政府一道共同形成公共权威和公共秩序”。②

（二）社会团体

社会团体简称“社团”，是具有某种共同利益的公民自愿结合的群众性社会组织。主要包括：工会、共青团、妇联、科协、工商联等人民团

① 张成立、张西勇：《异体行政问责法制完善研究》，中国社会科学出版社2017年版，第148—149页。

② 俞可平：《治理与善治》，社会科学文献出版社2000年版，第12页。

体，环境保护协会、消费者协会、残疾人福利基金会等社会公益组织，律师协会、会计师协会等行业性组织，作家协会、书法家协会、摄影协会等文艺工作团体，法学会、职工思想政治工作研究会等学术研究团体，佛教协会、道教协会等宗教团体，以及其他依法成立的团体。这些社团组织分别代表着不同的行业和阶层，最了解基层的情况以及群众的要求，并能够有效地组织广大群众有序参与国家和社会的管理，监督各级政府及其工作人员的行政决策活动，既是当代中国政治生活的重要组成部分，同时也是我国重大行政决策责任追究的主要参与主体。

根据《社会团体登记管理条例》的规定，成立社会团体，应当经其业务主管单位审查同意，并依照本条例的规定进行登记。社会团体不得从事营利性经营活动。国家保护社会团体依照法律、法规及其章程开展活动，任何组织和个人不得非法干涉。“社会团体的称谓实质上仅仅是指介乎于政治国家与市场体系之间一类组织的核心构成与代表”[①]，在更广泛的意义上，社会科学领域多使用诸如“第三部门”“非政府组织”“非营利组织”“社会中介组织”之类的概念。概括起来，社团通常具有下列三个基本特征：（1）非营利性。社团大都以利他主义和人道主义为指导思想，追求特定的共同目标，不以营利为目的；（2）民间性。社团在资金来源、人事管理等方面具有独立性，不是政府的组成部门；（3）自治性。社团主要通过内部章程、资格审查和内部纪律等自律机制，规范其成员的行为。真正意义上的社团应该是独立于政府和市场的第三方组织。一方面，“蓬勃发展的社会团体存在着成为一股独立政治力量并影响现行政党政治的可能性，极易对现行政府的权威与统治秩序构成强有力的挑战”[②]；另一方面，社会团体可以培养成员的民主参与意识和自我约束意识，克服个人行使权利的自发性和不稳定性，并把社团所创造的自律秩序纳入既定的政治框架和法律秩序中，有效地规范和约束包括行政决策权在内的政府权力，促进

① 王圣诵、王兆刚等：《基层民主制度研究》，人民出版社2012年版，第38页。

② 周志忍、陈庆云：《自律与他律——社会团体监督机制个案研究》，浙江人民出版社1999年版，第42页。

社会稳定和协调发展。正因为这样，早在1989年12月21日，《中共中央关于加强和改善党对工会、共青团、妇联工作领导的通知》就明确指出："广大职工、青年、妇女需要通过各自的组织表达和维护自己的具体利益，党和政府也需要工会、共青团、妇联经常反映群众的意见和需求，帮助党和政府改进工作。""各级政府要支持工会、共青团、妇联充分发挥民主监督作用，经常听取它们对改进政府工作的意见和建议，认真处理它们对国家机关及其工作人员违法违纪、以权谋私和严重官僚主义等行为的举报，并吸收它们参加经济案件和其他案件的调查工作。"①

社会团体的非营利性、民间性和自治性，决定了它在监督政府权力以及行政决策责任追究方面具有不可替代的作用。近几年来，我国的社会团体数量迅速增加，独立性也明显增强。但是，由于种种原因，我国的社会团体仍存在着一些不足之处，主要表现在以下几个方面：一是社会团体的发育不规范，行政化倾向比较严重；二是社会团体往往挂靠某个行政部门，缺乏应有的独立性；三是社会团体的类型不够全面，在一定程度上限制了公民参与问责渠道的扩展。上述状况与我国法治政府建设的现实需要，尤其是重大行政决策责任追究制度实施的要求明显不相适应。因此，必须不断提高公民个人或社团成员参与决策问责的积极性与综合素质，尽快完善相关的法律制度，畅通公民个人或社会团体参与决策问责的渠道，进而建立依法、科学、民主决策的有效机制，保证行政决策权的正确行使。

（三）新闻媒体

新闻媒体（亦称"大众媒体"），通常指拥有广大读者、听众和观众的大众传播媒介，包括报纸、期刊、广播电台、电视台、通讯社和互联网等。政治文明离不开有效的媒体监督，政府的重大行政决策也同样需要新闻媒体的监督。这是因为，"媒体日常的客观报道可将权力运作透明化，特殊的揭露性报道可将腐败丑行暴露在光天化日之下，或者为司法机构惩

① 肖蔚云、姜明安：《北京大学法学百科全书：宪法学、行政法学》，北京大学出版社1999年版，第399页。

治腐败提供线索，寻找证据。媒体的评论则是社会良知的体现物，它有利于形成反腐败的强大舆论”[①]。

“现代意义上的‘舆论’，是公众关于现实社会以及社会中的各种现象、问题所表达的信念、态度、意见和情绪表现的总和，这其中自然包括公众对公共权力及其运行的态度、意见与情绪，以及作为公共权力服务对象的公众的利益和愿望、意志和情绪、意见和批评的集中表达。”[②]舆论有广义和狭义之分，其中广义的舆论泛指通过各种方式传播的众人议论和意见，而狭义的舆论则专指通过大众媒介进行传播的新闻舆论。对于重大行政决策来说，舆论监督的主要作用具体体现在三个方面：其一，在第一时间以文字和图像的形式进行客观的报道，将行政决策权的整个运作过程置于公众的监督之下，避免“暗箱操作”和违反法定程序进行决策；其二，以文字评论和漫画的形式，对行政机关工作人员滥用决策权的行为进行抨击和谴责，使行政决策主体认识到自己的错误，主动纠正并自觉承担相应的道德责任；其三，以调查性报道深入揭露行政决策过程中的违法、失误事实，为责任追究主体提供有价值的线索，使其启动法定的责任追究程序，依法惩戒相关责任人员。

马克思曾经指出：“报刊按其使命来说，是社会的捍卫者，是针对当权者的孜孜不倦的揭露者，是无处不在的耳目，是热情维护自己自由的人民精神的千呼万唤的喉舌。”[③]新闻媒体监督的特点，决定了它在监督政府权力、减少决策失误中的重要作用。所以，国务院印发的《全面推进依法行政实施纲要》提出：“要高度重视新闻舆论监督，对新闻媒体反映的问题要认真调查、核实，并依法及时作出处理。”《中国共产党党内监督条例》则要求：“新闻媒体应当坚持党性和人民性相统一，坚持正确导向，加强舆论监督，对典型案件进行剖析，发挥警示作用。”

① 展江、张金玺等：《新闻舆论监督与全球政治文明》，社会科学文献出版社2007年版，第21页。

② 邓频声等：《中国特色社会主义权力监督体系研究》，时事出版社2011年版，第237页。

③《马克思恩格斯全集》，人民出版社1961年版，第275页。

三、重大行政决策责任追究的对象

责任追究对象即“追究谁的责任”，旨在解决哪些人应当为重大行政决策违法或者失误承担责任的问题。责任追究对象是重大行政决策责任追究制度的关键要素，直接关系到决策责任追究的准确性和有效性，如果责任追究对象不明确或者不准确，就会背离决策责任追究的初衷，导致责任追究的不公正。关于重大行政决策的责任追究对象，有的学者称为“责任主体”或“决策主体”，有的称为“责任对象”或“责任客体”。为了避免与“责任追究主体”相混淆，本书统一将其称为“责任追究对象”。

（一）责任追究对象的规定

1. 法律、法规和党内法规关于责任追究对象的一般规定

表 4-2　责任追究对象比较

规范名称及施行时间	责任追究对象
《关于实行党政领导干部问责的暂行规定》(2009-06-30)	中共中央、国务院的工作部门及其内设机构的领导成员;县级以上地方各级党委、政府及其工作部门的领导成员,上述工作部门内设机构的领导成员
《中国共产党问责条例》(2019-09-01)	党组织、党的领导干部,重点是党委(党组)、党的工作机关及其领导成员,纪委、纪委派驻(派出)机构及其领导成员
《中国共产党纪律处分条例》(2018-10-01)	各级党组织和全体党员
《中华人民共和国刑法》(1979-07-01)	国家机关工作人员
《行政机关公务员处分条例》(2007-06-01)	行政机关公务员
《事业单位人事管理条例》(2014-07-01)	事业单位工作人员
《公职人员政务处分暂行规定》(2018-04-16)	行使公权力的公职人员

续 表

规范名称及施行时间	责任追究对象
《中华人民共和国监察法》（2018-03-20）	（一）中国共产党机关、人民代表大会及其常务委员会机关、人民政府、监察委员会、人民法院、人民检察院、中国人民政治协商会议各级委员会机关、民主党派机关和工商业联合会机关的公务员，以及参照《中华人民共和国公务员法》管理的人员； （二）法律、法规授权或者受国家机关依法委托管理公共事务的组织中从事公务的人员； （三）国有企业管理人员； （四）公办的教育、科研、文化、医疗卫生、体育等单位中从事管理的人员； （五）基层群众性自治组织中从事管理的人员； （六）其他依法履行公职的人员

通过对表4-2中责任追究对象的比较，可以看出，目前我国关于问责的党内规范和国家法律分别从不同的角度，规定了责任追究的对象。其中，《关于实行党政领导干部问责的暂行规定》将责任追究的对象限定为“党政领导干部”。其范围包括：中共中央、国务院的工作部门及其内设机构的领导成员；县级以上地方各级党委、政府及其工作部门的领导成员，上述工作部门内设机构的领导成员。这里，强调“县级以上”，明确把乡、镇一级的党委、政府领导成员排除在责任追究对象的范围之外。而《中国共产党问责条例》规定的责任追究对象则是“党组织、党的领导干部，重点是党委（党组）、党的工作机关及其领导成员，纪委、纪委派驻（派出）机构及其领导成员”，既不包括国家行政机关、国家权力机关和司法机关的非党领导干部，也不包括普通党员。《中国共产党纪律处分条例》将责任追究对象扩大到了“各级党组织和全体党员”，虽然不包括非党干部，但取消了职务上的限制。

根据《中华人民共和国刑法》的规定，渎职罪等职务犯罪的责任追究对象为“国家机关工作人员”，而《行政机关公务员处分条例》中的责任追究对象则是“行政机关公务员”，范围相对要小一些。2018年4月16日起施行的《公职人员政务处分暂行规定》，在监察体制改革的基础上，将责任追究的对象扩展到所有“行使公权力的公职人员”。《中华人民共和国监察法》没有局限于“公职人员”，而是进一步将责任追究的监察对象规定为“公职人员和有关人员”。

2. 关于行政决策责任追究对象的专门规定

表4–3　行政决策的责任追究对象比较

规范名称	责任追究对象
《重大行政决策程序暂行条例》	决策机关、决策承办单位、决策执行单位的行政首长、负有责任的其他领导人员和直接责任人员
《四川省重大行政决策责任追究暂行办法》	县级以上地方人民政府行政首长、负有责任的其他领导人员及相关责任人员
《云南省重大行政决策终身责任追究办法(试行)》	县级以上政府及其工作部门、对重大行政决策负有责任的领导人员和直接责任人员
《西安市重大行政决策责任追究暂行办法》	全市各级行政机关,法律、法规授权组织及其工作人员
《武汉市重大行政决策责任追究暂行办法》	市人民政府所属行政机关、各区人民政府、各区人民政府所属行政机关及其行政主要负责人、负有责任的其他领导人员和相关责任人员
《南昌市人民政府重大行政决策责任追究办法》	行政机关及其工作人员

通过对表4–3中行政决策的责任追究对象进行比较，可以发现，这6部规范性文件虽然都是关于行政决策责任追究的专门规定，但对行政决策责任追究对象的表述却有着较大的差异：有的是“对重大行政决策负有责任的领导人员和直接责任人员”，有的是“行政首长、负有责任的其他领导人员及相关责任人员”，有的是“行政机关及其行政主要负责人、负有责任的其他领导人员和相关责任人员”，还有的则是宽泛的“行政机关及其工作人员”或者“各级行政机关，法律、法规授权组织及其工作人员”。概括起来，不同规范之间的差异主要体现在三个方面：

其一，行政决策责任追究的对象是行政主体抑或行政机关的工作人员，还是行政机关及其工作人员？上述规范性文件中，对于这个问题的规定显然是不一致的，其中将行政决策责任追究对象规定为“工作人员”的有一半，分别是《重大行政决策程序暂行条例》《四川省重大行政决策责任追究暂行办法》和《云南省重大行政决策终身责任追究办法（试行）》，剩下的则全部是“行政机关及其工作人员”。重大行政决策虽然是以行政机关的名义作出的，但行政机关只是法律上拟制的“人”，决策权只能由担任行政职务的自然人行使，所以，行政首长或者负责人在重大行政决策过程中起到了决定性作用。从建立重大行政决策终身责任追究制度的初衷来看，其目的是警示决策者谨慎使用手中掌握的权力，依法、科学、民主决策。因此，对于决策失误、决策不作为或者违反法定程序进行决策的，应当追究的是行政首长、负有责任的其他领导人员和相关责任人员的个人责任，而不能以集体决策为由追究行政主体的集体责任。

其二，作为行政决策责任追究对象的人员除了领导班子成员之外，是否还应当包括一般的行政机关工作人员？上述规范性文件中，普遍在“行政首长、负有责任的其他领导人员”之外，加上了“直接责任人员”或“相关责任人员”。由此可见，重大行政决策责任追究的对象并不限于行政首长和负有责任的其他领导人员。因为，行政决策中的“相关责任人员”，很有可能是参与行政决策某个环节的行政机关工作人员，如对决策草案进行合法性审查的人员等。实际上，行政决策的主体是行政首长和其他领导干部，一般的行政机关工作人员只是做一些辅助性的工作，在行政决策过程中既没有表决权，也没有最终的决定权。在这种情况下，如果将一般的行政机关工作人员作为重大行政决策的责任追究对象，实行终身责任追究，则有悖于权责一致的原则，不仅在理论上缺乏正当性，在技术上也不具有可操作性。因此，应当将重大行政决策责任追究的对象统一限定为“行政机关的领导干部”，包括行政首长和负有责任的其他领导人员。

其三，作为行政决策责任追究对象的机关除了决策机关之外，是否还应当包括决策的承办单位和执行单位，以及参与咨询论证和风险评估的相关机构或人员？根据《重大行政决策程序暂行条例》的规定，行政决策责任追究的对象首先是“决策机关行政首长、负有责任的其他领导人员和直接责任人员”，除此之外，还包括“决策承办单位负有责任的领导人员和直接责任人员”“决策执行单位负有责任的领导人员和直接责任人员”，以及“承担论证评估工作的专家、专业机构、社会组织等”。笔者认为，基于行政决策责任的性质，责任追究对象应当限于行政机关及其工作人员。

至于承担咨询论证和风险评估的机构或个人，虽然依法应当受到行政处罚或者承担一定的民事责任，但这些机构或个人并不应属于行政责任追究的范畴。

（二）确定责任追究对象应遵循的原则

追究违法、失误的重大行政决策责任，需要解决的首要问题是确定责任追究的对象。从理论上讲，谁决策、谁负责，谁承办、谁负责，在确定责任追究对象这个问题上似乎没有什么困难，但是，由于集体决策、党政不分、上级干预决策等因素，“在具体的问责实践中，往往出现领导个体责任融化为领导集体责任，尔后领导集体责任又融化为组织责任。这样，有时行政领导以组织的形式出现，有时组织又以行政领导的形式出现。于是，一些违纪问题就打着组织的招牌，集体承担责任了事。名曰‘集体负责’，实则谁也不承担责任，责任难以落实到具体行政主体身上”[①]。为了避免上述情况的出现，在确定行政决策责任追究对象时必须遵循下列原则：

1. 责任自负原则

责任自负原则的基本内容是：除了法律有特殊规定外，只能让责任者本人为自己的违法决策或不当决策行为承担相应的责任，而不能由他人代替其承担不利的后果。正如西方法律格言中所说的，“任何人都不应为他人的犯罪或过错行为而受到惩罚”。这个原则主要是基于近代以来的意志自由学说，即每个人的意志都是自由的，每个人都可以自主选择自己的行为和方式，但是，也要为自己的行为承担责任。在行政责任和刑事责任的追究中，责任自负这个原则意味着只能依法追究责任者本人的行政或刑事责任，而不能株连或变相株连他人。责任株连是中国奴隶社会和封建社会法律制度的一个重要特征，有着广泛的影响。时至今日，我国现实生活中仍然存在着许多责任株连或变相株连的错误做法，必须加以纠正。

---

① 转引自伍洪杏:《行政问责的困境及其伦理超越》,《中国行政管理》2011年第7期，第116页。

2. 有责必究原则

有责必究的基本内容是：对于党政机关工作人员的违法、失职行为，必须依法、依规追究其责任，任何组织或者个人都不得有超越宪法和法律的特权，也不允许有任何不受纪律约束的党组织和党员。坚持有错必究原则，既是法律、纪律面前人人平等的具体体现，也是维护法律尊严和严肃纪律的客观要求。根据这个原则，在重大行政决策责任追究活动中，必须克服“礼不下庶人，刑不上大夫”的封建思想残余，对于所有的责任追究对象，不论是中央机关还是地方机关，也不管是担任领导职务的人员还是普通办事人员，都应当毫不例外地予以追究。只有做到“有权必有责、有责要担当、失责必追究”，才能体现法律、纪律的公正性和严肃性，真正起到惩戒和教育的作用。否则，同样的违法或不当行为，有的被追究责任，有的不被追究责任，有的受到这样的处罚，有的受到那样的处罚，势必会影响重大行政决策责任追究制度的作用的充分发挥。

3. 直接责任与间接责任相结合原则

政府系统内部存在着纵向的隶属关系或领导关系，上级领导同时肩负着对下属部门及其工作人员的监督和纠错职责。在重大行政决策责任追究活动中，一方面要贯彻责任自负原则，反对没有法律依据的责任株连或变相株连；另一方面，还要正确认识和处理直接责任与间接责任的关系，既要追究直接责任人员的决策责任，也要追究相关领导的间接责任。所谓直接责任，是指责任追究对象对自己实施的违法或不当行为以及所造成的后果承担责任，是责任人对自己的行为负责；所谓间接责任，是指责任追究对象对其下属人员实施的违法或不当行为以及所造成的后果承担责任。在这种情况下，尽管责任追究对象本人并没有亲自实施违法或不当行为，但由于实施违法或不当行为的人员与其具有某种特定的上下级关系，在行为人承担直接责任的同时，直接领导也应当承担一定的责任，这就是我们通常所讲的“领导责任”。《党政领导干部辞职暂行规定》将领导责任分为主要领导责任和重要领导责任。所谓“主要领导责任，是指在其职责范围内对直接主管的工作不负责、不履行或者不正确履行职责，对造成的损失和影响负直接领导责任”；所谓“重要领导责任，是指在其职责范围内，对应管的工作或者参与决定的工作，不履行或者不正确履行职责，对造成的损失和影响负次要领导责任”。

（三）应当承担重大行政决策责任的人员

根据责任自负、有责必究以及直接责任与间接责任相结合原则，下列这些对重大行政决策负有责任的人员，应当被确定为重大行政决策责任追究的对象。

1. 决策机关的行政首长

我国目前实行的“行政首长负责制”，是重大事务在集体讨论的基础上由行政首长定夺，具体日常行政事务由行政首长决定，行政首长独立承担行政责任的一种行政领导制度。就各级政府及其职能部门的重大行政决策而言，虽然也要经过集体讨论，但最终都是由行政首长作出同意、不同意、修改或者延迟再议等决定。行政首长的最终决定，既是其作为行政机关法定代表人的职权，同时也是其作为行政决策第一责任人的职责。因此，行政首长必须对本单位的重大行政决策违法、失误承担责任。

2. 决策机关的其他领导人员

各级人民政府及其组成部门在实行行政首长负责制的同时，对于一些重大问题还普遍建立了集体决策机制，即按照“集体领导、民主集中、个别酝酿、会议决定”的决策原则，讨论和决定本行政区域或者本部门的重大问题。重大行政决策往往要经过常务会议的集体研究，并由行政首长担任会议的主持人。在这种情况下，一旦出现决策失误或者违反法定的决策程序，应当追究参与决策的全部领导干部的责任。除行政首长承担“主要责任”之外，其他参与决策的领导人员分别承担“重要责任”。不过，决策机关集体讨论决策草案时，有关人员对严重失误的决策表示不同意见的，可以按照规定减免责任。

3. 对行政决策某环节负有责任的领导人员和直接责任人员

行政决策的作出，需要依次经过拟订决策草案、征求公众意见、组织专家论证、风险评估、进行合法性审查等若干个环节，每个环节都会涉及不同的机构或人员。根据《重大行政决策程序暂行条例》第三十九条的规定："决策承办单位或者承担决策有关工作的单位未按照本条例规定履行决策程序或者履行决策程序时失职渎职、弄虚作假的，由决策机关责令改正，对负有责任的领导人员和直接责任人员依法追究责任。"需要指出的是，监督下属机构及其人员的工作，及时发现并纠正各个工作环节中的失误，这本身就是行政首长的职责所在。因此，在责任追究过程中，不能采取"丢卒保车"的做法，用追究决策中某个环节工作人员的责任来代替追究行政首长的行政决策责任。

4. 对重大行政决策享有审批或决定权的党组织的领导成员

一般而言，行政决策的主体是国家行政机关，但在我国的决策实践中，重大行政决策的主体并不限于行政机关，还包括各级党的组织。中国共产党的领导是中国特色社会主义最本质的特征，体现在政治、经济、文化、社会等各个方面。因此，"重大行政决策出台前应当按照规定向同级党委请示报告"，有的还需要同级党委的常委会讨论通过。基于中国的特殊政治国情，早在2009年，中共中央办公厅、国务院办公厅联合发布的《关于实行党政领导干部问责的暂行规定》就将党委领导列入了行政决策责任追究的对象。各级党委在行使对重大行政决策的审批权或决定权时，通常有两种情况：一是党委完全同意政府的行政决策方案或者意见，而该方案存在着合法性、合理性问题；二是党委改变了政府的行政决策方案或者意见，导致原本合法、合理的行政决策方案或者意见出现严重失误。对于前者，行使审批权或决定权的党委领导成员应当共同承担责任，对于后者，行使审批权或决定权的党委领导成员则应当单独承担责任。

（四）不应当承担重大行政决策责任的人员

基于行政决策权的性质、行使主体以及在决策过程中所起的作用，下列人员不应当成为重大行政决策责任追究的对象。

1. 决策执行机关的工作人员

重大行政决策终身责任追究制度的目的在于规范和限制行政决策权的行使，减少和避免重大行政决策失误，因而不应当将下级行政机关的执行行为纳入其调整范围，也不应当将决策执行机关的工作人员作为行政决策责任追究的对象。这是因为，行政决策的执行虽然与行政决策存在着一定的联系，但两者在性质上完全不同。对于决策执行机关的工作人员来说，执行上级行政机关作出的决定和命令，是其法定的义务。按照《中华人民共和国公务员法》第六十条的规定，“公务员执行公务时，认为上级的决定或者命令有错误的，可以向上级提出改正或者撤销该决定或者命令的意见；上级不改变该决定或者命令，或者要求立即执行的，公务员应当执行该决定或者命令，执行的后果由上级负责，公务员不承担责任；但是，公务员执行明显违法的决定或者命令的，应当依法承担相应的责任”。也就是说，除了法定的例外情形，决策执行机关的工作人员并不需要承担责任，更不需要承担重大行政决策责任。

2. 参与行政决策的“公众”

国务院在《全面推进依法行政实施纲要》中提出，要“建立健全公众参与、专家论证和政府决定相结合的行政决策机制”。此后，又在《重大行政决策程序暂行条例》中专门规定了“公众参与”“专家论证”和“风险评估”等重大行政决策程序。“以公众参与的基础、目的、功能等作为标准，可以将行政决策中的公众参与分为程序性公众参与和实体性公众参与。程序性公众参与以信息为基础，公众通过提供信息协助决策机关作出准确的事实判断，进而提高决策科学性。实体性公众参与以利益为基础，公众与决策机关通过协商和交涉实现‘利益平衡’，促进公共利益形成，最终实现决策民主性。”①这里，需要强调的是，承担行政决策责任的前提是行政决策权的行使。对于参与行政决策的公众来说，无论是“程序性公众参与”还是“实体性公众参与”，他们在重大行政决策的形成中所起的作用都是十分有限的，而且决策机关完全有权决定是否采纳和接受公众意见，因此，参与行政决策的公众不能作为重大行政决策责任追究的对象。

① 夏金莱:《重大行政决策终身责任追究制度研究——基于行政法学的视角》,《法学评论》2015年第4期,第22页。

第五章

重大行政决策终身责任追究的事项范围

党的十八届四中全会通过的《中共中央关于全面推进依法治国若干重大问题的决定》明确提出建立重大决策终身责任追究制度。重大行政决策具有不确定性、动态性、区域性、复杂性的特征，究竟哪些事项属于重大行政决策的范围？这个问题亟须在实践中逐步加以解决。只有明确重大行政决策的事项范围和适用情形，才能将重大行政决策终身责任追究制度真正落到实处。

重大行政决策终身责任追究的事项范围与重大行政决策的事项范围之间有着密切的联系。一般来讲，凡是属于重大行政决策的事项范围内的，只要行政决策主体违反相关规定作出决策，就当然属于重大行政决策终身责任追究的事项范围。那么，哪些事项属于重大行政决策的范围呢？在我国行政决策法治化的过程中，对于重大行政决策的范围如何界定一直存在着理论和实践上的困境。[①]而要走出上述困境，不仅要对重大行政决策的性质、特征与分类等基本理论进行研究，而且还要研究相关的法律规范，

① 黄学贤、桂萍:《重大行政决策范围之界定》,《山东科技大学学报》(社会科学版)2013年第5期,第35—45页。

尤其是地方政府规章和规范性文件中关于重大行政决策事项的相关规定。

一、重大行政决策及其分类

重大行政决策的基本理论主要包括重大行政决策的内涵、性质、特征及其分类等。这些问题既是构建重大行政决策责任追究制度的前提，也是研究重大行政决策事项范围的基础。

（一）重大行政决策的基本类型

现实中，行政机关面临的事务纷繁复杂，有日常事项，也有重大事项，有内部事项，也有外部事项，行政机关针对不同事项的决策程序也不同。实践中，行政机关往往将行政事务分为日常事项和重大事项。一般而言，日常事项是具单项性、具体性、局部性、阶段性的事项，而重大事项是具全局性、长期性、综合性的事项。所以，在对行政决策进行分类时，可以将其分为一般行政决策和重大行政决策。一般事项因为涉及面小，影响小，同质化严重，事务多，所以一般行政决策往往追求效率。而重大事项因为影响大，涉及面广，一旦决策不力，往往造成重大损失，所以要对重大行政决策进行法律规制。

根据学者们的观点和地方立法中的规定，可以把重大行政决策界定为：县级以上人民政府作出的涉及本地区相对人人数多、与人民群众利益密切相关、社会涉及面广和对地方经济社会发展将产生全局性、综合性、长期性影响，并对决策有较高专业性要求的具有一定争议性的行政决策事项。

根据重大行政决策的复杂性和广泛性，可以将其划分为不同的类型：

1. 中央重大行政决策和地方重大行政决策

根据行政决策主体的层级和决策事项范围的不同，可以将重大行政决策分为中央重大行政决策和地方重大行政决策。中央重大行政决策由中央行政机关作出，决策事项涉及全国范围，一般涉及全国范围内的重大公共事务，涉及全国重大利益的调整；地方重大行政决策是由地方各级行政机关作出的决策，决策事项涉及各个地方辖区范围，仅涉及地方重大公共事务的处理，涉及地方利益的调整。

2. 经验重大行政决策和科学重大行政决策

根据决策方法是否科学，可以将重大行政决策分为经验重大行政决策和科学重大行政决策。凭经验与直觉作出的重大行政决策与借助统计、模型、信息技术、量化分析等科学方法作出的重大行政决策相比，可靠性要差些，风险性也就更大些。科学决策除强调方法要科学化，还要求行政决策程序化，要按照一定的程序确定目标、搜集信息、选择模型、设计方案、预测评估效果、确定最优方案等。

3. 个人型的重大行政决策和集体型的重大行政决策

根据行政决策作出过程中主体的不同作用，可以将重大行政决策分为个人型的重大行政决策和集体型的重大行政决策。我国法律规定，行政机关实行首长负责制，在日常事务处理中为了追求行政效率，日常决策往往由首长直接作出。这是行政效率的必然要求，也是责任主体清晰明确的必然结果。但是，个人型的行政决策会受到个人的经验、知识水平、综合分析判断和解决问题的能力、个人情绪爱好等诸多方面因素的限制。以公共利益为追求目标的行政决策，自然不可以不经慎重的集体选择而为之。集体型的重大行政决策则基于民主集中制原则，由行政机关领导集体共同讨论决定。集体型的重大行政决策由多数人作出，集思广益，经过了充分的讨论分析，决策水平往往要高一些。集体型的重大行政决策可以集中不同的意见、方式和方法，由多人共同参与决策过程，能够降低决策失误的风险。

（二）重大行政决策的性质

传统意义上，行政决策并不是一个法学上独立的概念，而是行政学或政治学的概念。而且行政决策表现形式多样，既可以表现为抽象行政行为，又可以表现为具体行政行为，因而难以被我国传统行政法学对行政行为进行的抽象与具体的分类方式所涵盖，所以一直以来重大行政决策并没有被法学界过多地关注，“事实上是一种被我国传统行政法理论所遮蔽和克减的概念”[①]，其性质很少被论述提及。因此，当各级行政机关以极高的热情建立重大行政决策制度时，便不得不检视其在行政法中的应有定位，确定其准确坐标。

1. 学术界的主要观点

学术界对于重大行政决策的性质进行了有益的讨论。有的学者认为传统的行政行为理论完全能够涵盖行政决策，故行政决策根本上仍然是行政行为。而有的学者认为以行为二分类为代表的传统行政行为学说明显不能涵盖重大行政决策这一新内容，故需要超越传统行政行为理论的局限，以一种全新的视角去看待重大行政决策。该类学者为解决这一矛盾引入了行政过程理论。还有的学者认为重大行政决策在现有行政法学概念群中并不能独立，这是一个伪命题。

（1）行政行为说。持此学说的学者大多从行政行为要件入手，通过对行政行为要件的分析，认定行政决策是一种行政行为。在此基础上，学者们又对行政行为说进行了完善、解释。比如周实教授通过分析行政决策行为的一般特征，确认其符合行政行为的构成要件，认为行政决策属于一种行政行为。而茅铭晨教授一方面认同行政决策本质上仍然是行政行为，但另一方面又认为传统行政法对行政行为的静态分类法无法涵盖行政决策这一新现象。在其构想中，“具体行政行为”和“抽象行政行为”内涵和外延的扩大，可以补正行政决策难以适应传统行政行为二分类的缺憾。茅铭晨教授认为可以对行政行为进行扩大解释，使具体行政行为在包含传统具体行政行为的同时，也包含“具体行政决策”。与之相似，抽象行政行为也包括“抽象行政决策”，事实上是对行政行为内容的更新再造。这种做法通过将具体行政行为包含“具体行政决策”、抽象行政行为包含“抽象行政决策”，使“行政决策作为具体行政行为和抽象行政行为下的次一层次的行政行为类型，最终实现行政行为类型的独立”[②]。

---

① 曾哲:《我国重大行政决策权划分边界研究》,《南京社会科学》2012年第1期,第92—98页。

② 茅铭晨:《“行政决策”概念的证立及行为的刻画》,《政治与法律》2017年第6期,第108—121页。

（2）“行政过程论”说。该学说基于行政的过程性特点，认为行政决策是行政过程中的顶端环节，进而将行政决策确认为行政上的一般性制度。这种认识是在看到行政行为传统分类方式无法涵盖行政决策的情况下，对其进行反思和批判后，循其缘由，认为行政决策被排除在行政行为类型之外是传统分类法不当所致，因此必须转换传统的研究范式，而“行政过程论”似乎是一个恰当的方案。行政过程论是日本法学界兴极一时的行政法学理论，其核心是为应对现代行政的复杂化、多样化，抛弃传统对行政行为静态的分类方法，而将行政活动放置于一个能动的过程之中进行考察。在行政过程论理论中，“一般性制度”是基础性制度，其在行政过程各个环节都具有一般性的作用。将行政决策定位为一般性制度可以解决其难以在各个领域共同适用的问题。[①]所以，在相关学者看来，将行政决策放置于行政过程论学说中考察，便化解了其在行政法概念群中无法立足的尴尬处境。

（3）伪命题说。该学说在对前两种学说批判的基础上认为重大行政决策本质上并不独立，行政决策只是一个中间环节，其能否被法治化取决于行政行为能否被法治化。如果行政行为被法治化了，那么先前的行政决策环节也应该受到法律的调整与约束；如果行政行为不能被法治化，那么先前的决策环节也当然不能被法律纳入调整范围。基于这种认识，该学说认为较为可行的做法是不做统一的行政决策规定，而是将行政决策分散在不同的行政行为中，作为附属程序。它“要么只能被作为程序性行为加以解释，要么便只能被作为行政立法或具体行政行为的替代品加以解释”[②]，所以该学说认为行政决策本质上不是一个独立的概念，是伪命题。

2. **重大行政决策性质之分析**

对行政决策的事项范围进行研究，首先需要明确行政决策的行政法本质属性，而这一问题的关键在于行政决策作为一个行政法概念是否具有独

---

① 戴建华:《作为过程的行政决策——在一种新研究范式下的考察》,《政法论坛》2012年第1期,第167—174页。

② 熊樟林:《重大行政决策概念证伪及其补正》,《中国法学》2015年第3期,第284—303页。

立性，是否能够恰当地融入行政法概念群中。通过对行政行为要件的分析，我们可以认为行政决策完全可以被行政行为理论所囊括，即行政决策本质上仍是一种行政行为。通过对行政决策的分析，不难发现行政决策符合行政行为的“四要件”。

（1）主体要件。主体要件是行政行为的基础要件，其要求作出行政行为的主体具有行政权能。而决策主体具有行政决策权，这是由宪法和法律明确规定的。《宪法》第八十九条授予国务院发布决定和命令的职权。《国务院组织法》同样规定了国务院的行政决定权。另外，根据相关法律，地方行政机关也被授予了相应层级的行政事务决定权。这些规定事实上明确授予了行政机关行政事务决策权。

（2）权力要件。行政决策是行政机关运用行政权力为实现公共利益目的而开展的活动，其目的是公共利益的实现，方式是对公权力的运用。行政决策权是现代行政权的一个重要构成部分，其处于行政过程的顶端，对后续行政活动的开展和进行具有重要影响。[①]为了私益而使用公权力作出的决策不是行政决策，为了公共日的但运用个人权威声望而作出的决策同样也不是行政决策。所以，行政决策符合行政行为的权力要件。

（3）内容要件。内容要件要求权力的行使发生法律效果。而行政决策是行政机关为解决所面临的问题，制定方案，选择方案而作出决定的过程。这一过程不可避免地将对相对人的权利、义务产生影响，或为保障决策的实施而要求相对人履行相应义务，或相对人因之而享有某项权利。权利义务关系是行政行为的重要内容，而行政决策的作出，会对相对人的权益产生重要影响。所以，行政决策符合行政行为的内容要件。

（4）形式要件。形式要件即行政行为要以一定的形式表现出来。在我国实践中，行政决策一般参照立法的形式予以事先公布，形式通常表现为政府文件、会议纪要、通告等。行政决策本质上仍然是一种行政行为。在行政实践中，行政决策的形式是多样的，既可能是对具体事项作出的具体

① 江国华、梅扬：《地方行政决策程序立法的考察与评估》，《湖北社会科学》2017年第4期，第154—162页。

决定，也可能是对抽象行为作出的类似于立法的抽象行为。行政决策形式的多样化使得其目前难以在传统行政行为二分类中找到适当的定位，但不能因为在行政行为分类中找不到恰当的位置，就以此否定行政决策的行政行为属性。

二、重大行政决策事项的现行规定及其不足

国务院发布的《全面推进依法行政实施纲要》《加强市县政府依法行政的决定》《关于加强法治政府建设意见》等纲领性文件，以及2014年党的十八届四中全会通过的《中共中央关于全面推进依法治国若干重大问题的决定》，对建立我国的重大行政决策终身责任追究制度起到了重要的指导作用，但是，上述文件都没有涉及重大行政决策的事项范围。因此，只能通过现有的地方立法和规范性文件的相关规定，分析重大行政决策的事项范围。

（一）行政法规对重大行政决策事项的规定

目前，各地区发展不平衡，地方各级政府决策的影响面和侧重点亦有所不同，由国家立法统一确定重大行政决策事项的具体标准、范围并不现实。在这种情况下，国务院在制定《重大行政决策程序暂行条例》时充分借鉴地方的实践经验，按照突出针对性、具备可行性、保留灵活性、提高透明度的原则，通过“列举＋排除”框定了重大行政决策事项的范围。一方面，条例列举了5类重大行政决策事项，如重大公共政策和措施、重要规划、重大公共建设项目等。另一方面，明确排除了3类不属于重大行政决策的事项，即：（1）财政政策、货币政策等宏观调控决策；（2）政府立法决策；（3）突发事件应急处置决策。此外，条例还允许各地的行政决策机关结合职责权限和本地实际确定决策事项目录、标准，经同级党委同意后向社会公布，并可以根据实际变化来进行调整。

（二）地方政府规章和规范性文件对重大行政决策事项的规定

目前，我国省级行政单位（不含港、澳、台）中已经有25个省（自治区、直辖市）制定了重大行政决策的政府规章和规范性文件。其他6个省（自治区、直辖市）虽然没有在省级层面制定统一的政府规章和规范性文件，但是其某些部门或省辖市也有与重大行政决策相关的规定。从名称和内容来看，现行规范地方政府重大行政决策的规章和规范性文件可大致分为6种：一是以“重大行政决策程序”为名称的，如《青海省人民政府重大行政决策程序规定》（2009年）、《广州市重大行政决策程序规定》（2010年）、《南京市重大行政决策程序规定》（2011年）等；二是以“重大决策”或“重大事项决策”为名称的，如《武汉市人民政府重大决策程序规定（试行）》（2005年）、《重庆市政府重大决策程序规定》（2005年）、《天津市人民政府重大事项决策程序规则》（2008年）等；三是以“重大行政决策听证”或“重大事项决策听证”为名称的，如《重庆市行政决策听证暂行办法》（2004年）、《太原市政府重大事项决策听证办法（试行）》（2005年）、《大连市重大行政决策听证办法》（2009年）等；四是以“重大行政决策专家咨询论证”为名称的，如《四川省人民政府重大决策专家咨询论证实施办法（试行）》（2004年）、《黑龙江省人民政府重大决策专家咨询论证制度》（2006年）、《广东省重大行政决策专家咨询论证办法（试行）》（2012年）等；五是以“行政程序”为名称而附带规定行政决策的，如《湖南省行政程序规定》（2008年）、《山东省行政程序规定》（2011年）、《浙江省行政程序办法》（2016年）等；六是直接以“重大行政决策责任追究”为名称的，如《深圳市行政决策责任追究办法》（2009年）、《武汉市重大行政决策责任追究暂行办法》（2015年）、《云南省重大行政决策终身责任追究办法（试行）》（2017年）等。

1. 对“重大行政决策”概念的界定

多数地方政府制定的规章和规范性文件都对“重大行政决策”这个概念进行了界定，尽管表述有所不同，但大同小异。例如，《广东省重大行政决策专家咨询论证办法（试行）》第三条规定，“本办法所称的重大行政决策，是指行政机关依法作出的涉及地区经济社会发展的重大决策以及与公共利益密切相关的专业性较强的决策”；根据《湖南省行政程序规定》第三十一条的规定，重大行政决策是指“县级以上人民政府作出的涉及本地区经济社会发展全局、社会涉及面广、专业性强、与人民群众利益密切相关”的行政决策事项；《武汉市重大行政决策责任追究暂行办法》第二条则将“重大行政决策”界定为，“本办法所称重大行政决策，是指政府在依法履行宏观调控、市场监管、公共服务、社会管理等职能过程中，对关系本行政区域内经济社会发展全局、社会涉及面广、与人民群众切身利益密切相关的重大事项所作出的决定”。

2. 对“重大行政决策”范围的列举

《山东省行政程序规定》第二十四条规定：“本规定所称重大行政决策，是指县级以上人民政府依照法定职权，对关系本地区经济社会发展全局、社会涉及面广、与公民、法人和其他组织利益密切相关的下列事项作出的决定：(一）制定经济和社会发展重大政策措施，编制国民经济和社会发展规划、年度计划；(二）编制各类总体规划、重要的区域规划和专项规划；(三）编制财政预决算，重大财政资金安排；(四）研究重大政府投资项目和重大国有资产处置；(五）制定资源开发利用、环境保护、劳动就业、社会保障、人口和计划生育、教育、医疗卫生、食品药品、住宅建设、安全生产、交通管理等方面的重大政策措施；(六）确定和调整重要的行政事业性收费以及政府定价的重要商品、服务价格；(七）制定行政管理体制改革的重大措施；(八）需要由政府决策的其他重大事项。”

《广州市重大行政决策程序规定》第六条也规定：“本规定所称重大行政决策（以下简称决策）包括以下事项：(一）制定经济和社会发展重大政策措施；(二）编制和修改各类经济、社会、文化发展和公共服务总体规划；(三）使用重大财政资金，安排重大政府投资项目，处置重大国有资产；(四）开发利用重大自然资源；(五）制定城市建设、环境保护、土地管理、劳动就业、社会保障、文化卫生、科技教育、住房保障、交通管理等方面的重大政策措施；(六）制定行政管理体制改革的重大措施；(七）其他需要政府决定的重大行政管理事项。”

《天津市人民政府重大事项决策程序规则》第五条则详细列举了16项市人民政府的重大决策，包括："（一）本市国民经济和社会发展规划、计划、财政预算草案的拟定；（二）全市土地、矿藏、水流、森林、山岭、荒地、滩涂、海域等自然资源开发利用和生态环境保护；（三）全市经济布局，产业结构调整，市场准入条件，关系国民经济命脉、国家安全的行业和特种行业管理；（四）制定经济体制改革、行政管理体制改革、财政体制改革的重大政策；（五）城市总体规划、土地利用总体规划、城市近期建设规划、专项规划以及城市总体规划的实施情况报告；（六）市人民政府管理的重大国有资产的处置，由市人民政府代表国家履行出资人职责的企业重大国有资产的处置；（七）重大财政支出、本市财政投资建设的大型基础设施或者市政设施项目及其他重大建设项目；（八）教育、科技、文化、体育、卫生事业等方面的重大措施；（九）城乡建设、民政、公安、民族宗教事务、司法行政、公共安全、劳动和社会保障中的重大事项；（十）全市人才工作和人才队伍建设中的重大事项；（十一）国防后备力量建设和国防动员中的重人事项，国防设施保护中的重大事项；（十二）抢险救灾、人口与计划生育等方面的重大问题；（十三）重大突发公共事件应急预案的制定与调整；（十四）市人民政府民主与法制建设中的重大事项；（十五）市人民政府所属部门、重要机构的设立、撤并和职能划分；（十六）对全市具有全局性、长远性影响或者与群众利益密切相关的其他重要事项。"

需要指出的是，由于各地的实际情况和关注的领域不同，所以各地政府在制定相关规范时具有较强的地域性特点，列举的重大行政决策事项范围也有所差异。由于篇幅所限，这里不一一赘述，通过表5-1对重大行政决策的事项范围进行简单的归纳梳理。

表5–1　地方政府规章和省级规范性文件中规定的重大行政决策事项

重大行政决策事项	省区市
1. 编制或者调整国民经济和社会发展规划	辽宁、青海、江苏、江西、云南、海南、贵州、广东、上海、天津、重庆
2. 对本地区国民经济有重大影响的国有资产处置	辽宁、黑龙江、山西、青海、安徽、江苏、湖南、江西、福建、云南、四川、贵州、广西、宁夏、天津、重庆
3. 制定或者调整收入分配、社会保障、医疗卫生、教育、住房、劳动就业、扶贫开发、公用事业收费和公益性服务价格等涉及民生的重大改革方案和政策措施	辽宁、河北、山西、青海、安徽、江苏、浙江、湖南、江西、云南、四川、贵州、广东、广西、宁夏、天津
4. 对本地区相关群体利益可能造成较大影响的重大公共设施建设	辽宁、河北、山西、广东、上海
5. 对本地区经济社会发展具有全局性、长远性影响，并且社会涉及面广，与公民、法人和其他组织利益密切相关的其他事项	辽宁、海南、天津
6. 全省国民经济和社会发展的重大规划、改革措施	黑龙江、山西、安徽、浙江、湖南、福建、四川、重庆
7. 涉及全省宏观调控、改革开放、社会稳定方面的政策措施	黑龙江、山西、安徽、福建、海南、四川、贵州、广东、广西
8. 关系国计民生和群众切身利益的环境保护、交通管理、资源分配等重大政策	贵州
9. 编制或者修改全省性的各类总体规划、产业发展规划、产业区域布局规划	青海、江苏、湖南、四川、贵州、广西、宁夏
10. 预算执行中新发生的大额资金支出	青海、安徽、贵州、天津、重庆
11. 城乡总体规划、土地利用总体规划和其他自然资源开发利用等各类总体规划、重要的区域规划和各类专项规划	黑龙江
12. 制定或者调整重大突发公共事件应急预案	辽宁、黑龙江、河北、山西、青海、安徽、湖南、江西、云南、贵州、广西、宁夏、天津、重庆
13. 编制省级财政预决算草案	黑龙江、云南、海南、四川、广东、广西、天津、重庆
14. 城市房屋、农村土地征收征用补偿标准的制定或者修改	黑龙江、山西、青海、安徽、湖南、江西、四川、贵州、广西、宁夏、重庆
15. 需要报告国务院或提请省委、省人民代表大会及其常务委员会审议的重大事项	贵州

续 表

重大行政决策事项	省区市
16. 政府融资举债	黑龙江、青海、海南
17. 决策机关认为需要决策的其他需由政府决策的重大事项	辽宁、安徽、贵州
18. 地方性法规草案、政府规章和重要的规范性文件的提出和制定	黑龙江、青海、江苏、浙江、湖南、江西、四川、广西、宁夏
19. 制定或者修改事关少数民族和民族自治地方经济社会发展的重大政策	黑龙江、福建、广东、广西、重庆
20. 贯彻落实党中央、国务院等上级重要指示	贵州
21. 法律、法规、规章明确规定为重大事项的事项	海南、四川、贵州
22. 省人大及其常委会决定由省人民政府提出草案或者建议的重大事项	青海、贵州、广东、上海
23. 省政府工作报告和全省经济社会形势分析	贵州
24. 以省政府名义作出的重要表彰决定以及对省管干部的行政处分意见	黑龙江、青海、湖北
25. 给予企业和个人大额度奖励和补助	黑龙江、海南
26. 重大招商引资	安徽
27. 机构编制和领导职数管理	安徽
28. 制定政府职能转变、行政管理体制改革等加强政府自身建设方面的政策和措施	山西、青海、江苏、湖南、江西、四川、宁夏、天津
29. 重大政府投资、建设项目	江苏、湖南、云南、海南、四川、广东、宁夏、天津、重庆
30. 重大资金安排	辽宁、黑龙江、海南、广东、广西、天津、重庆
31. 与港澳共同编制区域经济社会发展中长期规划、专项规划、合作计划，制定涉港澳的相关法规规章以及重大合作项目决策等	广东
32. 为民办实事的重大事项	广西
33. 基层民主政治建设的重大措施	天津、重庆
34. 全市人才工作事项	天津
35. 国防建设事项	天津
36. 抢险救灾、人口与计划生育等方面的重大问题	天津
37. 制定或者调整重要的行政事业性收费以及政府定价的重要商品、服务价格	广西、河北
38. 重要信访矛盾化解	海南
39. 可能造成环境现状重大改变或较大污染物排放的项目建设	海南

续 表

重大行政决策事项	省区市
40. 其他重要行政决策事项	黑龙江、宁夏、湖北、山东、湖南、江苏、浙江、上海、河北、山西、重庆、安徽、云南、广西

通过表5-1可以看出，地方政府规章和规范性文件规定的重大行政决策事项多达40类。其中，认可度最高的除了“其他重大行政决策事项”这样的兜底事项外，只有4类，即：“编制或者调整国民经济和社会发展规划”，“对本地区国民经济有重大影响的国有资产处置”，“制定或者调整收入分配、社会保障、医疗卫生、教育、住房、劳动就业、扶贫开发、公用事业收费和公益性服务价格等涉及民生的重大改革方案和政策措施”和“制定或者调整重大突发公共事件应急预案”。大部分省（自治区、直辖市）都根据当地具体情况规定了不同的重大行政决策事项，如贵州省将执行上级指示事项和政府工作报告和形势分析作为重大行政决策事项，安徽省将“机构编制和领导职数管理”列为重大行政决策事项，广西壮族自治区则把“为民办实事的重大事项”纳入其中。此外，天津市还把人口与计划生育、人才工作以及国防后备力量建设中的重大事项列入重大行政决策的范围。

（三）现行规定中存在的主要问题

目前，我国关于重大行政决策事项的规定只有少数是地方政府规章，更多的则是各级政府制定的规范性文件。除了法律位阶低、权威性不够之外，还存在着下列明显的问题：

1. 决策事项定性不准

在重大行政决策终身责任追究制度中，“决策”二字是一个基础性的核心概念。然而，一部分地方政府规章和规范性文件并没有很好地把握重大行政决策这一制度中的“决策”本质，在进行事项范围界定时不可避免地将决策事项与执行事项相混淆。例如，四川省制定的重大行政决策相关规定中，把贯彻上级机关、同级党委和人大重要指示、决定等的事项也作为重大决策事项。该规定将上级指示事项作为行政机关决策的重大事项，但下级承办上级指示事项本质上是执行事项，并非决策事项。决策环节的风险评估、方案论证等不确定因素在上级层面已然得到解决，而下级完成的只是上级决策的执行，并没有涉及决策的创造性行为。虽然上述规定最后部分强调了是“需要决策的事项”，但这里的“决策”只是执行上级指示过程中能动性的有限发挥，原创性有限，这不能从根本上突破其“执行事务”的本质。所以不能将“上级指示”作为重大行政决策事项来对待。无独有偶，将执行“上级指示”作为重大决策事项的并非四川一个孤例，与此相仿的还有青海、贵州等省份。分析这些地方的规定，可以发现其规定的重大事项分为两类，一类是自己甄别出的重大决策事项，另一类是上级指示的重大事项。从后者可以窥见立法者的立法思路，即凡是上级指示的事项皆是本级机关的重大事项。如上所述，上级指示事项本质上属于执行事项，而非决策事项。一些地方机关将这类事项不加区分地归入重大行政决策事项范围中，说明了其对重大行政决策的性质认识不清，没有很好地把握“决策”这一关键。换言之，这些地方政府将重大行政决策事项当作了集体讨论决定事项。

行政机关决策事项有大有小，因为重大事项的复杂性、影响的广泛性等特征，故要对重大事项特别对待，以此形成重大行政决策制度。不难发现，“重大”二字是对行政机关决策事项的一个范围划定。“决策”是基础，“重大”是在“决策”基础上的具体化。所以，首先要把决策事项和执行事项进行区分，在此基础上再进一步区分重大行政决策事项和一般行政决策事项。

2. 内容差异较大

各地制定的规章和规范性文件中关于重大行政决策事项的规定差异较大，使得重大行政决策事项的范围难以廓清。首先，从重大行政决策的数量来看，《广东省重大行政决策专家论证咨询办法（试行）》中列举了10类重大行政决策事项，《天津市人民政府重大事项决策程序规则》列举的重大行政决策事项则多达16类，而《四川省人民政府重大决策专家咨询论证实施办法（试行）》中列举的重大决策仅有4类。虽然各地的实际情况有所不同，但差别如此之大，也不免让人觉得地方立法的规定过于随意。其次，从重大行政决策的内容来看，有的地方政府规章和规范性文件把

“行政立法”和“突发事件的应急处理”列入重大行政决策的范围，如《广东省重大行政决策专家咨询论证办法（试行）》和《重庆市政府重大决策程序规定》；有的地方政府规章和规范性文件则没有将其作为重大行政决策事项，如《山东省行政程序规定》和《云南省重大行政决策程序规定》；有的地方政府规章和规范性文件还明确规定“行政立法”和“突发事件的应急处理”等不属于重大行政决策的事项范围，如《广州市重大行政决策程序规定》和《四川省重大行政决策程序规定》。

3. **立法技术多样**

关于重大行政决策事项的规定，在立法技术上一般有4种方式，即定义法、列举法、兜底法和排除法。各地在立法时大都采用复合的立法技术，有的采用了定义法、列举法、兜底法3种立法方式，有的采用了列举法和兜底法2种，有的则采用了定义法、列举法、兜底法和排除法4种立法方式。定义法是对重大行政决策事项进行高度概括总结，以下定义的方式进行界定，如《湖南省行政程序规定》中就首先采用了定义法。列举法是将重大行政决策事项在分类的基础上一一列举出来，现有的地方政府规章和规范性文件均采用了这一方法，但列举的事项类型及详略程度则不一样。为了保证重大行政决策事项范围的灵活性与开放性，各地在立法中普遍使用了“兜底条款”。例如，《湖南省行政程序规定》中的表述是“其他需由政府决策的重大事项”，《云南省重大行政决策程序规定》使用的则是“其他涉及经济社会发展的重大行政决策事项”。排除法是在立法中直接将非重大行政决策事项排除在外，以缩小重大行政决策事项的范围。《山东省行政程序规定》和《广州市重大行政决策程序规定》中都有类似的规定，明确将“地方立法”和“突发事件应急处理”等决策排除在重大行政决策事项范围之外。

4. **操作性不强**

目前各地对重大行政决策事项的规定大都采用列举式，但是这种方式只是对事项性质的把握，真正的量化标准较少。具体表现在两个方面：一是在规范中直接规定量化标准的比较少。比如大多数省份将“重大财政资金安排”列入重大行政决策事项，但是多少额度的资金安排属于“重大财政资金安排”事项，并没有细化的规定。少数有量化标准的规范中，对“重大”的额度认识差别也较大。二是有些规范虽然对“重大”进行了量化规定，但是其科学性有待验证。例如杭州市在相关规范中规定，重大项目的财政安排资金应超过150万元，超过这一额度的项目才能进入重大行政决策事项范围中，而《徐州市重大市政建设项目决策听证方案》规定重大项目的总投资额要达到3000万元（含以上）。虽然各地具体情况不一使得资金数额有所差异是正常的，但是，同是设区的市，两者数额相差如此大，也不免让人对其科学性产生疑问。

此外，许多地方在立法中将重大行政决策事项的具体范围和量化标准授权给本级政府的相关部门或者下级政府进行规定。这样做，虽然一定程度上体现了发挥上下级“两个积极性”的立法初衷，但这并不意味着本级政府可以放任自流，作出基准性的裁量标准应为其立法职责的应有之义。从实践看，其主要弊端在于：一是作为地方政府规章本身就应该具有针对性和操作性，自身无法解决的问题授权下级立法，有卸责诿过之嫌；二是层级过多，不仅浪费立法资源，而且易为下级滥用重大行政决策事项的裁量权大开方便之门。

从以上分析可以看出，各地对重大行政决策事项的认识各不相同，制定出的规范差别很大。重大行政决策事项范围是构建重大行政决策制度的基础，失去了事项范围，该制度就成为无源之水，无本之木，就不可能得到有效实施。因此，在重大行政决策事项范围这个问题上，既要考虑到不同地方的差异，又要尽可能地保持法制的统一。

三、重大行政决策事项的特征和判断标准

重大行政决策事项的范围是构建重大行政决策终身责任追究制度的关键，但重大行政决策本身就是一个不确定的概念，其中“重大”一词具有极强的模糊性，它不仅会因时间、地点的不同而不同，而且还会随着关注重点的转移而变化。也就是说，在同一个地方，某一类事项在一定时期内可能属于重大行政决策事项，一旦条件发生变化，就不再属于重大行政决

策事项；同样的行政决策事项，在甲地属于重大事项，在乙地则不一定是重大事项。重大行政决策的动态性、区域性、复杂性和不确定性，要求我们必须根据重大行政决策事项的本质特征，在特定的时空范围内进行认定。

（一）重大行政决策事项的基本特征

分析目前的文本可以发现，国务院制定的《重大行政决策程序暂行条例》对重大行政决策事项的列举比较简单，连兜底条款在内只有5项。同时，该条例第三条第五款规定："决策机关可以根据本条第一款的规定，结合职责权限和本地实际，确定决策事项目录、标准，经同级党委同意后向社会公布，并根据实际情况调整。"这主要是出于全局性考虑，给地方政府留下足够的自主决定的空间。而省级政府制定的政府规章和规范性文件都会根据本地实际，着眼于地方事务，因而所列举的重大行政决策事项往往有较强的地方色彩。所以，准确把握重大行政决策事项的特征便显得尤为重要。根据学者们的观点和法律规定，可以将重大行政决策事项的基本特征归纳如下：

1. 涉及人数众多

涉及人数众多是重大行政决策事项的首要特征。重大行政事项和日常行政事项是相对而言的，事关重大公共利益的事项当然为重大行政事项。而涉及人数多少是重大公共利益的一个重要判断标准。当受决策行为影响的人数在该行政区域人口总数中达到一定规模或者占有一定比例时，该事项当然成为区域内重大公共利益事项，行政机关在作出决策时也应该更加认真对待，遵守更严格的法律程序。但同时也应该看到，人数的多寡并不能完全决定该事项的重大与否，还应结合事项性质等因素进行综合考察。

2. 与群众利益密切相关

人们对影响其利益的事项都高度关注，在公共领域也是如此，而"行政决策的实质就是对利益的重新分配"①。在决策过程中，基本上不会出

① 李迎春：《行政法视角下的行政决策》，《行政法学研究》2007年第4期，第101—107页。

现对所有人都百利而无一害的情形。行政决策往往会为了最大程度的多数、长远利益而损害少数、短期利益。在这个过程中，不可避免地会发生利益冲突，这时行政决策机关就要以更加严肃的态度和更高的决策水平来处理矛盾。这类事项无疑是行政决策机关的重大事项。近几年来，国内发生的诸如厦门PX化工项目事件等都是与群众利益密切相关的事项，行政决策机关应对此类事项高度关注，而不能懈怠。

3. 社会涉及面广

重大行政决策事项的一个重要特点是社会涉及面广，和一般决策涉及领域小，影响利益群体单一不同，重大行政决策事项往往涉及社会中诸如政治、经济等基础性领域，也涉及各个领域的不同利益群体，决策涉及面之广、影响之大，是其他管理组织的决策无法相比的。这也反映了随着社会的发展，社会公共利益变得愈加复杂。复杂的社会局面要求行政机关有更负责的决策态度和更强的决策能力。

4. 全局性、综合性、长期性

和一般行政决策事项影响小、关涉范围有限不同，重大行政决策事项往往牵一发而动全身，对地区发展具有全局性的影响。以经济产业方面的重大事项为例，其或者涉及关联行业众多，波及上下游产业链，或者直接影响到千家万户的衣食住行，导致消费者福利的整体波动，这种影响的全局性直接决定着该事项性质的重大。与此相应，问题的全局性影响必然要求解决部门齐抓共管，综合治理。

（二）重大行政决策事项的判断标准

实践中，“重大行政决策”既是一个宽泛的概念，又是一个不确定性的概念。依据重大行政决策事项的上述特征，可以从以下三个方面来判断一个行政行为是否为重大行政决策事项，能否纳入重大行政决策终身责任追究的范围。

1. 是否属于决策事项

考察某一行政事项是否为重大行政决策事项，首要在于该事项须是决策事项，即满足“决策”二字，此为重大行政决策事项区别于其他事项之基础。行政机关在处理行政事务中，有些事项须发挥行政机关的主观能动性，面对问题，确立目标，制定方案，选择方案，进行决策，是为决策事项；而有些事项则是执行上级指示，贯彻上级意图等执行类事项。这些事项对于行政机关而言也许是重大事项，但是因为其在此类事项中决策空间有限，难以进行独立决策，其实质上仍是执行事项，而非决策事项。很多地方相关规范性文件中，都将贯彻上级指示、落实上级指导意见的事项作为重大决策事项予以对待，这是有问题的。还有些事项并没有对相关利益进行调整，仅仅具有形式意义。这类事项本身即处于附属地位，不具有独立性，行政机关在此类事项中也没有创造性的决策活动，故应将其摒除在重大行政决策事项范围外。此类事项在我国地方相关规范性文件中，较常见的形式为省政府工作报告。所以，回归该问题，判断一事项是否属于重大行政决策事项，须先考察此事项是否为决策事项，如果是决策事项，则满足了此事项的第一标准。

2. **是否重大**

按照“决策”标准将非决策事务从行政事项中剔除之后，剩下的便都是行政决策事项。“行政决策存在于内容广泛的政府行政活动之中，涉及所有行政管理事项，决策的事项种类繁杂，既有宏观行政决策，也有微观行政决策。”[①]在行政决策事项中，“重大”是衡量该决策事项是否应纳入重大行政决策事项中进行调整的关键。故此时的任务便转化成对“重大”进行界定。根据重大行政决策事项的特点，对“重大”的界定可以从“人、财、时”三方面来分析。

首先，“人”的要件。“人”的要件，主要是指涉及的人数问题。根据受影响人数来判断行政决策是否重大是最为便捷的方式。行政决策的目的是公共利益的实现，最终还是对人的利益最大程度的维护。当一项决策涉及人数众多时，则预示着其产生的影响较大，相应地，应将这类行政决策作为重大行政决策。同时，判断人数“众多”的标准又因为各地人口总数

---

① 王仰文：《重大行政决策责任追究的事项范围研究》，《云南大学学报》（法学版）2013年第5期，第33—38页。

不一而势必不一样。在实践中，可以采取设定人数底线和人口比例相结合的方式确定影响人数的多寡，以合理确定本地区重大行政决策的人数标准。

其次，“财”的要件。“财”的要件，主要指涉及的财产数额。涉及的财产价值是判断行政决策是否重大的关键标准。成本是任何一个组织进行决策时都非常重视的因素，政府的决策也不例外。无论是政府利用税收收入对外投资还是政府引进外资来当地投资，财产价值都是决策事项重大与否的重要标准，即便不是直接的经济行为，而是与经济利益间接相关的其他行为，政府在决策时也要先衡量其是否符合成本—效益原则，再进行合理的抉择。当然，由于各地经济发展水平或财政收入水平不同，各地对“财”的标准也各不相同。因此，各地应结合自身的经济发展情况对“财”的标准进行合理确定。

最后，“时”的要件。“时”的要件，主要是指重大行政决策在时间上的要求，其不仅包括行政决策直接实施的时间，也包括行政决策造成后续影响的间接时间。原则上，如果一项行政决策实施的时间越长，对公众利益的影响就越大，那么这一事项就越重要，作出的行政决策也就越重大。另一方面，对时间的考察也不能仅仅关注决策实施的直接时间方面，还应当同时考察决策后续影响的时间。比如在矿产资源开发、环境保护等方面，一个行政决策的实施时间可能并不长，但很容易造成难以弥补的巨大损失和恶劣影响。这类行政决策也应作为重大行政决策来对待。

另外，需要说明的是，虽然“人、财、时”三要件构建了重大行政决策事项的定量标准，但对“重大”的把握仍要进行综合考量，[①]要充分考虑事项的重要性、争议性、紧迫性等，单纯地符合某一要件并不会必然成为重大行政决策事项。比如日本核泄漏后，我国各地出现抢盐风波，虽然该事件涉及的人数、总的财产数额都引人注目，但同时我国盐业长期以来产能过剩的事实，使得该事件只能成为暂时的非理性的市场现象，政府除

① 朱海波：《地方政府重大行政决策程序立法及其完善》，《广东社会科学》2013年第4期，第225—231页。

了加强市场监管外，没必要过多介入，也不必将之作为重大行政决策事项。

3. **是否已有相关规范**

在判断某一事项是否为重大行政决策事项时，除了紧紧抓住“决策”和“重大”两个标准外，还应该将那些虽符合这两个标准但已由其他法律法规调整的事项排除在外。之所以这样考虑，是因为有些行政事项虽然符合重大行政决策事项的标准，但是已经有其他相关法律法规等规范进行调整，比如行政立法类事项、突发事件应急类事项，这些事项当然符合重大行政决策事项的标准，但是因为其早已有相关法律法规进行调整，无论是规范还是实践方面，都已形成了一整套完善成熟的模式。在这种情况下，还要硬生生地将此类事项作为重大行政决策事项，纳入重大行政决策责任追究的范围进行调整，实属没有必要。这样做不仅浪费行政资源，而且还极容易引起立法冲突，有违建立重大行政决策终身责任追究制度的初衷，即提高行政决策的科学性与适当性。

综上，对重大行政决策事项的判断应抓住“决策”“重大”两个关键标准，并剔除掉已有成熟规范调整的事项。换言之，面对一个行政事项，可以按照“该事项是否属于决策事项、是否重大、是否已有规范调整”的思路进行分析和判断。

四、重大行政决策事项的认定和排除

明确界定重大行政决策的事项范围，是重大行政决策终身责任追究制度发挥作用的前提和基础。对于重大行政决策，我国现行的法规、规章普遍将其界定为“事关全局的、根本性的问题”或者是“人民群众关注的热点问题”等，在此基础上，采取了“列举＋兜底＋排除”的表述方式。

（一）重大行政决策事项的认定

如上所述，重大行政决策事项具有涉及人数众多，与人民群众利益密切相关，涉及面广，能产生全局性、综合性、长期性影响，且专业性较高等特点。基于重大行政决策事项的特点，其事项范围主要集中在政府经济调节、市场监管、社会管理、公共服务等政务事项。在地方实践中，各地对这个问题的理解虽有一定的差异，但一般都以《国务院工作规则》第二十四条的表述为基础，并根据各地实际情况进行具体调整。[①]根据重大行政决策事项的性质、特征，通过对现有法律规定及规范性文件的分析和整理，基本上可以将重大行政决策事项归纳为如下几类：

1. 规划和计划类事项

规划和计划类事项，主要包括编制本区域经济社会发展的重大战略、中长期规划、年度计划，城市总体规划、土地、自然资源开发利用等规划方案。对于各级政府来讲，这类事项是典型的重大行政决策事项。一方面，规划与计划本来就指向未来所发生的事项，故要对未来情况进行研究、决策；另一方面，该类行政决策事项往往是对一定区域内经济、社会具有全局性和长远影响的事项，而且涉及人数众多，动用资金量大，所以该类事项无疑应当属于重大行政决策事项。

2. 财政资金安排、使用以及国有资产处置类事项

财政资金安排、使用以及国有资产处置类事项的共同点，是对国有财产进行利用、安排。国有资产是指属于国家所有的各种财产、物资、债权和其他权益。我国是社会主义国家，国有财产属于全体人民。这一特性决定了对国有财产的处置必须特别慎重，必须符合全体人民的根本利益。当然也并非所有的财政资金安排事项都是重大行政决策事项，也须对资金使用额度设置一定的标准，只有达到这一额度标准时，该事项才属于重大行政决策事项。

3. 市场监管类事项

市场监管是为维护市场秩序，使资源配置符合法律要求，保护合法经济关系，以达到规范市场、维护市场正常秩序的目的。市场监管是对全行业、全领域的管理，而非对某一行业的特别管理。运用重大行政决策事项

① 石景林:《地方政府重大行政决策法治化研究》,广东外语外贸大学硕士学位论文,2016年。

标准来考察市场监管类事项，不难发现这类事项涉及人数众多，符合重大行政决策事项的认定标准。不但如此，由于市场监管类事项和群众利益密切相关，此类事项引发的问题往往更加复杂，矛盾更加突出。这类问题引发的矛盾往往具有突发性，解决起来十分棘手。因此，市场监管类事项是重大行政决策事项。

4. 资源利用与保护类事项

自然资源利用与保护是指对自然界中一切能被人类利用的物质和能量进行利用，包括对土地资源、矿产资源、水资源、海洋资源以及气候资源等的利用。但是在利用的同时，因为资源的不可再生性，要对资源进行保护，确立合理的开发方式。自然资源是人类赖以生存和发展的物质基础、能量基础和生存基础。一方面，人类的一切活动，包括生产、生活都是建立在资源的利用基础上，其对人的生产生活有巨大影响，符合全局性、综合性等特点，因此将资源利用事项归类为重大行政决策事项是合理的。另一方面，人类发展对资源的需求是无限的，而大多数自然资源都是不可再生资源，其储量是有限的。长期以来我国沿用粗放型经济发展模式，不仅造成了自然资源的极大浪费，而且也使生态环境遭到破坏。这虽然促使我们转变了经济发展方式，但同时更要求我们加强对自然资源的保护。总之，资源利用与保护事项因为涉及人数众多，往往涉及财政资金巨大，影响长远，所以符合重大行政决策的认定标准，应将此类事项归类为重大行政决策事项。

5. 城乡建设、社会管理和公共服务类事项

城乡建设是以规划为依据，通过城建对人居环境进行改造，为人民群众生产生活提供良好的基础性设施。社会管理主要是政府为确保社会系统的协调运转，对社会系统各个组成部分进行监督管理的过程。公共服务主要指政府为保障社会公众参与社会经济、政治、文化活动等而提供的服务项目，涉及教育、科技、文化、卫生、体育等诸多领域。城乡建设、社会管理和公共服务事项虽然内容不同，但其有一贯的逻辑。城乡建设作为基础性工作，为社会管理和公共服务提供了可行的基础，社会管理是在城乡建设基础上进行的管理，同时良好的社会秩序也是公众开展其他活动的基础。这些事项涉及诸如供水、供电、供气、交通等方面，和人民群众关系最为直接、密切，也受到公众的特别关注。以重大行政决策事项认定标准来对其进行考察，不难发现其涉及人数众多，与群众利益密切相关，而且影响长远，动用财政资金巨大，符合重大行政决策事项的特点，因此城乡建设、社会管理和公共服务类事项是重大行政决策事项。

6. 改革类事项

改革类事项主要包括本地区的经济体制改革、行政管理体制改革等重大事项。经济体制改革主要是对生产关系进行更新改造，以适应生产力的发展水平，例如由原先的粗放型经济发展方式向节约型经济发展方式转变。行政管理体制改革是通过改变行政运行机制和政府管理方式，实现行政运行的高效便捷、公开透明，如我国行政管理方式由管理型向服务型转变。无论是经济体制改革还是行政管理体制改革，都会对全局造成深刻、长远的影响，是根本性的改变。所以这类事项成为重大行政决策事项也是理所应当的。

（二）重大行政决策的排除事项

《重大行政决策程序暂行规定》第三条第五款明确规定："财政政策、货币政策等宏观调控决策、政府立法决策以及突发事件应急处置决策不适用本条例。"然而，大多数地方政府制定的规章和规范性文件都将"贯彻上级指示类事项""政府立法类事项""行政机构内部事务和人员管理类事项""政府工作报告类事项""应急类事项"这5类事项纳入了重大行政决策的事项范围。在这个问题上，《广州市重大行政决策程序规定》可以说是一个例外，该规定第七条明确规定了"以下事项不适用本规定：（一）政府规章的制定，地方性法规建议案的拟定；（二）政府人事任免；（三）政府内部事务管理措施的制定；（四）突发事件的应急处理；（五）法律、法规和规章已对决策程序作出规定的其他事项"。根据上述法律规定和各地的实践经验，应将下列事项排除在重大行政决策终身责任追究的事项范围之外。

1. 贯彻上级指示事项

当前一些地方规范文件把上级指示事项也列入重大行政决策事项中，这是极不恰当的。如前文所述，下级机关贯彻上级指示事项本质上还是在执行上级的决策，实质是上级的决策事项，而非本级机关的行政决策事项。虽然下级机关在执行时也有一些“决策”活动，但实质上是在执行环节的能动性的有限发挥，这并不能突破其执行的本质属性。所以，应将“贯彻上级指示事项”排除在重大行政决策事项范围之外。

2. 政府立法类事项

政府立法类事项被一些地方政府规章和规范性文件列为重大行政决策事项，而另一些地方却没有将其列入，可见这一事项是否成为重大行政决策事项实存争议。细分之下，不难看出行政机关在制定规章等规范性法律文件的过程中，必然存在行政决策的行为，而且立法行为往往符合重大行政决策事项的重大特征，按此逻辑，其确属重大行政决策事项。但是，因为《立法法》等相关法律、法规已经对这一行为进行了详细完整的规定，而且实践中制度运作等也已经成熟完善，因此不应将此类事项再纳入重大行政决策制度中进行调整，否则，会引起立法冲突等问题。

3. 政府工作报告类事项

很多地方将政府工作报告作为重大行政决策事项，并郑重地纳入此项制度的调整范围，这是有问题的。因为政府工作报告是各级政府在人民代表大会会议上向大会主席团、与会代表汇报政府工作的一种沟通形式。其实质是一种公文形式，仅仅起到便捷沟通交流的作用，本身并没有对相关群体的利益进行重新分配。当前，我国政府工作报告的内容通常包括年度工作回顾总结、当年工作的计划和目标、政府自身建设与其他方面。其中工作回顾总结部分的事项已经完结，不需再行决策，仅仅是向权力机关进行工作汇报。而当年工作的计划和目标部分还停留在计划阶段，或仅仅是对自身动机的说明，并没有进入实质的决策程序。由于政府工作报告类事项仅具有公文形式意义，并不会对相关群体利益造成实质性的影响，因此应将此类事项排除在重大行政决策事项之外。

4. 行政机构内部事务和人员管理类事项

在地方立法实践中，很多省份将行政机构内部事务和人员管理等事项纳入重大行政决策事项的范围之内，这与重大行政决策的性质和要求是不相符的。因为行政机构内部事务和对内部人员的管理虽然影响重大，但毕竟是行政机关的内部行为，是行政机关管理的“自留地”，与公众利益并不密切。而且，这类事项在实践中一般也无须公众参与、专家咨询等，没有人比行政机关内部人员更熟悉机关事务了。所以，这类事项应被排除在重大行政决策事项范围外。

5. 应急类事项

从理论上讲，有关突发事件应对的决策符合重大行政决策事项的特征，但应对突发事件往往要求决策者快速反应，效率优先，具有特殊性，而且《突发事件应对法》等专门法律也对此做了明确的规定，并在实践中形成了一套成熟完善的制度运行模式，因此该类事项也不宜列入重大行政决策事项范围内。

综上所述，重大行政决策责任追究事项，是指在本行政区域的经济社会发展中，作出的事关广大人民群众切身利益的重大行政决策，关系较大范围群众切身利益调整的重大行政决策，涉及较多群众切身利益并被国家、省、市、县拟定为重点工程的重大项目决策，对涉及相当数量群众切身利益的重大改革决策，以及其他具有全局性、长远性的重大行政决策，存在违法、失误或者违反法定决策程序，应当予以责任追究的事项。

第六章

重大行政决策终身责任追究的适用情形

重大行政决策终身责任追究实际上包含了“责任认定”和“责任追究”两个关键环节，其中责任认定是责任追究的前提，而责任追究则是责任认定的结果。在重大行政决策责任的认定中，首先需要根据行政决策活动的特点，选择科学的归责原则，在此基础上才能确定责任追究事由，即重大行政决策责任追究的适用情形。重大行政决策责任追究的情形，是指在重大行政决策活动中出现哪些结果或行为时，需要启动重大行政决策责任追究程序，追究相关责任追究对象的责任。

一、重大行政决策责任追究情形的现行规定及其不足

《关于实行党政领导干部问责的暂行规定》第五条将行政决策的责任追究事由概括为“决策严重失误，造成重大损失或者恶劣影响”，采用的是“过错+结果”的归责原则。而在其他一些重大行政决策程序规定或者重大行政决策责任追究办法中，则同时存在着“违法归责”“过错归责”“结果归责”“过错+违法归责”“违法+结果归责”等多元标准，导致重大行政决策责任追究的适用情形差别很大，以至于同样的行政决策行为，

在此地要被追究责任，在彼地则不需要承担责任。为了研究我国现行的重大行政决策责任追究事由的规定及其缺陷，下面分别对“重大行政决策程序规定”和“重大行政决策责任追究办法”中的相关规定进行分析。

（一）综合行政决策程序规定中的责任追究情形

从各地制定的相关规定来看，名称有的叫作重大行政决策（重大决策、重大事项决策）程序规定或规则，如《重庆市政府重大决策程序规定》《天津市人民政府重大事项决策程序规则》《浙江省重大行政决策程序规定》《江西省县级以上人民政府重大行政决策程序规定》《内蒙古自治区重大行政决策程序规定》等，有的则叫作行政程序规定或办法，如《湖南省行政程序规定》《山东省行政程序规定》《江苏省行政程序规定》《宁夏回族自治区行政程序规定》等。下面，仅选取其中的15部由省级地方政府制定的规章或规范性文件作为分析样本，对其中的重大行政决策的责任追究事由加以比较（详见表6-1）。

表6-1　重大行政决策程序综合规定中的责任追究情形比较

重大行政决策程序综合规定中的责任追究情形	省区市
1. 违反重大行政决策程序规定，导致政府重大决策失误	重庆、青海、甘肃、湖北、江西
2. 对重大行政决策以及停止执行、暂缓执行或者调整重大行政决策的决定，拒不执行、拖延执行或执行偏离决策方案	云南、青海、宁夏、内蒙古、甘肃
3. 决策执行机构违反本规定，导致政府重大决策不能全面、及时、正确实施的	重庆、甘肃、贵州、江西
4. 未履行决策程序作出的决策	云南、上海、辽宁、内蒙古
5. 依法应当作出决策而不作出决策，玩忽职守、贻误工作的	江西、宁夏、内蒙古
6. 未经合法性审查或者审查不合法	广西、江西、内蒙古
7. 未经集体讨论作出决策	广西、江西、内蒙古
8. 参与重大决策的机构和人员违反保密规定的	贵州、浙江
9. 违反重大行政决策程序，应当听证而未听证，导致决策错误的	广西、江西
10. 应当风险评估而未评估	广西
11. 无正当理由不按时、按要求以认真负责态度照规定完成相关事项，提供相关意见	贵州

续 表

重大行政决策程序综合规定中的责任追究情形	省区市
12. 决策严重失误造成重大损失、恶劣社会影响	浙江
13. 依法应当作出决策而未作出决策，或者应当及时作出决策但久拖不决	云南
14. 执行当中发现重大问题故意瞒报、谎报的	云南
15. 在履行重大行政决策程序中弄虚作假的	云南
16. 提供重大事项决策决定的方案违反法律、法规、规章规定的	天津
17. 提供重大事项决策决定的事实有重大出入的	天津
18. 提供重大事项决策决定的依据错误的	天津
19. 有关机构审核不严，失职、渎职的	天津
20. 未按法定权限或程序报请决策的	天津
21. 其他导致决策违法的情形	天津

通过上表可以发现，在15个分析样本中，除《上海市重大行政决策程序暂行规定》之外，其余14个样本均列举了重大行政决策责任追究的情形，只是数量不等。这里，有几个问题需要注意：一是各地采用的归责原则不同，有的是“违法归责”原则，有的是“过错归责”原则，有的则是“结果归责”原则。二是责任追究的事由不尽相同，差别较大。三是有的分类并不十分科学，甚至所列举的内容在逻辑关系上存在着包含与被包含的关系。例如，“违反重大行政决策程序”或者“未履行决策程序作出决策”这一项，就包含了“未经合法性审查或者审查不合法”“未经集体讨论作出决策”“应当听证而未听证”“应当风险评估而未评估”“未按法定权限或程序报请决策的”等5项内容。

（二）行政决策责任追究专门规定中的责任追究情形

关于重大行政决策责任追究的专门规定，主要有《四川省重大行政决策责任追究暂行办法》《西安市重大行政决策责任追究暂行办法》《武汉市重大行政决策责任追究暂行办法》《南昌市人民政府重大行政决策责任追究办法》。上述这些重大行政决策责任追究办法尽管制定时间有先有后，但都规定了行政决策责任追究的适用情形（详见表6-2）。

表6-2　行政决策责任追究专门规定中的责任追究情形比较

环节	比较	四川省	南昌市	武汉市	西安市
前期工作阶段	相似	在重大行政决策事项方案起草、决策等过程中，有玩忽职守、弄虚作假、徇私舞弊、贪污受贿等违法行为		决策前不进行认真调查研究，主观臆断、盲目决策	制定重大行政决策事项方案时未认真进行可行性研究，或者未按规定提供决策备选方案
	不同			重大行政决策事项起草过程中有其他违法违规行为	对列入政府年度重大行政决策目录的重大事项，未按规定提请政府审议或者擅自决策
公众参与阶段	相似	未按照规定处理公民、法人或者其他组织提出的意见；未按照规定举行听证会	未按规定听取意见；应当听证而未听证作出决策	无正当理由，未按照规定履行公众参与；对公众和其他行政机关合理意见未予采纳	未按决策事项涉及范围，征求相关部门或社会意见；对城市规划、城市交通、生态环境、文化教育、医疗卫生、公共服务价格调整等关系群众切身利益的重大行政决策事项方案，未按规定预公开征求社会意见；涉及经济社会发展规划、城市规划、土地及资源利用、生态环境、产业发展、重大改革举措、重要资源配置和政府重大建设项目等涉及面广、专业性和技术性较强的重大行政决策事项方案，未按规定开展衔接协调、公开咨询、专家论证
	不同	法律、法规、规章规定的其他情形	未如实将听取意见情况向政府报告		
专家论证阶段	相似	未按照规定组织专家论证		无正当理由，未按照规定履行专家论证	涉及经济社会发展规划、城市规划、土地及资源利用、生态环境、产业发展、重大改革举措、重要资源配置和政府重大建设项目等涉及面广、专业性和技术性较强的重大行政决策事项方案，未按规定开展衔接协调、公开咨询、专家论证

续 表

环节	比较	四川省	南昌市	武汉市	西安市
	不同	在论证过程中弄虚作假;法律、法规、规章规定的其他情形		选择与重大行政决策事项有直接利害关系或者可能影响客观公正的专家、专业机构进行咨询论证;对专家咨询论证意见未予采纳	
风险评估阶段	相似	未按照规定开展风险评估		无正当理由,未按照规定履行风险评估	重大行政决策事项方案未按规定进行社会稳定风险评估
	不同	未按规定处理风险评估结论;法律、法规、规章规定的其他情形		对第三方评估报告合理意见未予采纳	
事项审议与合法性审查阶段	相似	未按照规定进行合法性审查的;经合法性审查认定不合法,作出决策	未经合法性审查或者经审查不合法作出决策	未履行合法性审查程序	未经合法性审查或者经审查不符合法律、法规规定仍提交会议研究
	不同	法律、法规、规章规定的其他情形		未按照规定审核重大行政决策起草单位报送的重大行政决策事项有关材料,把关不严;经审查发现问题没有提出而提请政府审议;对不同情形的决策草案未按照规定提请政府审议或者退回决策起草单位;需报请上级机关批准、向人大及其常委会报告或者提请审议决定的重大行政决策事项,未按照有关规定办理;重大行政决策事项审议会议办理、合法性审查等过程中有其他违法违规行为	未认真履行审核职责,导致不符合提交会议审议条件的重大行政决策事项提会审议;未按规定做好重大行政决策事项审议会议记录、形成会议纪要印发会议组成人员和有关行政机关,或者未按规定形成、保存政府重大行政决策会议档案;重大行政决策事项审议会议办理过程中有其他违法违规行为

续　表

环节	比较	四川省	南昌市	武汉市	西安市
决定阶段	相似		未经集体讨论作出决策	应履行集体讨论程序而未履行	重大事项未按规定集体审议或者按照议事规则应当由领导集体讨论决定的重大事项，以传阅、会签或者个别征求意见等其他形式替代集体审议和会议表决
				提请政府审议时提供的重大行政决策事项有关材料不准确、弄虚作假	提请政府审议时，提供虚假资料
		未按法定权限、时限、程序作出决策		依法应当决策而不决策或者不及时决策；超越法定权限决策	超越权限决策
		未按照规定对会议决定过程进行记录		未按照规定做好重大行政决策事项决策会议记录，或者未按照规定形成和保存重大行政决策事项决策会议档案	
		法律、法规、规章规定的其他情形		违反法律、法规、规章或者上级机关依法作出的相关规定决策	违反法律、法规或者政府决定、命令决策；在重大行政决策中有其他违法违规行为
	不同				研究重大事项，未按规定做好会前协调等准备工作；研究决定重大事项的会议，未按规定达到半数以上领导集体成员到会
执行阶段	相同		执行不力，导致重大决策不能正确执行	决策实施单位履责不力，导致重大行政决策不能正确执行	

续 表

环节	比较	四川省	南昌市	武汉市	西安市
决策后阶段	相似	未按照规定组织重大行政决策后评估		应当履行决策后评估程序而未履行	
	不同	未按照规定在政府网站或者公众媒体向社会公开重大行政决策的事项、依据和结果；法律、法规、规章规定的其他情形		决策后评估报告建议停止执行，决定继续执行	
其他情形	相似	重大行政决策造成重大损失或者恶劣影响		重大行政决策中有其他违法违规、不作为或者严重失误	
		法律、法规、规章规定的其他追究责任的情形			政府重大行政决策事项承办过程中有其他违法违规行为
	不同	公民、法人或者其他组织投诉、检举、控告重大行政决策存在违法事实		对拟决策事项存在重大意见分歧但不主动进行协调；发现决策错误、失误或者失当，可纠正而未及时纠正	相关部门意见分歧较大的重大行政决策事项方案，未按规定进行协调；因重大行政决策失误而导致行政行为在行政复议中被撤销或确认违法，或者在行政诉讼中败诉；在查处安全事故、破坏生态环境、腐败案件等执纪执法工作中，发现存在重大行政决策失误问题；在其他工作中发现存在重大行政决策失误问题

通过上面的比较可以发现，不同地方制定的重大行政决策责任追究办法中均列举了责任追究的情形，而且制定时间越晚，规定的也就更加详细。所选取的4个样本中，时间最早的是2011年1月1日起施行的《南昌市人民政府重大行政决策责任追究办法》，规定的内容相对比较笼统。剩下的3个样本都在2015年之后，列举的责任追究事由则比较详细，而且贯穿重大行政决策的全过程，具体包括前期工作阶段、公众参与阶段、专家论证阶段、

风险评估阶段、合法性审查阶段、讨论决定阶段以及决策后的执行阶段等各个环节。尤其是《武汉市重大行政决策责任追究暂行办法》，还专设一章规定了“责任追究的情形”。需要指出的是，由于各地采用的归责原则不同，认定标准不一，重大行政决策责任追究的情形也有所不同。

（三）现行规定中存在的主要问题

近几年来，地方各级政府在重大行政决策责任追究制度建设方面进行了深入探索和不懈的努力，在地方立法中积累了有益的经验，并在实践中取得了明显的成效。但是，由于种种原因，现行的关于重大行政决策责任追究情形的规定还存在着一些明显的问题。概括起来，主要表现在以下几个方面：

1. 现有的相关规定位阶较低，适用范围有限

目前，我国已经初步形成了以党内法规和地方政府规章及规范性文件为主，国家层面的法律、法规为辅的规范体系。然而，现有的关于重大行政决策责任追究情形的规定，或者是省、市两级政府制定的政府规章，或者是不属于法律范畴的其他规范性文件，不仅在法律体系中位阶偏低，缺乏必要的权威性，而且只能在某个特定的行政区域内适用，其作用也是十分有限的。

2. 采用的归责原则和标准有所不同

归责原则主要有两类：过错归责原则和无过错归责原则。过错推定原则作为过错原则的一种特殊形式，依然以过错为根据，只是将举证责任倒置，而违法归责原则属于过错客观化的结果，实际上是过错归责原则在公法的具体表现。重大行政决策终身责任追究制度的功能在于惩戒和预防，涉及法定责任追究主体与公务人员之间的内部关系，要求责任追究对象为意志自由下的过错行为负责，因此应当以过错归责原则为主。就目前各地制定的相关规定来看，归责原则可以说是差别较大。例如，有的归责原则是“过错归责”或“过错推定归责”，有的归责原则是“违法归责”，有的归责原则是“结果归责”，还有的则是“违法＋过错＋结果”归责。归责原则不同，导致责任追究的范围有着较大的差异。

3. 重大行政决策责任追究的事由和范围差异较大

同样属于重大行政决策责任追究的规定，但责任追究的事由和范围则存在着较大的差异。有的追究事由仅限于违反法定决策程序，有的则强调行政决策失误，还有的既包括违反法定决策程序，也包括决策严重失误，甚至还包括决策失当以及怠于履行决策职责的“不作为”。由于法律规定不统一，责任追究的范围有大有小，以至于出现了这样的情况：同一种情形，有的地方需要追究责任，有的地方则不属于责任追究情形。其结果，不仅在行政公务人员之间造成了不公，也严重影响了重大行政决策责任追究的严肃性。

二、重大行政决策失误

决策建立在对未来事务判断的基础上，往往伴随着一定的风险，再加上受到主客观因素的影响，决策失误是不可避免的。但是，行政决策失误，尤其是重大行政决策失误，往往会造成巨大的经济损失，贻误甚至阻碍地方的经济社会发展，并引发党群、干群危机，影响政府权威和政治社会稳定。正如国家审计署前审计长李金华所说的，“有些决策失误比贪污腐败更可怕”。这就要求我们，一方面要健全科学、民主、依法决策机制，规范重大行政决策程序，尽可能减少或避免行政决策失误，另一方面，还要通过重大行政决策责任追究制度，使有关责任追究对象受到相应的谴责和制裁。

（一）重大行政决策失误的构成要件

行政决策失误是指行政决策偏离科学有效配置资源以实现公共利益最大化目标的行为现象，包括客观决策失误和主观决策失误两大类。“所谓客观决策失误，是指决策主体由于受到有限理性的限制而无法对决策所包含的事实作出正确的判断，从而不可能按照‘帕累托最优’原则作出完全理性的选择；所谓主观决策失误，是指决策主体由于受到自利性的驱使而利用决策权实现私人利益或小团体利益，从而使得公共决策背离公共利益和公共价值的目标。”[①]

从字面上看，重大行政决策失误就是决策主体依照决策程序，在其职权范围内作出了重大行政决策，虽然不违法，但决策效果不理想，从而对公民、组织和公共利益造成了较大的损害。在现实生活中，哪些情形才算重大行政决策失误？总的来讲，可以从三个方面考察：一是重大行政决策是否符合人民群众的根本利益。不符合人民群众的根本利益，甚至严重损害公共利益的，即为重大行政决策失误。二是重大行政决策者是否存在过错。重大行政决策失误一般由过失引起，但这并不能排除故意导致的失误情形，主观上的故意和过失应当作为判断重大行政决策失误的主要衡量标准。三是重大行政决策是否造成损害结果。一般来讲，行政决策失误都会在客观上造成损害结果，这种结果是实际的、具体的，而不是臆想虚构的。具体来讲，重大行政决策失误需要具备下列构成要件。

1. 主体要件

重大行政决策失误的主体即重大行政决策的主体，主要包括县级以上行政机关及其工作人员。重大行政决策主体享有的重大行政决策权，是由相关法律、法规和规章予以明确规定的，这些主体对于相关的政策资源和利益配置有着决定性的作用。作为重大行政决策的主体，其决策行为将直接影响重大行政决策的成败，其运用公共权力对公共决策资源进行的调整和配置，以及对相关政策的最终施行都将具有重要作用。在某种程度上，这种决策权可以使其所关注的利益要求实现公共化，这种公共化是以国家意志和社会性权威作为支撑来体现的。综观我国各地关于重大行政决策的规范性文件，对于重大行政决策主体的规定，一般包括两类，一类是承担重要领导责任的决策部门领导人，另一类是承担主要领导责任的直接负责人。具体来讲，决策部门领导人对其管辖范围内的重大决策事项，在决策过程中应尽到忠实谨慎的义务，未尽义务而导致违法决策、不当决策，应承担相应的决策责任；决策的直接负责人在其直接负责的重大行政决策范

① 陈国权、周盛：《决策腐败及其基于决策过程控制的治理》，《浙江大学学报》（人文社会科学版）2012年第1期，第131—139页。

围之内，如果出现违法决策、决策失误，应当根据其对决策失误所起的作用大小承担相应的责任。[①]

2. 行为要件

重大行政决策失误的认定，必然要归结到重大行政决策的行为上去，因为，只有重大行政决策行为的存在，才会导致决策失误。这种行为的表现形式是多种多样的，如违反民主决策原则实行独断孤决，以及不顾实际情况而盲目决策等，并因此给国家和人民带来损失。在考察决策行为时，还应注意决策合法不合理的情形，即决策虽然符合法律规定，具有合法的决策形式，但存在明显的失当，这种失当决策往往不具有违法性，但因为失当所带来的损失也是不可小觑的，因此也应当承担相应的决策责任。此外，还应注意的是，对于重大行政决策行为，不是一出现失误就必须追究，而是应当综合判断失误行为作出时的出发点以及造成的后果，即应当建立包含容错纠错机制的重大行政决策失误追究机制。否则，决策者动辄得咎，则不利于充分发挥决策权应有的对社会发展的促进作用。

3. 主观要件

一般来说，重大行政决策失误的出现，其决策主体主观上都存在不同程度的过错。过错的形式主要有两种，即故意和过失。决策主体的过错程度，应当作为判断一个重大行政决策是否失误的重要标准，并以此选择与其过错程度相适应的责任及其承担方式。如有的重大行政决策主体，在决策时独断专行，不经民主表决，实行决策一言堂、武断决策，责任意识极为淡薄。再如有的决策者，在决策时未充分收集相应的决策信息，“想当然”地决策，或者虽然相应的决策论证结果显示决策风险较大，但轻信能够以自己的决策经验予以避免。对于这种因为自己的过失导致的决策失误，及应当注意到决策存在的风险而没有注意到，或者虽然注意到了，却轻信可以避免的决策，即为过失决策，属于明显的决策失误。

① 周叶中：《论重大行政决策问责机制的构建》，《广东社会科学》2015年第2期，第222—235页。

4. 结果要件

结果要件指的是重大行政决策失误所导致的损害结果。损害结果主要有两方面，既包括对国家社会公共利益以及相关人的合法权益造成的不良影响，也包括违反了决策纪律、决策程序、未依职权进行决策，但未造成前述不可逆的客观危害之结果。这里重点分析前一种损害结果，它分为事实性的客观损害和主观损害两类。客观损害主要是指，因为重大行政决策失误，导致国家财产利益、人民经济利益受到的损害，因为重大行政决策往往具有全局性、战略性、高成本性的特点，这种客观损害、经济损失往往是巨大的。主观损害主要是指因为重大行政决策失误，致使政府形象受损，人民满意度下降，重大行政决策的范围越广，社会关注程度就会越高，造成的损害也会越严重。需要注意的是，这种损害结果应当是已经发生了的，或者即将发生，具有发生上的已然性和必然性，而不是主观臆想推测与毫无科学根据的猜想。[①]

5. 因果关系

在对重大行政决策失误进行责任追究中，决策行为本身与损害结果的发生之间应当存在着客观的引起与被引起的关系，即两者之间存在因果关系。行政决策失误“包括两种状态：其一是行政决策错误，行政执行错误，即执行的依据错误，执行的方式方法以及其他程序也出现错误。……其二是行政决策错误，行政执行正确”[②]。认定重大行政决策失误的因果关系时，应采取相对宽泛的认定标准，就是一旦出现了重大行政决策失误行为，又引发了相应的不良损害后果，如果决策者不能够举证说明两者不存在相应的因果关系，那么就应当确认因果关系实际存在。在这个基础上，再进一步考察其他的因果关系构成，最终确定相互的因果关联程度。[③]

---

① 关保英、杨福韬:《政府决策失误的责任追究探讨》,《福建公安高等专科学校学报》2007年第2期,第87—91页。

② 王义国:《重大行政决策责任追究制度研究》,《山东行政学院学报》2017年第2期,第60—64页。

③ 王康美:《政府责任追究制与决策科学化》,《辽宁行政学院学报》2005年第6期,第17—18页。

（二）重大行政决策失误的基本类型

重大行政决策失误的责任追究必然要落实到具体的失误行为，即行政决策行为上，并以之为基础性条件。概括起来，重大行政决策失误主要有下列几种类型：

1. 独断型行政决策失误

决策是行政职权行使过程中的第一个环节，除此之外还包括执行、咨询、反馈等一系列相互联系与制约的若干个基本环节。但决策环节，无疑在整个行政职权的行使过程中，具有引领性的决定意义。因此，西方众多法治发达国家都十分重视制定相关的法律调控制度，对决策行为进行严格的法律控制。例如，《美国联邦行政程序法》中就规定，决策之前应当保证有一个听证程序的必经流程。这种决策听证程序，主要是指行政决策行为在作出之前，必须有充分且广泛的社会参与。这个社会参与不是可有可无的，它被作为正式的法律行为来对待。也就是，相关决策主体在进行行政决策之前，必须听取社会呼声、公众意见，这是必经之步骤，而不能任意进行选择。在我国，对于各级行政机关的行政决策过程也有民主化、科学化的程序性要求。但是，由于行政权力高度集中，一把手说了算的“一言堂”决策还不同程度地存在，而这种决策导致的失误，即是独断型行政决策失误，就其本质来说，这种独断决策是在行政决策时对民主原则的违反。①

独断型决策对民主原则的违反，主要体现在：一方面，决策主体在进行相关行政决策时只局限于行政系统的内部，而系统以外的社会系统则被排除在外。行政系统本身相比于更加广大的社会系统而言相对封闭，这就导致了即使某一个行政决策关乎社会公众、公民团体、企事业组织的相关利益，但决策者却不予以考虑，生生地将行政决策与社会之间的紧密联系予以切断，甚至出现走向两个对立面的情形。众所周知，行政决策权属于

① 张淑芳:《行政决策失误的责任追究探讨》,《苏州大学学报》(哲学社会科学版)2013第6期,第61—69页。

公权力，且是对社会影响甚巨的一项权力，它在天然的属性上与社会系统是相互连接、紧密结合的。也就是说，一方面，它存在于社会系统的大环境中，它的存在价值和有效运作也都离不开社会系统。另一方面，行政决策本身又是行政主体通过其所在的行政系统内部的相关程序所作出的一个行为。[①]一般情形下，作出行政决策的程序机制具体有两种，即委员会式的行政决策与行政首长式的行政决策。前者在作出重大行政决策时，一般要有一个广泛而充分的民主集体讨论，讨论之后根据少数服从多数原则形成一个最终的行政决策。后者在作出重大行政决策时，虽然最终的判断和决策权掌握在行政首长手中，但在决策之前，也要经过民主讨论集体表决等步骤，即要求行政首长充分了解组织其他成员对该项行政决策的态度和意见以作参考。这种参考不是可有可无的，它在本质上既是民主决策科学决策的保障，又是对行政首长决策权的一个制约。毋庸置疑，如果进行决策的行政首长或者行政决策的直接负责人在作出行政决策时独断专行，不遵守合议原则，甚至固执己见地排斥其他成员的决策意见，这种决策就是独断型行政决策。实践证明，决策程序违背民主原则，或者独断专行，这样的决策也更容易导致决策失误。

2. 政绩型行政决策失误

每一个行政决策都必然与一定的社会公共利益相对应，所以行政决策也可以说是一种社会决策。如前所述，决策的行政系统与社会系统存在天然的连接，并以之为基础。就行政决策本身与社会系统的关系来看，西方国家在这个问题上经历了不同的发展阶段。首先是红灯理论阶段。从这个形象的比喻中就可以看出，政府在进行对公共利益影响较大的行政决策时应当小心、谨慎，而不是过多决策、乱决策，认为决策越多越好。恰恰相反，政府应当保证私权范畴固有的安宁，不进行过多干预。其次是绿灯理论阶段。由红转绿，体现了观念的转变。作为行政决策主体的政府可以通过其相应的行政行为来影响和引导社会发展，甚至是一向不被打扰的私权

① 梁仲明：《论中国行政决策机制的改革和完善》，《西北大学学报》（哲学社会科学版）2003年第8期，第90—96页。

范畴，在必要时也可以予以渗透。但渗透的必要性应当由比较严格的法律规范来约束，严密论证、谨慎小心依然十分必要。再者就是黄灯理论。行政系统在为社会作出广泛的行政决策的同时，在考虑私权的基础上，必须为公众提供广泛的公共服务。黄灯理论的基本思想已然具有现代福利国家理念的某些合理因素。[①]除了上述三种理论之外，比较有代表性的理论还有行政公共服务外包理论和契约化理论。从中可以看出，后一个理论通常是在否定前一个理论的基础上发展起来的，大体上有一个否定、肯定、否定的发展脉络。如一开始采取的是严格有限策略，然后发展为行政决策泛化，再发展为通过理性机制予以连接的行政决策与社会模式。

在行政决策泛化的背景下，政府官员容易产生提升政绩的冲动，由此带来的后果必然是重大行政决策的范围不断扩大。我国计划经济下的行政决策模式长期以来都停留在绿灯理论的范畴之中，对社会生活过分干预，对社会秩序具有决定性的塑造力。这种强势的政府会有更大的欲望，更多地甚至过分地行使决策权。在某种程度上，对社会事项作出的决策越多，其行政效能在固有的评价体系里所得到的评价也就越高。这样就导致作出行政决策的数量与政绩的大小挂钩，两者有了这种错误的连接，政绩观自然容易出现偏差。政府为了创造政绩，便将行政决策的根本宗旨，即为社会创造效益的本质要求抛诸脑后，大量而又任意地作出行政决策。在这种情况下作出的决策，很少能够从社会的实际需要和公共利益出发，由此导致的决策失误也是不可避免的。这种决策失误类型，即是政绩型行政决策失误。

3. 经验型行政决策失误

既然决策是做选择，那么行政决策也必然要进行选择。在作出行政决策时，针对决策的事项，往往存在几个待选的决策方案。这些方案因为出发点和视角的不同，侧重点必然有所不同，实施之后产生的社会效果也注定存在差异。于是，摆在决策者面前的一个重要任务，就是从这些方案中选出一个最佳的、最符合社会公共利益的决策方案。行政决策方案，与社

① 赵丰：《公务员责任终身制的顾虑》，《人民论坛》2012年第15期，第5页。

会事务、公共利益息息相关，而后者有其固有的复杂性和价值取向性，故行政决策方案的选择也因此而具有一定的复杂性，尤其是重大行政决策，难度较之一般决策要大许多。正是由于存在一定的复杂性和专业性，西方法治比较发达的国家在规定行政决策主体进行决策时，要求决策过程必须遵循民主化和程序性，以保证行政决策的科学合理性。①近年来，民主决策、科学决策、合理决策的呼声越来越高，但什么才是真正科学合理的决策，却众口不一。笔者认为，科学合理的决策过程应该有几个必要的构成要件。首先，应当对所有的决策方案进行最大限度的列举和比较，即使是相互矛盾的决策方案也不妨摆在一起考量；其次，这些列举的决策方案都应该有一个适当的论证过程来支撑，论证的过程应当符合科学原理，将各个方案的优缺点写明，而不是想当然；再者，就是对所有的选择方案来一次大排队，进行编号，分一号选择方案、二号选择方案、三号选择方案等等；最后，在作出行政决策选择时，应该按照相应的位次选择全面的方案，如果必须选择后面的方案，则应当为此选择重新进行一个适当而必要的论证。

西方法治国家基本上都要求行政决策主体在作出行政决策时遵循上述步骤。对于重大行政决策，除了遵循上述要求以外，还有着更为严格的决策程序，以保证决策的科学与合理。举例来说，美国罗斯福总统在推行新政之时，虽然治国经验丰富，执行能力很强，但他还是在理论上寻求决策支撑，最后选定了凯恩斯的赤字理财理论作为决策依据。如果决策者在决策时仅仅凭借自身的决策经验、非理性认知，或者运用简单罗列的形式进行决策，而不寻求相应的科学依据，就作出决策选择的话，这种决策应当被称为经验型行政决策。这种经验型行政决策，虽然具有决策速度快、决策成本低等优点，但其出错的概率也较大，因此而导致的决策失误即为经验型行政决策失误。

① 张一鸣:《领导决策失误责任追究机制研究》,《宁波广播电视大学学报》2000年第2期,第109—115页。

（三）重大行政决策失误的主要原因

在行政管理过程中，重大行政决策失误时有发生，造成了严重的经济损失和负面影响。究其原因，主要有以下几个方面：

1. 政绩观存在偏差

我国长期处在行政决策的数量与政府政绩相挂钩的错误局面之下，行政首长追求政绩，往往从增加行政决策的数量上着手。由于出发点、落脚点都是片面追求行政决策的多少，而不顾客观实际需要、公共利益和民众诉求，大做表面文章，大搞“形象工程”和“政绩工程”，最终并没有带来效益，反而导致国家利益和社会利益受到不应有的损害。

2. 行政决策信息的不完全

行政决策信息是指决策主体在作出行政决策之前，对于要决策的事项、可供选择的可行性决策方案、行政系统内部和社会公众对相关行政决策的态度和意见等一切相关的资料和数据等。行政决策本身存在复杂性，比一般决策难度要大，其所涉及的决策事项也相对广泛，因此关于特定行政决策的相关信息必然是复杂多样并且数量庞大的，决策主体想要获取完全的决策信息，可以说几乎不可能。[①]但一般来说，进行适当的信息采集不单是决策的一个必经程序，而且为作出科学合理的决策提供了保障，但现实中往往存在决策信息采集不充分、信息选择困难等情况。而即使是采集到的有限信息也存在合理运用不到位的情形，这些都导致了行政决策失误。

3. 决策民主化程度不高

虽然决策的民主化要求一直存在，但行政机关层级分明、权力过度集中，导致长官意志的独断专行。在这种情况下，主要领导的个人意见成为重大行政决策的依据，其他决策主体的意见以及专家学者的科学论证却往往流于形式。特别应该指出的是，我国许多地方的听证会制度，往往就是先决策后听证，走过场，有名无实，社会参与程度与科学决策、民主决策

① 袁曙宏：《健全依法决策机制》，《行政管理改革》2014年第11期，第4—8页。

的要求差距悬殊。[①]

4. 行政决策程序不规范

一个科学合理的行政决策并非凭空而来，个人独断型的行政决策有时虽然也会形成比较好的决策效果，但长远来看十分不可靠。长远来看，科学合理的决策，只能依靠科学、规范的决策程序。一般来说，行政决策的作出都有一些必经的决策环节，如提出问题，根据问题列举相应的解决方案和期望达到的决策目标，对各种决策方案的可行性进行论证，选择与执行最佳决策方案，执行之后还要及时进行反馈修正，做好决策后评估等。但就我国目前的情况来看，虽然在相关的规定中已经明确了行政决策程序，尤其是重大行政决策的程序，但整体来看，行政决策程序仍然缺乏严谨的规范和程序，甚至现有的决策程序规定如何真正落到实处，也是一个不容乐观的问题。

5. 缺乏对行政决策活动的有效监督

对行政决策缺乏有效监督，具体表现在四个方面：第一，决策权与监督权的合二为一，一个决策作出以后，又要靠决策主体自身去纠正，这显然不利于决策监督权发挥其应有的效用；第二，偏重于根据决策后果进行事后追惩，忽视了对行政决策全过程的监督，不能及时发现决策中的问题，防范和减少行政决策失误；第三，同体监督虽然效率比较高，但其作用非常有限，国家权力机关、监察机关以及人民群众的监督未能充分发挥作用；第四，对行政决策失误的责任追究制度形同虚设，难以落到实处。不少人认为，在行政决策的过程中出现失误在所难免，如果对所有的行政决策失误行为都进行严格问责，将导致无人敢做决策，违背了决策权发挥其应有的社会效用的宗旨。

（四）重大行政决策失误的认定

重大行政决策失误的认定是一个复杂的问题，至少涉及三个关键要

---

① 印宇鹰：《基层政府重大行政决策法治化研究》，湖南师范大学硕士学位论文，2013年。

素，即认定主体、认定标准和认定程序。考虑到认定主体、认定程序与行政决策违法的认定主体和程序基本一致，这里仅对重大行政决策失误的认定标准加以论述。

在重大行政决策失误的认定标准这个问题上，目前主要有两种不同的观点：一种是从行政决策的出发点来判断，认为重大行政决策的出发点应当是社会公共利益，凡是不以社会公共利益而是以私人利益等为出发点的即为行政决策失误；另一种是从决策执行的结果来考察，认为对社会公共利益造成损害的即为决策失误。笔者认为，上述观点均有其合理性，但不够全面。要判断一项重大行政决策是否失误，应当运用下列标准综合考虑。

1. 重大行政决策项目是否符合人民群众的根本利益

政府行政决策的出发点应当是最广大人民群众的根本利益，但在行政决策实践中，因为相关的决策机制不健全、相关决策监督的缺位以及官本位思想浓重导致的长官独断行为，致使乱决策的现象屡见不鲜，一些不符合实际的形象工程、政绩项目盲目上马，给公共利益带来难以估量的损失。行政决策权本身即带有为人民谋福利的原始基因，党和国家一切工作都应当以人民群众的根本利益为落脚点。这应当成为重大行政决策的决策指南，更是判断一项行政决策是否失误的重要标准。重大行政决策的价值取向如果不符合公共利益、不符合人民群众的实际需求，那就属于重大行政决策失误。[①]

2. 重大行政决策主体是否有过错

重大行政决策主体的过错是指决策者在进行决策的过程中，主观上存在故意或者过失。对于重大行政决策失误行为的可责性以及决策者所承担责任的轻重程度，个人或集体的故意和过失是重要的主观基础和标志。[②]具体而言，故意指的是决策者在履行职务行为时，对相关决策的违法性有明确的认识，但依然违法作出了决策。这在本质上是一种越权、滥权、不

① 应松年:《社会管理创新要求加强行政决策程序建设》,《中国法学》2012年第2期，第38—44页。

② 李晓霞:《行政决策法律责任制的确立和完善》,《理论与实践》2003年第6期，第55—56页。

依法定程序和方式履职的行为，主观恶性比较大。过失指的是决策者在履行职务行为时，对相关决策及其所产生的后果有预见的义务和能力，却要么过于自信，要么疏忽大意而没有预见到。一般而言，这种过失对于违法或者有可能发生的损害后果持否定心理，所以主观恶性较小。在实践中，就决策失误来说，决策者的状态以本可以注意到而没有注意到的居多，对这种心理状态的认定，可以采用过错推定。虽然判断重大行政决策失误时，决策者有无主观过错是重要标准之一，但也应当考虑到决策时面临的复杂性和不确定性。即应在适用本认定标准时适当参照容错机制，而不应死板地套用过错归责原则，应允许重大行政决策者在改革和社会发展的必要限度内的失误。如重大行政决策者没有背离为人民谋福祉的初衷，也遵循了相关规定，且尽心尽力去办事了，这样的情况下出现的失误，则不应过分追究其责任。再者，不可抗力和意外事故等人类无法掌控的客观因素导致重大行政决策失误时，也不应该去过分追究失误者的责任。

3. 重大行政决策失误是否造成了损害后果

一个重大行政决策作出以后，必然会产生相应的后果。对于重大行政决策来讲，无论是在作出时还是在执行的过程中，投入的成本都非常大，乱决策、盲目决策等一系列未经科学论证调研的决策，使项目匆匆上马又匆匆下马，成本投入无法收回，机会成本居高不下，导致决策资源和国家财产巨额损失。如果在重大行政决策作出并执行之后，收到的社会效果与预计效果相差悬殊，甚至是背道而驰或者与初衷相反，即应被视为是重大行政决策失误。重大行政决策的社会效果之好坏，应当作为衡量行政决策是否失误的重要依据。社会效果的评价，应当从多方面考察，包括经济方面、政治方面、社会文化方面，都应该在考察评价的范围内。决策方案的好与坏应当从实际出发，包括实际的效益和影响。重大行政决策是否失误，也要从实际出发，通过实践来检验，这种检验也应当是多方面的、立体的，不能仅仅看到眼前的利益，还应用长远的目光衡量将来的利益，也不能仅仅局限在经济局部，还要看社会整体利益。[①]从长远和整体视角出

① 王仰文：《重大行政决策责任终身追究制度的确立基础与困局突破》，《云南行政学院学报》2014年第5期，第85—88页。

发，所作出的重大决策不能给政治、经济、环境等带来长久的、可持续的、绿色的发展，即使能够满足眼前的利益，也要将它划归为重大行政决策失误。这方面的失误在以GDP为主导的政绩观大行其道之时，表现得尤为明显，以长久的污染换取暂时的繁荣，绝对是严重的重大行政决策失误。从经济学的角度考量重大行政决策失误，是一个科学又可行的办法。花钱少、收效大是包括行政决策在内的人类各项工作的一个内在要求。成本与收益的关系指导着人们的日常生活行为，也应当成为一个必要的考量因素。因为重大行政决策从方案的设计到执行，必然投入了比较大的决策成本，除了人力、物力、财力，也包括相应的机会成本。如果一项重大行政决策投入大、收益少，这样的决策显然也是失当、失误的。

三、重大行政决策违法

重大行政决策违法是指重大行政决策主体实施了违反法律规范的行政决策行为。其构成要件主要包括三个方面：一是重大行政决策违法的主体，必须是行使决策权的主体；二是重大行政决策主体的决策行为违反法律规范，包括行政法律规范、刑事法律规范和党内法规规范；三是违反法律规范须达到一定的程度，即超过了决策不当的程度。根据重大行政决策违法的界定及构成要件，可以将其划分为超越行政决策权限、违反重大行政决策程序、行政决策不作为等基本类型。

（一）超越行政决策权限

根据行政法原理，任何行政机关的职权都是法定的，行政决策权的行使更是如此，甲行政主体不能行使在法律上应当由乙行政主体行使的决策权。换句话说，超越职权范围或者不具有法定职权依据的决策活动不具有合法性，并且属于应当追究违法行政决策责任的范围。

一般认为，“行政越权是行政主体超越其法定行政职权（权限和权能）的违法行政行为”。其中，“权限是法律赋予行政主体完成行政任务时在事务、地域和层级方面的范围界线”。“权能是法律赋予行政主体采取一定方法、手段和措施完成行政管理任务的一种资格。”行政越权主要有“行政权限逾越”和“行政权能逾越”两大类：前者“是指行政主体的行政行为在层次、地域和事务的一方面或几方面逾越该主体职权的情形”；后者“是指行政主体的行政行为超出了其法定权力主体限度的情形”。[①]超越行政决策权限是行政越权的一种类型，同样违反了合法性原则。正因为这样，《重大行政决策程序暂行条例》第七条明确规定：“作出重大行政决策应当遵循依法决策原则，严格遵守法定权限，依法履行法定程序，保证决策内容符合法律、法规和规章等规定。”

行政超越职权与行政滥用职权是两个既有区别又有联系的概念。其联系在于两者的主体都是行政主体，都发生在行政权的行使过程之中。其区别则主要表现在以下四个方面：第一，以行政主体的行政职权为界，行政滥用职权是在行政主体的职权范围内行使权力，违背了法律、法规授权的目的和精神；而行政超越职权则是行政主体超越法律、法规授予的权限，实施了无权实施的行为。第二，行政滥用职权只发生在自由裁量权领域，而行政超越职权则不限于自由裁量权的范围。第三，行政滥用职权的违法形态，绝大多数是作为违法，个别情况下也可以表现为消极的不作为违法，而行政超越职权则只能以积极作为的形态构成。第四，从司法审查的方式来看，对行政滥用职权的审查既要审查行为内容的合法性，又要探究行政主体主观上的动机和目的，而对行政超越职权的审查则主要围绕行为的合法性进行。在行政决策领域，纵向的行政超越权限主要是下级行政机关行使了上级行政机关的决策权，横向的行政超越权限则是一个行政机关行使了另一个行政机关的决策权。

权力法定主义是法治国家奉行的一项基本准则。根据这个要求，包括行政决策主体在内的国家机关，都必须在其职权范围内行使权力。反之，如果行政决策主体超越其法定职权作出重大行政决策，就构成了行政决策违法，就应当依法被追究责任。为此，《深圳市行政决策责任追究办法》第八条第二项专门规定，行政机关在本单位重大事项决策中，“超越权限

---

① 应松年:《当代中国行政法》,中国方正出版社2005年版,第1527—1529页。

决策的”，应当追究行政机关或者有关责任人员的行政责任。《武汉市重大行政决策责任追究暂行办法》第八条，不仅将其限定为“超越法定权限决策的”，而且还加上了决策的后果，即行政决策机关“超越法定权限决策”且“造成决策严重失误或者重大损失、恶劣影响的，应当追究有关人员的责任”。

（二）违反重大行政决策程序

重大行政决策合法，不仅意味着决策主体在其职权范围内作出重大行政决策，而且其决策活动必须符合程序法律规范对决策方式、步骤、顺序、时间的要求。简单来讲，决策方式指的是集体决策与个人决策，决策步骤指的是决策所必须经过的阶段，决策顺序指的是几个环节孰先孰后，决策时间则是时限方面的要求。在行政决策过程中，违反法定决策方式、省略了必需的步骤、决策顺序前后颠倒，以及超出法定的时限等，都是重大决策程序违法的表现。

行政程序与行政决策程序是一般和特殊的关系。行政程序是行政主体实施行政行为时所应遵循的方式、步骤、时限和顺序①，而“行政决策程序是指法律所规定的行政机关及其工作人员制定行动方案并作出选择或决定的方式、步骤、时间和顺序”②。按照不同的标准，可以将行政决策程序分为下列不同的类型：（1）一般行政决策程序、重大行政决策程序和应急行政决策程序；（2）法定行政决策程序和意定行政决策程序；（3）内部行政决策程序和外部行政决策程序等。在行政决策责任追究实践中，不仅需要判断其是否属于重大行政决策，而且还要判断决策主体违反的是法定的行政决策程序还是意定的行政决策程序。只有这样，才能准确地认定和追究相关工作人员的责任，达到重大行政决策责任追究的目的。

根据法律的相关规定，违反重大行政决策程序的情形主要包括：（1）未

① 姜明安：《行政法与行政诉讼法》，北京大学出版社、高等教育出版社2005年版，第365页。

② 杨寅：《行政决策程序、监督与责任制度》，中国法制出版社2011年版，第68页。

按照规定公开征求社会公众意见的或者举行听证会的；（2）未按照规定组织专家论证的；（3）未按照规定开展风险评估的；（4）未按照规定进行合法性审查的；（5）未按照规定经决策机关常务会议或者全体会议讨论的；（6）未按照规定对会议决定过程进行记录的；（7）未按照规定请示报告的；（8）未按照规定进行决策后评估和履行程序就擅自变更或终止的。

行政决策程序的功能在于规范、制约行政决策权的行使，保障和规范公众的参与程序，促进行政决策的科学化、民主化和法治化。1989年4月第七届人大二次会议通过的《中华人民共和国行政诉讼法》，首次将“符合法定程序”作为行政行为合法性的必要条件，正式确立了行政程序法制在中国行政法治中的重要地位。2004年3月国务院发布的《全面推进依法行政实施纲要》明确提出：“完善行政决策程序。除依法应当保密的外，决策事项、依据和结果要公开，公众有权查阅。涉及全国或者地区经济社会发展的重大决策事项以及专业性较强的决策事项，应当事先组织专家进行必要性和可行性论证。社会涉及面广、与人民群众利益密切相关的决策事项，应当向社会公布，或者通过举行座谈会、听证会、论证会等形式广泛听取意见。重大行政决策在决策过程中要进行合法性论证。建立健全决策跟踪反馈和责任追究制度。”2010年10月，国务院《关于加强法治政府建设的意见》进一步要求，“坚持依法科学民主决策”，“规范行政决策程序”。2014年10月党的十八届四中全会通过的《中共中央关于全面推进依法治国若干重大问题的决定》再次强调：“健全依法决策机制。把公众参与、专家论证、风险评估、合法性审查、集体讨论决定确定为重大行政决策法定程序，确保决策制度科学、程序正当、过程公开、责任明确。”根据上述要求，国务院于2019年4月制定了《重大行政决策程序暂行条例》，以“行政法规”的形式专门规定了县级以上地方人民政府重大行政决策的作出和调整程序。

（三）行政决策不作为

“从词源上来看，行政决策不作为包含‘行政决策’和‘行政不作为’两层含义，是行政决策领域的行政不作为。法定的行政决策主体如果未依据法定程序及时作出其依法应当作出的行政决策即构成行政决策不作为。”[①]《重大行政决策程序暂行条例》第三十八条规定中的“依法应当及时作出决策而久拖不决”，就属于行政决策方面的不作为。就其表现形式来看，行政决策不作为是行政决策主体没有就某一项行政事务作出决策，具体表现为决策结果未形成或者未完全形成。实质上，则是行政决策主体对其应当履行的行政决策权的放弃或者懈怠履行其法定的行政决策职责。

行政决策不作为是行政不作为的一种类型，两者之间是特殊与一般的关系，因此，在论述行政决策不作为这一特殊现象之前，应当首先分析一下行政不作为的内涵和特征。目前，我国行政法学界关于行政不作为的界定主要有以下几种代表性观点：一是从“法定职责”的角度进行界定，即“行政不作为是行政机关不履行法定职责的行为”[②]；二是从“程序”的角度进行界定，即“行政不作为是行政主体负有作为的法定义务而在程序上消极的不为状态”[③]；三是从“特定的法律义务”的角度来界定，即“行政不作为违法是指行政主体负有积极实施法定行政作为的义务，并且能够履行而未履行的行政行为状态”[④]。由此可见，行政不作为是一种独立的行政行为状态，行政不作为违法以行政主体没有履行法定职责中的作为义务为必要条件。这里所说的“没有履行”，不是因为客观原因不能履行，而是行政主体自身有履行能力，但它因主观上的错误而未履行，或者故意拖延履行。

行政决策不作为违法是行政不作为违法在行政决策领域的具体表现。就其构成要件或判断标准来看，主要有三：其一，行政主体及其工作人员具有法定的行政决策作为义务。行政决策不作为违法，须以法定的行政决策义务为前提，即依法应当作出相应的行政决策。其二，行政决策主体具

① 陈咏梅：《行政决策不作为法律责任追究之正当性及其法治进路》，《太原理工大学学报》（社会科学版）2017年第4期，第64—68页。

② 黄曙海：《行政诉讼法100问》，法律出版社1989年版，第79页。

③ 周佑勇：《论行政作为与行政不作为的区别》，《法商研究》1992年第5期，第74—78页。

④ 胡建淼、朱新力：《行政违法问题探究》，法律出版社2000年版，第243页。

有作为的可能性。行政决策不作为违法，应以决策主体存在过错为主观要件。“从肯定角度来看，行政主体的主观过错表现为故意不作为和过失不作为两方面……从否定角度来看，行政主体的主观过错表现为不具备阻却作为义务履行的法定事由时行政主体不作为。”[①]其三，行政决策主体没有履行或拖延履行其行政决策义务。所谓不作为，是指以消极的姿态不履行某种法定义务的行为，具体表现为不履行或者拖延履行。其中，不履行是指拒绝、放弃、推诿职责等情形，而拖延履行则是未在规定时限内履行其职责。

在现代法治国家，任何权力都不是绝对自由的权力，行政决策权亦不例外。也就是说，行政机关对行政决策的裁量不应成为其不受规制或逃避制裁的理由，当行政决策主体应当及时决策而未作出决策时，也要承担因行政决策不作为违法而带来的责任。否则，居于领导地位的政府官员出于自我保护的考虑，在遇到“为”或“不为”的两难选择时，就会选择相对安全的不作为，以规避可能的不利后果。目前，行政决策不作为在行政法治实践中已经普遍存在，且已经造成了对行政法治的危害，在这种情况下，研讨行政法治却避谈行政决策，建设法治政府而忽略行政决策问题，必然使得法治面临落空之危机。[②]需要指出的是，行政决策不作为的行为表现及危害后果具有隐蔽性，这就需要一个权威的责任追究主体对其合法性、正当性进行评估，判断行政决策不作为究竟是“不能为”“不应为”还是“不愿为”，具有哪些危害，在此基础上，才能准确地认定和追究相关责任人的不作为责任。

① 胡建淼、朱新力：《行政违法问题探究》，法律出版社2000年版，第251页。

② 参见马怀德：《全面推进依法行政的法律问题研究》，中国法制出版社2014年版，第134页。

第七章

重大行政决策终身责任追究的方式

责任形式即责任追究的方式，是重大行政决策终身责任追究制度的基本构成要素，也是责任追究对象因其违法、失职决策行为而受到惩戒的落脚点。就重大行政决策的责任体系来看，主要包括政治责任、法律责任、纪律责任和道德责任4种类型，每种类型中又包括若干具体的责任形式。在行政决策责任追究实践中，这些不同的责任形式既可以单独适用，也可以合并适用。

一、责任的类型与相关规定

（一）责任的基本类型

“责任概念为具有异质文化和不同传统的人们界定了一套共同的价值标准。”[①]“责”在古汉语中主要有以下几种含义：（1）求，索取；（2）诘

① [美]特里·L. 库珀著，张秀琴译：《行政伦理学：实现行政责任的途径》，中国人民大学出版社2010年版，第11页。

斥，非难，谴责；（3）要求，督促；（4）处罚，责罚，处理；（5）义务，责任，负责；（6）债。现代汉语中的“责任”是从“责”字发展而来的，主要有两种基本含义：一是分内应做的事，如岗位责任；二是没有做好分内应做的事，因而应当承担的过失，如违约责任等。[①] 在英语中，“Accountability 和 Responsibility 在责任之义上可以互为通用”。其中，“Responsibility”是指“一个人对其工作、职位和行为所必须承担的正式责任”，即一般意义上的积极责任；而“Accountability”则是指“当一个人处于某一种特定职位时，公众有权力对其进行批评，而其本人有责任对与其职位有关的所发生的事情向公众进行解释”，含有“非难”的意味，即对工作结果接受评价的义务。[②]

奥地利法学家凯尔森指出：“法律责任（Responsibility/Liability）是与法律义务相关的概念。一个人在法律上要对一定行为负责，或者他为此承担法律责任，意思就是，他作相反行为时，他应受制裁。”[③] 在行政问责理论研究中，可以根据不同的分类标准，将责任划分为以下若干种类型：

一是根据不同的归责原则，将其分为过错责任、无过错责任与公平责任。过错责任又称过失责任，是以过错为归责原则的责任。过错责任意味着“行为人仅对自己的过错行为承担责任”，无过错即无责任。无过错责任又称无过失责任，是不以过错为归责原则的责任，即无论行为人主观上有无过错，都需要按照法律的特别规定对其造成的损害承担责任。也就是说，无过错责任不以行为人的主观过错作为责任的构成要件。需要指出的是，无过错责任是对过错责任的否定，其适用范围必须有法律的特别规定。公平责任又称衡平责任，是民事责任的一种特殊情况，即在法律没有规定适用无过错责任，而适用过错责任又显失公平时，依公平原则由侵害

① 中国社会科学院语言研究所词典编辑室：《现代汉语词典》（汉英双语），外语教学与研究出版社2002年增补版，第2398页。

② Lee Parker, Graeme Gould. Changing Public Sector Accountability: Critiquing New Directions. Accounting Forum, 1999(2), p.117.

③ ［奥］凯尔森著，沈宗灵译：《法与国家的一般理论》，中国大百科全书出版社1996年版，第73页。

人承担的责任。

二是根据责任的功能和目的，将其分为惩罚性责任与补偿性责任。惩罚性责任是以制裁责任人为主要目的，从而起到教育和预防作用，如行政处分和刑事处罚等。补偿性责任是以弥补责任人的行为导致他人受损和正常秩序受破坏为主要目的的责任，如恢复原状、赔偿损失等。惩罚性责任与补偿性责任除了功能和目的不同之外，还存在以下两个明显区别：首先，责任发生的根据不同。惩罚性责任发生的根据主要是责任人的主观过错，在认定和追究责任时虽然也考虑客观损害，但责任的有无与大小主要取决于责任人主观上是否存在过错以及主观恶性程度，客观损害并不是惩罚性责任的必要条件；而补偿性责任发生的根据主要是客观损害后果，即对公民、法人或组织合法权益造成的实际损害。其次，责任的载体不同。一般来讲，责任的载体包括财产、行为、精神和人身四种。惩罚性责任的功能和目的是给责任人造成某种痛苦，从而防止违法行为的再次发生。要达到这种惩罚目的，既可以以人身和财产作为责任的载体，又可以以行为和精神作为责任的载体，而且还可以以责任人的职务身份作为责任的载体；而补偿性责任的功能和目的是恢复遭受破坏的法律关系和法律秩序，这就决定了它必须以财产和行为作为主要的责任载体。在现实生活中，刑事法律责任主要是惩罚性的，民事法律责任主要是补偿性的，而行政法律责任既可以表现为惩罚性责任，也可以表现为补偿性责任。

三是根据责任主体的身份以及引起责任的事实与责任人的关系，将其分为个人责任与职务责任。个人责任，是指行为主体以个人的身份或名义从事活动所引起的责任。职务责任，是指行为主体从事与职务有关的公务活动所引起的责任。

四是根据认定和追究责任的主体，将其分为国家权力机关认定和追究的责任、国家行政机关认定和追究的责任、国家监察机关认定和追究的责任、国家司法机关认定和追究的责任，以及党的纪律检查机关认定和追究的责任。责任追究是由具有法定归责权的专门国家机关和党的纪律检查机关，依照法定程序，对因违法行为、违纪行为或法律规定而引起的责任进行判断、认定、追究和减免的活动。在我国，有权追究行政决策责任的主体主要包括行政机关、监察机关、权力机关、司法机关和党的纪检部门。其中，上级行政机关、纪检监察机关作为责任追究主体，享有较大的责任追究权力，而法院和检察院则主要是通过办理职务犯罪案件，依法追究责任追究对象的刑事责任。

五是根据社会规范的不同层次以及调整社会关系的范围和手段，将其分为政治责任、法律责任、纪律责任与道德责任。政治责任是源于政治义务的责任，即“国家机关及其工作人员所作所为，必须合理、合目的性(合乎政府为人民谋福利、为人民服务的宗旨)，其决策（体现为政策与法规、规章、行政命令等等）必须符合人民的意志与利益。如果政府决策失误或行政行为有损国家与人民利益，虽则不一定违法（甚至有时是依其自订之不合理的法规、规章办事的），不受法律追究，却要承担政治责任”。[①] “法律责任是法定有责主体因违反法律义务由专门国家机关依法追究或主动承担的否定性法律后果”[②]，包括行政法律责任、民事法律责任、刑事法律责任和违宪法律责任，不同法律责任的归责原则和责任形式也有所不同。纪律责任是特定组织的成员因违反组织纪律而应当承担的不利后果，主要包括党纪处分和行政处分等。道德责任则是基于道德义务，并以自责和社会评价为表现形式的责任，具有自觉性、主动性和非强制性的特点。

（二）关于责任形式的一般规定

依法问责是法治原则在责任追究方面的体现。根据这个要求，党政机关工作人员在行政决策活动中应当承担什么样的责任，都必须事先明确加以规定。从法律位阶来看，现有的规定“责任形式”的规范性文件主要有法律、行政法规、党内法规和其他规范性文件（详见表7-1）。

① 郭道晖:《法的时代精神》,湖南出版社1997年版,第468页。
② 朱新力:《行政违法研究》,杭州大学出版社1999年版,第280页。

表7–1 责任追究方式比较

法规名称	责任追究方式	备注
《中华人民共和国公务员法》	谈话提醒；批评教育；责令检查；诫勉；组织调整；处分（警告、记过、记大过、降级、撤职、开除）	第五十七条 第六十二条
《中华人民共和国监察法》	谈话提醒；批评教育；责令检查；予以诫勉；政务处分（警告、记过、记大过、降级、撤职、开除）	第四十五条
《行政机关公务员处分条例》	警告、记过、记大过、降级、撤职、开除	第六条
《事业单位人事管理条例》	警告、记过、降低岗位等级或者撤职、开除	第二十九条
《公职人员政务处分暂行规定》	警告、记过、记大过、降级、撤职、开除	第六条
《中国共产党问责条例》	通报；诫勉（谈话诫勉和书面诫勉）；组织调整或者组织处理（停职检查、调整职务、责令辞职、免职、降职）；纪律处分（警告、严重警告、撤销党内职务、留党察看、开除党籍）	第八条
《中国共产党纪律处分条例》	警告、严重警告、撤销党内职务、留党察看、开除党籍	第八条
《关于实行党政领导干部问责的暂行规定》	责令公开道歉；停职检查；引咎辞职；责令辞职；免职	第七条

1. 法律、法规及规范性文件

目前，规定“责任形式”的法律、法规及规范性文件主要有《中华人民共和国公务员法》《中华人民共和国监察法》《行政机关公务员处分条例》《事业单位人事管理条例》和《公职人员政务处分暂行规定》。其中，《行政机关公务员处分条例》规定，对行政机关公务员的处分有6种，即“警告、记过、记大过、降级、撤职、开除”。《公职人员政务处分暂行规定》中虽然在名称上将“处分”改为“政务处分”，但承担责任的具体形式也是这6种，只是责任追究对象的范围有所扩大。根据《事业单位人事管理条例》第二十九条的规定，“处分分为警告、记过、降低岗位等级或者撤职、开除”。自2018年3月20日起施行的《中华人民共和国监察法》，除了规定上述6种政务处分的责任追究形式，还明确规定了“对有职务违法行为但情节较轻的公职人员，按照管理权限，直接或者委托有关机关、人员，进行谈话提醒、批评教育、责令检查，或者予以诫勉”。同时，“对涉嫌职务犯罪的，监察机关经调查认为犯罪事实清楚，证据确实、充分的，制作起诉意见书，连同案卷材料、证据一并移送人民检察院依法审查、提起公诉”，追究刑事法律责任。2018年12月修订的《中华人民共和国公务员法》第五十七条第二款，规定了“谈话提醒、批评教育、责令检查、诫勉、组织调整、处分”等6类惩戒方式，其中的“处分”则包括了“警告、记过、记大过、降级、撤职、开除”。综上所述，我国法律、法规及规范性文件所规定的责任形式，同时也是行政决策责任追究的形式，共有13种，分别是：谈话提醒、批评教育、责令检查、诫勉、组织调整、警告、记过、记大过、降级、撤职、开除、拘役、有期徒刑。

2. 党内法规及规范性文件

党内法规和规范性文件中最早规定责任追究形式的，是2009年6月30日中共中央办公厅、国务院办公厅联合印发的《关于实行党政领导干部问责的暂行规定》。根据上述规定，“对党政领导干部实行问责的方式分为：责令公开道歉、停职检查、引咎辞职、责令辞职、免职”。此外，受到问责的党政领导干部，取消当年年度考核评优和评选各类先进的资格；引咎辞职、责令辞职、免职的党政领导干部，一年内不得重新担任与其原任职务相当的领导职务。根据《中国共产党纪律处分条例》第八条的规定，对党员的纪律处分种类有5种，分别是警告、严重警告、撤销党内职务、留党察看、开除党籍。自2016年7月8日起施行的《中国共产党问责条例》规定，对党的领导干部的问责方式有4种，即通报、诫勉、组织调整或者组织处理、纪律处分。其中，“组织调整或组织处理”的具体形式有5种，分别是停职检查、调整职务、责令辞职、降职、免职；“纪律处分”的具体形式也是5种，分别是警告、严重警告、撤销党内职务、留党察看、开除党籍。由此可见，《中国共产党问责条例》里规定的责任追究方式实际上多达12种，可以说是目前党内法规和规范性文件中最全面、最详细的规定。综上所述，这12种责任承担方式分别是：通报、诫勉、停职检查、调整职务、责令辞职、免职、降职、警告、严重警告、撤销党内职务、留党察看、开除党籍。上述责任追究方式，可以单独使用，也可以合并使用。

（三）关于行政决策责任形式的特殊规定

专门规定行政决策责任形式的5个规范性文件分别是：《四川省重大行政决策责任追究暂行办法》《云南省重大行政决策终身责任追究办法（试行）》《西安市重大行政决策责任追究暂行办法》《武汉市重大行政决策责任追究暂行办法》《南昌市人民政府重大行政决策责任追究办法》。这些关于重大行政决策责任追究办法中，分别规定了行政决策责任的承担方式，即责任追究形式（详见表7-2）。

表7-2 行政决策责任追究方式比较

规范名称	责任追究方式	备注
《四川省重大行政决策责任追究暂行办法》	批评教育；责令公开道歉；诫勉谈话；停职检查；引咎辞职；责令辞职；免职；纪律处分（警告、记过、记大过、降级、撤职、开除）；刑事责任	第十七条（14种）
《云南省重大行政决策终身责任追究办法（试行）》	通报；诫勉；组织调整或者组织处理（停职检查、调整职务、责令辞职、免职、降职）；政纪处分（警告、记过、记大过、降级、撤职、开除）；党纪责任（警告、严重警告、撤销党内职务、留党察看、开除党籍）；刑事责任	第八条、第九条（19种）
《西安市重大行政决策责任追究暂行办法》	责令作出书面检查；通报批评；诫勉；组织调整或者组织处理（停职检查、调整职务、责令辞职、免职）；纪律处分（警告、记过、记大过、降级、撤职、开除）	第四条（13种）
《武汉市重大行政决策责任追究暂行办法》	诫勉谈话；责令公开道歉；停职检查；调离岗位；引咎辞职；责令辞职；免职处理；纪律处分（警告、记过、记大过、降级、撤职、开除）；刑事责任	第十条（14种）
《南昌市人民政府重大行政决策责任追究办法》	责令作出书面检查；告诫；取消当年评优评先资格；扣发当年奖金；通报批评；行政处分（警告、记过、记大过、降级、撤职、开除）	第五条（11种）

通过上表可以看出，各地制定的关于行政决策责任追究的政府规章或其他规范性文件，对责任追究形式的规定有所不同。主要表现在以下4个方面：一是责任形式的数量不等。上述规范性文件中规定的责任承担方式，最少的有11种（南昌市），最多的有19种（云南省）。二是责任的类别不同。5个规范性文件中，有3个规定了“刑事责任”，还有1个规定了

"党纪责任"。三是责任的内容差异较大。同样是关于行政决策责任追究的规定，有的是"责令公开道歉"，有的是"责令作出书面检查"，有的将"批评教育"作为责任追究的形式，还有的则在责任形式中规定了"取消当年评优评先资格"和"扣发当年奖金"。四是责任形式的表述不统一。对于相同的责任追究方式，1个用的是"行政处分"，1个用的是"政纪处分"，还有3个用的是"纪律处分"。此外，有的是"通报"，有的是"通报批评"，有的是"诫勉"，还有的是"诫勉谈话"。各地制定的相关规定在内容和表述上不统一，导致责任形式复杂多样，这给在重大行政决策责任追究活动中，根据行为人的过错及其后果选择适当的责任承担方式带来了一定的困难，同时，也不可避免地影响到重大行政决策责任追究制度的权威性和有效性。

（四）责任形式的适用规则

从理论上讲，重大行政决策责任的追究应当实现两个目标：第一，使个案中的责任追究对象心服口服，达到惩戒、教育、感化其本人的目的；第二，使潜在的责任追究对象即所有的党和机关工作人员从中受到教育，达到规劝、警示、威慑他人的目的。为了实现上述目标，必须根据责任追究的基本原则和具体适用规则，恰当地选择和运用不同的责任承担方式。

1. 责任承担方式应与违法违纪行为的性质、情节、危害程度相适应

根据过罚相当原则，责任追究对象承担重大行政决策责任，应当与其违法或者违纪的性质、情节和危害程度相适应。在责任追究活动中，既不能轻罪（过）重罚，也不能大责小究，用较轻的处罚形式代替较重的处罚形式，更不能用道德责任代替党纪处分或政务处分，或者用党纪处分、政务处分代替刑事法律责任。为此，《中国共产党纪律处分条例》第四条明确规定："对党组织和党员违犯党纪的行为，应当以事实为根据，以党章、其他党内法规和国家法律法规为准绳，准确认定违纪性质，区别不同情况，恰当予以处理。"

此外，《中国共产党问责条例》第六条还规定："问责应当分清责任。党组织领导班子在职责范围内负有全面领导责任，领导班子主要负责人和直接主管的班子成员在职责范围内承担主要领导责任，参与决策和工作的班子成员在职责范围内承担重要领导责任。”

2. 不同的责任追究方式可以单独使用，也可以合并使用

《关于实行党政领导干部问责的暂行规定》第四条规定：“党政领导干部受到问责，同时需要追究纪律责任的，依照有关规定给予党纪政纪处分；涉嫌犯罪的，移送司法机关依法处理。”由此可见，不同的责任追究方式，不仅可以“单独使用”，而且还可以“合并使用”。

党纪责任、政务处分与刑事法律责任是三种不同性质的责任，在责任追究过程中应当孰先孰后？《公职人员政务处分暂行规定》第七条对这个问题规定如下：一是“从轻到重”。公职人员中的中共党员严重违反党纪涉嫌犯罪的，应当由党组织先作出党纪处分决定，并由监察机关依法给予政务处分后，再依法追究其刑事责任；非中共党员的公职人员涉嫌犯罪的，应当先由监察机关依法给予政务处分，再依法追究其刑事责任。二是“事后追惩”。公职人员中的中共党员先依法受到行政处罚和刑事责任追究的，党组织、监察机关可以根据生效的行政处罚决定和司法机关的生效判决、裁定、决定及其认定的事实、性质和情节，依纪依法给予党纪、政务处分。

对于同一类的责任形式，任免机关、单位和监察机关则不需要重复作出规定。这就是《公职人员政务处分暂行规定》第十九条规定的，“对公职人员的同一违法行为，监察机关已经给予政务处分的，任免机关、单位不再给予处分；任免机关、单位已经给予处分的，监察机关不再给予政务处分”。

3. 责任追究机关在认定和追究责任时可以依法依规行使裁量权

为了准确认定责任追究对象的责任，并在此基础上选择恰当的责任承担方式，《中国共产党纪律处分条例》专门设立“纪律处分运用规则”一章，分别规定了“从轻或者减轻处分”“从重或者加重处分”的概念及其适用情形。根据该条例第二十一条、第二十二条的规定，“从轻处分”是指在该条例规定的违纪行为应当受到的处分幅度以内，给予较轻的处分；“从重处分”是指在该条例规定的违纪行为应当受到的处分幅度以内，给予较重的处分；“减轻处分”是指在该条例规定的违纪行为应当受到的处分幅度以外，减轻一档给予处分；“加重处分”是指在该条例规定的违纪行为应当受到的处分幅度以外，加重一档给予处分。

《行政机关公务员处分条例》这部行政法规也分别规定了“从重处分”“从轻处分”“减轻处分”“免除处分”的法定情形。其中，该条例第十二条规定了“从重处分”的情形，即“有下列情形之一的，应当从重处分：（一）在2人以上的共同违法违纪行为中起主要作用的；（二）隐匿、伪造、销毁证据的；（三）串供或者阻止他人揭发检举、提供证据材料的；（四）包庇同案人员的；（五）法律、法规、规章规定的其他从重情节”。第十三条规定了“从轻处分”的情形，即“有下列情形之一的，应当从轻处分：（一）主动交代违法违纪行为的；（二）主动采取措施，有效避免或者挽回损失的；（三）检举他人重大违法违纪行为，情况属实的”。此外，还在条例第十四条中进一步规定：“行政机关公务员主动交代违法违纪行为，并主动采取措施有效避免或者挽回损失的，应当减轻处分。行政机关公务员违纪行为情节轻微，经过批评教育后改正的，可以免予处分”。

4. 在不违反法律规定的前提下实行“终身问责”

《行政机关公务员处分条例》第五十二条的规定：“有违法违纪行为应当受到处分的行政机关公务员，在处分决定机关作出处分决定前已经退休的，不再给予处分；但是，依法应当给予降级、撤职、开除处分的，应当按照规定相应降低或者取消其享受的待遇。”此外，我国《刑法》则以犯罪的法定最高刑为标准，确定了5—20年的刑事责任追诉时效。

中共十八届四中全会通过的《中共中央关于全面推进依法治国若干重大问题的决定》明确提出了建立重大决策终身责任追究制度及责任倒查机制的要求。2019年9月1日起施行的《重大行政决策程序暂行条例》，也有类似的规定，即“决策机关违反本条例规定造成决策严重失误，或者依法应当及时作出决策而久拖不决，造成重大损失、恶劣影响的，应当倒查责任，实行终身责任追究，对决策机关行政首长、负有责任的其他领导人员和直接责任人员依法追究责任”。《中国共产党问责条例》规定，实行“终身问责”，即“对失职失责性质恶劣、后果严重的，不论其责任人是否调离转岗、提拔或者退休等，都应当严肃问责”。

重大行政决策终身责任追究制度的核心是“终身追责”，而现行法律规定中存在着追诉时效的规定。因此，对于“终身责任追究”的正确理解应当是：“对造成重大行政决策失误的责任人，除必须通过诉讼程序追究的责任外，可以不受时间限制，终身予以追究。具体而言，即行政决策责任中的刑事责任和外部行政责任应受追诉时效的限制，内部行政责任和政治责任可以终身追究。”①

二、构建科学的行政决策责任体系

如何构建我国重大行政决策的责任体系，既是重要的理论问题，同时又是艰巨的社会实践课题。目前，对于重大行政决策失误应当承担什么样的责任，学者们有着不同的观点。概括起来，主要有以下几种：一是“五责任说”。有的学者认为，“依据决策者过错程度的大小或所造成的损失的严重与否可将决策失误的责任形式划分为五种，即政治责任、法律责任、经济责任、道义责任和刑事责任”②；有的学者则认为，行政决策责任包含政治责任、宪法责任、行政责任、刑事责任和道德责任。③二是“四责任说”。有的学者认为，“应根据不同的情况，依法依规追究决策失误者的政治责任、行政责任、经济责任和刑事责任”④；有的学者则认为，行政决策失误的领导责任类型包括政治责任、法律责任、经济责任和道义责任⑤。三是“三责任说”。有的学者认为，“行政决策责任总体上可分为政

① 夏金莱：《重大行政决策终身责任追究制度研究——基于行政法学的视角》，《法学评论》2015年第4期，第19—29页。

② 张峰：《政府决策失误与责任追究——以人造景观“三峡集锦”决策失误为个案》，《理论导刊》2007年第5期，第51—54页。

③ 赵付科：《论行政决策责任》，《理论探讨》2005年第1期，第98—100页。

④ 薛瑞汉：《建立重大决策终身责任追究制度及责任倒查机制》，《领导科学》2015年第2期，第28—29页。

⑤ 李艳红、薛明：《行政决策失误中的领导责任问题》，《行政与法》2004年第8期，第7—9页。

治责任、法律责任和道德责任三方面”[①]；有的学者则认为，“重大决策失误产生的责任承担方式大体有三种，即政治责任、法律责任和纪律责任”[②]。四是“二责任说”。持这种观点的学者认为，“重大行政决策终身责任追究制度的核心在于终身追责。其正确内涵是对造成重大行政决策失误的责任人，除必须通过诉讼程序追究的责任外，可以不受时间限制，终身予以追究。具体而言，即行政决策责任中的刑事责任和外部行政责任应受追诉时效的限制，内部行政责任和政治责任可以终身追究”[③]。

通过对上面这些分类的分析和比较，可以发现，学者们对于政治责任、法律责任、道德责任（道义责任）等行政决策责任的类型已经基本上达成了共识。但是，对于纪律责任，有的将其作为一个单独的责任类型，有的则把它归入了政治责任之中。至于行政责任、刑事责任和经济责任，都是法律责任的下位概念，而不是并列的关系。因此，本书采用“四责任说”，即把行政决策责任划分为政治责任、法律责任（行政法律责任、刑事法律责任）、纪律责任（主要是党纪处分）、道德责任四种基本类型，同时承认有的决策责任形式需要受追诉时效的限制，不适用于终身责任追究。

（一）行政法律责任的承担方式

行政法律责任简称行政责任，是法律责任的一种。目前，在行政责任概念的界定这个问题上，不仅行政学和行政法学难以达成共识，即使行政法学界内部也有不同的认识。在行政学研究中，一般认为，行政责任是指与公共行政管理和行政法相关的一切责任，包括政治责任、法律责任和道义责任。例如，有的学者提出：“行政责任就是行政机关及其公务员因其

① 周实、马野：《行政决策法律责任追究机制研究》，《国家行政学院学报》2011年第1期，第55—58页。

② 王仰文：《行政决策责任的多元类型及内在关联研究》，《中共云南省委党校学报》2014年第5期，第159—161页。

③ 夏金莱：《重大行政决策终身责任追究制度研究——基于行政法学的视角》，《法学评论》2015年第4期，第19—29页。

公权地位和公职身份而对授权者、法律法规和社会价值等负有的政治、法律和道义责任。”[①] 而在行政法学领域，则把行政责任看作是一种与民事责任、刑事责任、违宪责任并列的法律责任，即“行政责任是行政法律关系主体由于违反行政法律规范或不履行行政法律义务而依法应承担的行政法律后果”[②]。通过上面的比较可以看出，行政学中行政责任概念的内涵和外延要远远大于行政法学的行政责任概念。在我国行政法学界内部，对于行政责任的界定也有三种不同的观点：一是“行政主体说”。认为行政责任是行政机关或法律、法规授权的组织对其违法行为所应承担的法律责任；二是“行政相对人说”。认为行政责任是公民或组织违反行政法律规范所应承担的法律责任；三是“行政法律关系主体说”。认为行政责任的承担者是行政法律关系主体，既包括行政主体，又包括行政相对人。本书拟采用行政法学的“行政主体说”，即“行政责任是行政主体及其执行公务的人员因行政违法或行政不当，违反法定职责和义务而应依法承担的否定性法律后果”[③]。

与其他责任相比较，行政责任具有以下几个特征：其一，行政责任是一种法律责任，它因违法行为引起、由法律规定并为法律授权的机关所追究，因而区别于源于道德义务的道义责任和源于政治义务的政治责任；其二，行政责任基于行政关系而发生，是因违反行政法律规范所引起的法律责任，因而不同于民事责任、刑事责任和违宪责任；其三，行政责任作为行政违法或行政不当的法律后果，是行政主体的责任，而不是行政相对人的责任。

在我国，行政机关工作人员因重大行政决策而承担行政法律责任的方式主要是“行政处分”或“政务处分”，这是国家机关、企事业单位对所属的国家工作人员尚不构成犯罪的违法失职行为，依据法律、法规所规定的权限而给予的一种惩戒。其法律依据包括《中华人民共和国公务员法》

---

① 转引自周亚越：《行政问责制研究》，中国检察出版社2006年版，第11页。

② 罗豪才：《行政法学》，北京大学出版社1996年版，第318页。

③ 皮纯协、胡锦光：《行政法与行政诉讼法教程》，中央广播电视大学出版社1998年版，第221页。

《中华人民共和国监察法》《行政机关公务员处分条例》和《公职人员政务处分暂行规定》等。《行政机关公务员处分条例》第六条规定："行政机关公务员处分的种类为：（一）警告；（二）记过；（三）记大过；（四）降级；（五）撤职；（六）开除。"《中华人民共和国公务员法》第六十二条也有类似的规定，即对公务员的处分，分为"警告、记过、记大过、降级、撤职、开除"。根据《中华人民共和国监察法》第四十五条第一款第二项的规定，监察机关根据监督、调查结果，"对违法的公职人员依照法定程序作出警告、记过、记大过、降级、撤职、开除等政务处分决定"。《公职人员政务处分暂行规定》也规定："监察机关对违法的公职人员可以依法作出警告、记过、记大过、降级、撤职、开除等政务处分决定。"

1. 警告

警告一般适用于轻微的行政违法行为，是行政处分中最轻的一种。从字面上来看，警告有提醒注意、不致再犯的意思，属于申诫处分。它可以是口头的，也可以是书面的，由处分机关选择适用。根据《中华人民共和国公务员法》的规定，警告的期间为六个月。公务员在受警告处分期间，不得晋升职务、职级和级别，但可以晋升工资档次。

2. 记过

记过即记载或者登记过错，以示惩处之意，是比"警告"重的一种行政处分。根据《中华人民共和国公务员法》的规定，记过的期间为十二个月，在受处分期间有悔改表现，并且没有再发生违纪违法行为的，处分期满后自动解除。公务员在受记过处分期间，不得晋升职务、职级和级别，也不得晋升工资档次。

3. 记大过

记大过即记载或登记较大或较严重的过错，以示严重惩处的意思，这是一种介于"记过"和"降级"之间的行政处分。根据《中华人民共和国公务员法》的规定，记大过的期间为十八个月，在受处分期间有悔改表现，并且没有再发生违纪违法行为的，处分期满后自动解除。公务员在记大过处分期间，不得晋升职务、职级和级别，也不得晋升工资档次。

4. 降级

降级即降低公务员的工资等级。这种处分适用于违反行政法律，使国家和人民的利益受到一定损失，但仍然可以继续担任现任职务的人员。根据《中华人民共和国公务员法》的规定，降级的期间为二十四个月，处分期满后自动解除。但是，解除降级处分的，不视为恢复原级别、原职务、原职级。

5. 撤职

撤职即撤销现任职务，是比较重的行政处分，适用于严重违反行政纪律、已不适宜担任现任职务的人员。根据《中华人民共和国公务员法》的规定，撤职的期间为二十四个月。受撤职处分的，按照规定降低级别。解除撤职处分的，不视为恢复原级别、原职务、原职级。

6. 开除

开除即取消公务员的公职，是行政处分中最重的一种。这种处分主要适用于犯有严重错误已丧失国家工作人员基本条件的人员。公务员受开除处分的，自处分决定生效之日起，解除其与单位的人事关系，不得再担任公务员职务。

（二）刑事法律责任的承担方式

刑事法律责任简称刑事责任。“所谓刑事责任，是指行为人因其犯罪行为所应承受的、代表国家的司法机关根据刑事法律对该行为所作的否定性评价和对行为人进行的谴责的责任。”[①]从国家方面来讲，刑事责任是对实施犯罪行为的人的否定评价与谴责；从行为人方面来讲，刑事责任是行为人基于其所实施的严重危害社会的犯罪行为所应承担的不利的法律后果。刑事责任与犯罪和刑罚之间往往有着密切的联系。一方面，就刑事责任与犯罪之间的关系而言，刑事责任是基于犯罪行为而产生的，犯罪是刑事责任产生的前提，是引起刑事责任的法定事由。另一方面，就刑事责任与刑罚之间的关系来看，刑事责任作为一种对犯罪人在法律上的否定评价

① 张明楷:《刑事责任论》,中国政法大学出版社1992年版,第27页。

和责难，必须通过一定的方式来实施，而刑罚便是其中的一个重要手段，同时也是一种最严厉的惩罚方式。

与民事责任、行政责任等其他法律责任相比较，刑事责任具有下列基本特征：其一，刑事责任的产生是基于最严重的违法行为即犯罪行为，而民事责任和行政责任的产生则是基于一般的民事、行政违法行为；其二，刑事责任主要通过刑罚的方式实现，涉及对责任主体的重大权益的限制或剥夺，如对自由的限制和对生命的剥夺，而民事责任、行政责任的实现方式则要轻缓得多；其三，对于刑事责任，各国刑法都确立了罪责自负的原则，即刑事责任只能由犯罪者本人来承担，而部分民事责任和行政责任则可以由他人代为承担；其四，认定和追究刑事责任的原则较之民事责任和行政责任要严格得多。为了保障人权，各国刑法大都确立了罪刑法定、主客观相统一等原则以严格限定刑事责任的追究范围，同时刑事诉讼法对证据的采纳、举证责任等问题都有较为严格的规定。

根据《中华人民共和国刑法》分则第九章的规定，与国家公务人员行使职权有关的渎职罪包括一般的渎职犯罪和特殊的渎职犯罪两大类。一般的渎职犯罪指的是所有的国家机关工作人员都可以构成的渎职罪，主要包括滥用职权罪，玩忽职守罪，故意泄露国家秘密罪，过失泄露国家秘密罪，国家机关工作人员签订、履行合同失职罪等；特殊的渎职罪指的是具有特殊身份的国家机关工作人员才能构成的渎职罪，具体包括徇私枉法罪，环境监管失职罪，传染病防治失职罪，非法批准征用、占用土地罪，非法低价出让国有土地使用权罪，违法发放林木采伐许可证罪，商检失职罪，动植物检疫徇私舞弊罪，动植物检疫失职罪，放纵制售伪劣商品犯罪行为罪，失职造成珍贵文物损毁、流失罪等。我国《刑法》规定，“刑罚分为主刑和附加刑”，“主刑的种类如下：（一）管制；（二）拘役；（三）有期徒刑；（四）无期徒刑；（五）死刑”；“附加刑的种类如下：（一）罚金；（二）剥夺政治权利；（三）没收财产”。在上述这些刑罚种类中，重大行政决策犯罪适用的主要是拘役和有期徒刑。

1. 拘役

“拘役是短期剥夺犯罪分子的自由，就近执行并实行劳动改造的刑罚方法。拘役是一种短期自由刑，是主刑中介于管制与有期徒刑之间的一种轻刑。”[①]作为刑罚的一种，拘役具有下列特征：（1）剥夺自由的期限较短。拘役的期限为1个月以上6个月以下，数罪并罚时，最长不超过1年。（2）由公安机关就近执行。就近执行，是指在犯罪分子所在地的县、市或市辖区的公安机关设置的拘役所执行。（3）享受一定的待遇。在执行期间，被判处拘役的犯罪分子每月可以回家1至2天；参加劳动的，可以酌情发给报酬。（4）适用于较轻的犯罪。拘役适用于罪行较轻、不需要判处有期徒刑，但又必须予以短期关押改造的犯罪分子。

2. 有期徒刑

“有期徒刑是剥夺犯罪分子一定期限的人身自由，强迫其劳动并接受教育和改造的刑罚方法。”[②]有期徒刑可以说是我国刑法中适用范围最广泛的一种主刑，凡是规定了法定刑的，基本上都规定了有期徒刑这一刑罚种类。例如，《中华人民共和国刑罚》第三百九十七条规定：“国家机关工作人员滥用职权或者玩忽职守，致使公共财产、国家和人民利益遭受重大损失的，处三年以下有期徒刑或者拘役；情节特别严重的，处三年以上七年以下有期徒刑。本法另有规定的，依照规定。国家机关工作人员徇私舞弊，犯前款罪的，处五年以下有期徒刑或者拘役；情节特别严重的，处五年以上十年以下有期徒刑。本法另有规定的，依照规定。”有期徒刑的主要内容体现在四个方面：一是有期徒刑的期限长、起点高、幅度大，有期徒刑的刑期为六个月以上十五年以下，数罪并罚时，最多不超过二十五年；二是被判处有期徒刑的犯罪分子，在监狱或者其他执行场所执行；三是凡有劳动能力的，都必须参加无偿的强制劳动，接受教育和改造；四是有期徒刑适用于罪行相对比较严重的罪犯。

（三）纪律责任的承担方式

中共中央办公厅、国务院办公厅《关于实行党政领导干部问责的暂行

---

① 高铭暄、马克昌：《刑法学》，北京大学出版社、高等教育出版社2000年版，第242页。

② 高铭暄、马克昌：《刑法学》，北京大学出版社、高等教育出版社2000年版，第243页。

规定》第四条规定："党政领导干部受到问责，同时需要追究纪律责任的，依照有关规定给予党纪政纪处分；涉嫌犯罪的，移送司法机关依法处理。"这里的"纪律责任"主要包括两个方面：一是党纪责任，即中国共产党党员违反党的纪律所承担的不利后果；二是政纪责任，即行使公共事务管理职能的行政公务人员违反职业规范所承担的不利后果。由于政纪责任的承担方式与行政法律责任的承担方式相同，这里主要介绍党纪责任的承担方式。

党纪处分的依据主要是《中国共产党章程》《中国共产党纪律处分条例》《中国共产党问责条例》《中国共产党党内监督条例》等党内法规。《中国共产党章程》规定："党的纪律是党的各级组织和全体党员必须遵守的行为规则，是维护党的团结统一、完成党的任务的保证。""党的纪律主要包括政治纪律、组织纪律、廉洁纪律、群众纪律、工作纪律、生活纪律。"根据《中国共产党章程》第四十一条和《中国共产党纪律处分条例》第八条的规定，对中国共产党党员的纪律处分共5种，由轻至重分别是："（一）警告；（二）严重警告；（三）撤销党内职务；（四）留党察看；（五）开除党籍"。

1. 警告

警告是党纪处分中最轻的一种处分。根据《中国共产党纪律处分条例》第十条的规定，党员受到警告处分一年内，不得在党内提升职务和向党外组织推荐担任高于其原任职务的党外职务。此外，受党内警告处分的当年，参加年度考核，不得确定为优秀等次。

2. 严重警告

严重警告是党纪处分中重于警告的一种处分。根据《中国共产党纪律处分条例》第十条的规定，党员受到严重警告处分一年半内，不得在党内提升职务和向党外组织推荐担任高于其原任职务的党外职务。此外，受党内严重警告处分的当年，参加年度考核，因与职务行为有关的错误而受严重警告处分的，确定为不称职；因其他错误受到严重警告处分的，只写评语不确定等次。

3. **撤销党内职务**

撤销党内职务处分，是指撤销受处分党员由党内选举或者组织任命的党内职务。对于在党外组织担任职务的，应当建议党外组织依照规定作出相应处理。党员受到撤销党内职务处分，二年内不得在党内担任和向党外组织推荐担任与其原任职务相当或者高于其原任职务的职务。

4. **留党察看**

留党察看处分，分为留党察看一年、留党察看二年。党员留党察看期间，没有表决权、选举权和被选举权。党员受到留党察看处分，其党内职务自然撤销；对于担任党外职务的，应当建议党外组织撤销其党外职务。受到留党察看处分的党员，恢复党员权利后二年内，不得在党内担任和向党外组织推荐担任与其原任职务相当或者高于其原任职务的职务。此外，党的各级代表大会的代表受到留党察看以上（含留党察看）处分的，党组织应当终止其代表资格。

5. **开除党籍**

开除党籍是党内的最高处分。党籍即党员资格，是党员的政治生命。对于一个中国共产党党员来讲，加入党组织并取得党籍，是其从组织上被承认为党员的依据。党员被开除党籍，就失去了党籍，而且一旦受到开除党籍处分，五年内不得重新入党，也不得推荐担任与其原任职务相当或者高于其原任职务的党外职务。

（四）政治责任的承担方式

政治责任与代议制民主具有天然的逻辑关联。张贤明在《政治责任与法律责任的比较分析》一文中，曾将政治责任界定为：“政治官员制定符合民意的公共政策并推动其实施的职责及没有履行好职责时应承担的谴责和制裁。”[①]这个定义既包括了积极意义的政治责任，也包括了消极意义的政治责任。从重大行政决策责任追究的角度而言，政治责任主要是指消极

---

① 张贤明:《政治责任与法律责任的比较分析》,《政治学研究》2000年第1期,第13—22页。

意义上的政治责任，即没有履行或者没有正确履行其决策责任而应当受到的谴责和制裁。

政治责任与法律责任的区别主要表现在以下几个方面：一是责任追究的原因不同。一般来讲，因重大行政决策失误而损害公共利益是责任追究的共同前提，但是，追究决策者的法律责任的原因，往往在于责任追究对象违反了法律、法规、规章等规范性法律文件的规定，而追究决策者的政治责任，则不以责任追究对象的行为违法为前提。也就是说，“政治责任相对于法律责任而言，与政府的行为是否违法无关，而是关系到政策是否失误”①。二是责任追究的主体不同。根据责任的性质，法律责任分别由行政机关、监察机关、司法机关依照法定权限和程序实施追究，而政治责任主要是由人民或议会来判断的。在我国，行政决策政治责任的主体首先是各级人大及其常务委员会，其次还有作为执政党的中国共产党。三是责任的承担方式不同。法律责任的承担方式主要是包括警告、记过、记大过、降级、撤职、开除在内的行政处分，以及刑事法律责任中的拘役和有期徒刑，而政治责任的承担方式则是对责任追究对象权力的剥夺，如免职、责令辞职、罢免等。这是因为，“政治责任是行使公共权力者因违反政治义务而承担的政治上的否定性后果。这种政治上否定性后果也意味着社会中的个人或组织已丧失了从事行使政治权力的资格”②。

1. 诫勉

诫勉分为谈话诫勉和书面诫勉，是组织和纪律监察部门通过谈话或其他方式对干部进行规诫、监督管理，并组织跟踪考核。《中国共产党问责条例》第八条第二款第二项规定：“以谈话或者书面方式进行诫勉。”

2. 责令公开道歉

责令公开道歉由“道歉”“公开”“责令”三个词构成。其中，“道歉”是一种为不适当或者有危害的言行承认“不是”并表示歉意的方式；“公开”的意思是“不加隐蔽的，面对大家的”；而“责令”则是命令某人做

① 王成栋：《政府责任论》，中国政法大学出版社1999年版，第80页。

② 王成栋：《政府责任论》，中国政法大学出版社1999年版，第80页。

某事，具有强制的意思。因此，责令公开道歉，就是上级机关或专门的纪检监察机关，命令某人为自己履行职务过程中出现的过错（包括行政决策失误），在一定范围内承认错误，以取得他人的理解和原谅。

3. 停职检查

停职检查是党的组织或纪检机关对犯有严重错误，已不适宜担任现任职务或对抗、阻挠、干扰、破坏对其问题的查处，妨碍案件检查工作开展的党员干部，按照一定的程序，临时停止其所担任的职务的一种组织措施。《中国共产党问责条例》第八条第二款第三项规定："对失职失责、危害较重，不适宜担任现职的，应当根据情况采取停职检查、调整职务、责令辞职、免职、降职等措施。"在采取该组织措施时，需要注意两个问题：一是停职检查具有强制性，不需要征得本人同意；二是停职检查具有临时性，在对被调查人作出纪律处分的同时，停职检查的决定自行终止。

4. 责令辞职

责令辞职，是指任免机关根据责任追究对象任职期间的表现，认定其已不再适合担任现职，因而通过一定程序责令其辞去现任领导职务。究其性质，责令辞职实际上是组织上对不再适合担任现职的领导成员的一种组织处理。作为一种问责形式，责令辞职主要适用于两种情形：一是责任追究对象应当引咎辞职，而本人却不主动提出辞职的；二是根据其任职期间的表现，认定其已经不再适合担任现任职务的。

5. 免职

免职是指依法享有任免权的机关按照法律或规定免去公职人员所担任的职务。通常有两种情况：一是适用于因调任其他工作、轮岗交流、任职期满、退休等因素而引起的免除其所任职务的行为。在这种情况下，免职仅意味着被免职人不再担任原职务，一般不具有惩罚性；二是作为一种问责措施，适用于有过错的公职人员。这种情况体现了对有过错的公务人员的否定性评价。免职对受到问责的党政领导干部权益的影响主要表现为"取消当年年度考核评优和评选各类先进的资格"，并且"一年内不得重新担任与其原任职务相当的领导职务"。

（五）道德责任的承担方式

道德责任是指党和国家机关工作人员在履行职务时因轻微违法或不当，在不需要承担其他责任的情况下自己主动承担责任的否定性评价，如自我批评、引咎辞职和赔礼道歉等。“客观责任源于法律、组织机构、社会大众对行政人员的角色期待，但主观责任却根植于我们自己对忠诚、良知、认同的信仰。”[①]在重大行政决策责任追究实践中，道德责任的实现是一件复杂的事情。这是因为，道德责任仅仅是一个内在的约束机制，取决于责任追究对象的觉悟和自我意识，而不像其他责任形式那样，具有外在的直接强制力。

1. 自我批评

一般来讲，批评是对别人的优缺点进行分析，并对其缺点、错误提出意见。而自我批评则是自觉地针对自己思想和行为上的缺点、错误，做实事求是的检讨，以期达到改正的目的。曾子曰：“吾日三省吾身：为人谋而不忠乎？与朋友交而不信乎？传不习乎？”[②]这句话的意思是：我每天多次反省自己——替人家谋虑是否不够尽心？和朋友交往是否不够诚信？我传授给学生的知识是否去实践过？自我批评是先贤哲人倡导的修养方法，同时也是党和国家机关工作人员保持先进性、纯洁性的重要法宝。自我批评贵在真实、真诚，从灵魂深处去解剖自己，全面地进行反省，在查找问题及原因的基础上明确改进方向，落实改进措施。只有这样，才能使自我批评真正成为自我剖析、自我反省、自我教育、自我纠正、自我完善的前进过程。

2. 赔礼道歉

所谓赔礼道歉，是指一个人在社会交往过程中，对他人的利益造成妨碍或损害后，认识到自己行为的不当，向对方表示歉意以请求对方原谅的

---

① [美]特里·L.库珀著，张秀琴译：《行政伦理学：实现行政责任的途径》，中国人民大学出版社2010年版，第74页。

② 郑民注译：《论语译注》，浙江人民出版社2005年版，第3页。

一种情感表达行为。这种情感来源于人在道德上的内疚感或负罪感，最终源自人的良心。20世纪70年代早期，高夫曼从社会学的角度指出了道歉的社会动因，在他看来，道歉是一种“补救性”交换形式，当一个人已经或将要侵犯他人的利益或活动范围，或者发现自己将要给别人留下不好的印象，或者以上两种情况兼而有之的时候，这个人就可能会采取补救性行为，其目的是“获得一种令自己满意的自我界定”。对于党政机关工作人员而言，通过赔礼道歉，取得相关人员的谅解，以便在道德上、良心上寻求解脱，是促成赔礼道歉的根本动因和目的。从本质上来说，赔礼道歉应当是一种自发、自愿的行为，并没有外力的强制，因而也谈不上被追究的问题。

3. 引咎辞职

我国实行的党政领导干部辞职制度，包括因公辞职、自愿辞职、引咎辞职和责令辞职。《关于实行党政领导干部问责的暂行规定》第七条规定：“对党政领导干部实行问责的方式分为：责令公开道歉、停职检查、引咎辞职、责令辞职、免职。”由此可见，在上述四种辞职中，只有后两种（即引咎辞职和责令辞职）属于责任追究的具体形式。

需要指出的是，引咎辞职与责令辞职是两个不同的概念。“引咎辞职，是指党政领导干部因工作严重失误、失职造成重大损失或者恶劣影响，或者对重大事故负有领导责任，不宜再担任现职，由本人主动提出辞去现任领导职务。”“责令辞职，是指党委（党组）及其组织（人事）部门根据党政领导干部任职期间的表现，认定其已不再适合担任现职，通过一定程序责令其辞去现任领导职务。”①

两者的区别主要表现在两个方面：一是责任性质不同。引咎辞职是责任自省的结果，属于道德责任的承担方式；而责令辞职则与免职、降职一样，属于组织处理的范畴。二是后果不同。行为人是否引咎辞职，理论上可以由当事人自行决定；而责令辞职则是不得不如此，拒不辞职的，通常会被免去现职。

①《党政领导干部选拔任用工作条例》第五十九条、第六十条。

第八章

重大行政决策终身责任追究的程序和配套制度

“所谓制度，是指体现具有一定规范功能和特定要求的社会关系的行为准则，它是由生活在其中的人们选择和决定的，但它反过来又规范着人们的行为，决定着人们行为的特殊方式和相互关系。”①就重大行政决策终身责任追究制度来看，一方面，责任追究关涉党政机关工作人员的权利和义务，必须遵循法定的程序，确保责任追究活动的合法、有效，并切实保障责任追究对象的合法权益；另一方面，重大行政决策责任追究制度不能在复杂的社会系统中独自运行，其功能的实现依赖于相关配套制度的完善。

一、重大行政决策责任追究的程序

（一）程序的价值和特征

“行政决策责任追究程序”与“程序”是个别与一般的关系。要研究

① 郑传坤、青维富：《行政执法责任制理论与实践及对策研究》，中国法制出版社2003年版，第194页。

行政决策责任追究的程序，首先需要了解程序及其价值，在此基础上才能进一步把握行政决策责任追究程序的特殊性及其意义。

1. **程序的基本价值**

根据《现代汉语词典》的释义，“程序”意谓“事情进行的先后次序”[①]。在法学界，有的学者认为：“程序，从法律学的角度看，主要体现为按照一定的顺序、方式和步骤来作出法律决定的过程。”[②]还有的学者认为：“程序是法律制度中的一个现象，所反映的是法律参加主体的关系定位以及各主体在权益交换过程中的运行规则。”[③]肖凤城博士则分析了Order、Program、Procedure这3个英语单词的区别。其中，Order是指不以人的意志为转移的事物发展变化的过程，它强调过程的客观性；Program是指人所设计的事物过程，它强调人对过程的设计；Procedure是指两个以上的人互相协调进行的过程（比如签合同、解决纠纷、追究犯罪等），它强调“人与人之间的关系”。在他看来，“行政程序法调整的是人与人之间的社会关系，因而行政程序法上的程序是指社会程序，应当用Procedure来表示”。基于上述认识，他下了这样一个定义：“程序（Procedure），是人与人之间协调过程的规则。”[④]

价值泛指客体对于主体表现出来的积极意义和有用性。从经济学的角度，可以将其解释为“凝结在商品中的一般的、无差别的人类劳动”，而在通俗的意义上，则可以将其界定为“积极作用”。程序不仅是实现实体正义的手段，而且其本身也是人们追求的目的。前者是程序的服务价值，即“实体所解决的是什么能够做、什么不能做的问题，而程序所解决的是

① 中国社会科学院语言研究所词典编辑室：《现代汉语词典》（汉英双语），外语教学与研究出版社2002年版，第253页。

② 季卫东：《法律程序的意义：对中国法制建设的另一种思考》，《中国社会科学》1993年第1期，第83—104页。

③ 关保英：《行政法的价值定位》，中国政法大学出版社1997年版，第182页。

④ 参见肖凤城：《行政程序与行政程序法》，载应松年主编《当代中国行政法》（下卷），中国方正出版社2005年版，第1224—1227页。

怎么做或应当怎么做的问题”[①]；后者则是程序的独立价值，包括参与、对个人尊严的尊重、公平、人道以及程序理性等。罗尔斯将程序正义分为三种类型：第一种称为“纯粹的程序正义”，是指正义的标准不存在，只要遵从程序规则，无论结果如何，即符合正义。第二种称为“完全的程序正义”，是指在程序之外存在着判断结果是否合乎正义的标准，而程序的设计能够达到这个标准。第三种称为“不完全的程序正义”，是指在程序外存在着判断正义的客观标准，但完全满足这个标准的程序不存在。[②]

重大行政决策程序作为程序的一种，具有规范和限制行政决策权、避免和减少重大行政决策失误的重要作用。因为“合法正当有效的程序是行政问责向法治的轨道健康、持续发展的保证，正是程序决定了法治与人治之间的差别，也只有程序才能把内在扩张的行政权规束在法律架构中”[③]。

2. 行政决策责任追究程序的主要特征

所谓行政决策责任追究程序，是指特定机关追究行政决策者责任时应当遵循的方式、步骤、时间和顺序的总和，它所体现的是责任追究主体与责任追究对象之间的关系。与立法程序、行政程序和司法程序相比，行政决策的责任追究程序具有下列主要特征：

（1）过程性。程序在时间上表现为一个过程，需要一定的方式、步骤、顺序和时限，从而使程序与实体区别开来。行政决策的责任追究程序也是一个过程，按照先后顺序，依次要经过立案、调查、决定、通知、执行等不同环节。

（2）人的主体性。行政决策责任追究程序是人与人之间的规则，必须由人来作为主体。这里的“人”，既可以是自然人，如担任公职的党政领导干部，也可以是有关国家机关或组织，即法律上拟制的人，如任免机关、监察机关和党的纪律检查机关等。

（3）规则性。对行政决策责任人进行责任追究的规则，不管是法律、

① 关保英：《行政法的价值定位》，中国政法大学出版社1997年版，第173页。

② 肖凤城：《行政程序与行政程序法》，载应松年主编《当代中国行政法》（下卷），中国方正出版社2005年版，第1242页。

③ 转引自章亮亮：《论行政检讨》，上海人民出版社2015年版，第161页。

法规和规章，或者是党内法规和其他规范性文件，都是被社会群体所认可的，具有合法性、正当性。在适用上对所有人都是平等的，既要约束责任追究对象的行为，也要规范责任追究主体行使惩戒权的行为。

（4）协调性。行政决策责任追究程序的目的是协调不同主体之间的关系，保证责任追究过程的参与者享有表达自己意志的权利，这就是程序的协调性。只有以协调为目的，程序才有存在的必要和价值；如果没有协调的愿望，法律意义上的程序就会变得毫无价值。

（二）重大行政决策责任追究的一般程序

当代法学家普遍认为，没有程序保障，就不可能有真正的权利保障。对重大行政决策的相关责任人而言，责任追究既是对其权利的限制和剥夺，又在一定程度上加重了他们的义务。在责任追究过程中，如果违反法定程序，如顺序颠倒、超过期限和不符合法定形式，就会影响责任追究结果的公正，并损害责任追究对象的权利。这就要求我们，必须遵循法定程序，严格履行告知与说明理由义务，并认真听取责任追究对象的陈述和申辩。同时，为了避免偏私，还要实行回避制度和信息公开制度，以保障责任追究对象的合法权益。简单来讲，重大行政决策责任追究程序是责任追究主体实施责任追究行为时所应遵循的方式、步骤、时限和顺序。在责任追究实践中，责任追究的具体程序可能会因责任追究主体和责任承担方式的不同而有所差异，但总体上需要经过以下几个相互衔接的阶段：

1. 立案

立案是指责任追究主体依职权或者依申请决定对某个责任追究对象启动追究责任的程序，这是重大行政决策责任追究的重要前提。根据责任追究主体是否直接、主动地启动责任追究活动，可以将行政决策责任追究分为依职权立案和依申请立案两种类型。

（1）依职权立案。依职权立案是上级党政机关或者专门监督机关在日常工作监督中，发现党政机关工作人员存在违法决策或者决策失误等问题，主动启动责任追究程序，依法依规追究相关责任人员的决策责任。根据《中国共产党巡视条例》的规定，为了加强党内监督，县级以上地方各级党组织分别对所管理的党组织进行巡视或巡察。对巡视发现的问题和线索，派出巡视组的党组织作出分类处置的决定后，依据干部管理权限和职责分工，按照以下途径进行移交：（1）对领导干部涉嫌违纪的线索和作风方面的突出问题，移交有关纪律检查机关；（2）对执行民主集中制、干部选拔任用等方面存在的问题，移交有关组织部门；（3）其他问题移交相关部门。有关纪律检查机关、组织部门收到巡视移交的问题或者线索后，对于符合立案条件的，应当及时立案，启动责任追究程序。

（2）依申请立案。依申请立案是责任追究主体在其职权范围内，根据公民、法人或其他组织的投诉、检举和控告，以及新闻媒体提供的线索等，决定启动责任追究程序。一般来讲，责任追究参与主体向有权机关申请启动追责程序，须同时满足四个条件：一是有明确的责任追究对象；二是有具体的事实依据；三是属于行政决策责任追究的事项；四是属于受理机关的管辖范围。纪检监察机关或其他受理机关在立案之前，应当按规定对所受理的违法违纪行为的线索和材料进行初步了解、核查、证实。在初步核实的基础上，对“确有违法违纪事实并需追究党纪政纪责任”的，应予以立案，进行深入调查。立案须由有管辖权的纪检监察机关决定，并将立案决定通知、通报被立案人和有关单位。其中，党纪案件经批准立案的，应将立案决定通报同级党委组织部门，并通知被调查人所在单位党组织或上级党组织；政纪案件经批准立案的，监察机关应将立案决定通知被调查人、被调查人所在单位或上级主管机关。

2. 调查

调查是指纪检监察机关或其他机关及其办案人员按照国家法律和党内法规规定的程序，运用规定的方法、手段和措施，对已经立案的违法违纪案件进行调查，收集证据，查明违法违纪事实的活动。这是重大行政决策责任追究的中心环节。调查的内容主要包括：（1）被调查人的基本情况。除姓名、性别、民族、年龄、籍贯、文化程度、入党时间、参加工作时间、工作经历、现工作单位及职务之外，还应当查明一贯的思想、工作表现，历史上有无受过处分，以及认错态度等。（2）案件事实。具体包括：违法违纪行为发生的时间、地点；发生的原因、条件；违纪手段及所起的作用；情节及造成的后果；等等。(3) 证据材料。主要包括物证、书证、证人证言、被调查人的陈述和申辩、现场笔录、鉴定结论等。

在完成调查取证工作后，调查组应将经过核实认定的违法违纪事实写成书面的事实材料，与被调查人见面，认真听取其意见和申辩。在此基础上，根据案件的事实和性质，被调查人所起的作用和应负的责任，违法违纪行为的动机、情节、社会危害和造成的不良后果，同时考虑当时的客观环境、被调查人的一贯表现以及认错态度和改正表现等，提出定性处理意见。在调查过程中，必须坚持实事求是，认真听取当事人的陈述和申辩。此外，调查人员如果与本案或者责任追究对象有利害关系，可能影响责任追究结果的公正性的，应当主动申请回避或者根据组织决定回避。

3. **决定**

决定是指责任追究主体根据认定的事实和相关的法律规定，选择与责任追究对象的过错相适应的责任形式，包括党纪处分、政务处分及移交司法机关追究刑事责任等。这是重大行政决策责任追究的结果。根据相关规定，案件调查、审理结束，应当区分不同情况，以下列方式处理：(1) 有违法违纪事实，需要给予党纪、政务处分的，作出处分决定；(2) 有违法违纪事实，但情节轻微或者具有减轻情节，不需要给予处分的，在批评教育后作出免予处分的决定；(3) 对需要在一定范围内予以通报的违法违纪的单位或者个人，进行内部通报或者公开报道；(4) 需要由其他机关给予处理的，移送有关机关处理；(5) 违法违纪事实不存在，或者不需要以上述方式处理的，对案件予以撤销。

为了做到过罚相当使责任追究对象心服口服，在重大行政决策责任追究中，不仅应当区分直接责任和间接责任，还可以根据情节轻重、过错大小及损害后果是否严重，将责任追究对象的过错分为“一般过错”“严重过错”和“特别严重过错”，不同的过错适用不同的责任追究方式。

根据《关于实行党政领导干部问责的暂行规定》的有关规定，责任追究机关按照干部管理权限作出的问责决定，应当经领导班子集体讨论决定，并制作《党政领导干部问责决定书》。《党政领导干部问责决定书》应当写明“问责事实、问责依据、问责方式、批准机关、生效时间、当事人的申诉期限及受理机关等”。作出责令公开道歉决定的，还应当写明公开道歉的方式、范围等。

4. 通知

通知是指责任追究决定作出后，应当书面送达责任追究对象本人和所在单位及相关部门，并告知其依法享有的权利及救济途径。这是重大行政决策责任追究不可缺少的步骤。《关于实行党政领导干部问责的暂行规定》第十八条规定：“《党政领导干部问责决定书》应当送达被问责的党政领导干部本人及其所在单位。”责任追究对象如果对处理决定不服，可以“自接到《党政领导干部问责决定书》之日起15日内，向问责决定机关提出书面申诉”，但申诉期间“不停止问责决定的执行”。

5. 执行

执行是按照责任追究主体的职责权限和不同的责任承担方式，依法依规落实对责任追究对象的惩戒内容。这是重大行政决策责任追究的关键。根据相关规定，责任追究决定作出后，应当及时宣布并督促执行。具体来讲，有以下几个方面：其一，有关问责情况应当向党组织通报，组织部门应当将问责决定材料归入被问责领导干部个人档案，并报上一级组织部门备案；涉及组织调整或者组织处理的，应当在一个月内办理完毕相应手续。其二，对经各级人大及其常委会选举或者决定任命的公职人员给予撤职、开除处分的，应当先由人大及其常委会依法罢免、撤销或者免去其职务。其三，行政机关公务员受开除处分的，自处分决定生效之日起，解除其与单位的人事关系，不得再担任公务员职务。其四，公务员在受处分期间不得晋升职务、职级和级别，其中受记过、记大过、降级、撤职处分的，不得晋升工资档次；受撤职处分的，按照规定降低级别。其五，建立健全问责典型问题通报曝光制度，采取组织调整或者组织处理的、纪律处分方式问责的，一般应当向社会公开。其六，公务人员受开除以外的处分，在受处分期间有悔改表现，并且没有再发生违纪行为的，处分期满后，由处分决定机关解除处分并以书面形式通知本人。

此外，《中国共产党纪律处分条例》还对党纪处分的执行问题作出了专门的规定。党纪处分决定作出后，应当在一个月内向受处分党员所在党的基层组织中的全体党员及其本人宣布，并按照干部管理权限和组织关系将处分决定材料归入受处分者档案。对于受到撤销党内职务以上处分的，还应当在一个月内办理职务、工资、工作及其他有关待遇等相应变更手续；涉及撤销或者调整其党外职务的，应当建议党外组织及时撤销或者调整其党外职务。特殊情况下，经作出或者批准作出处分决定的组织批准，可以适当延长办理期限。办理期限最长不得超过六个月。

（三）刑事法律责任的追究程序

较之党纪责任和行政法律责任，刑事责任更具严厉性，这是由犯罪的性质所决定的。犯罪行为是严重危害社会的行为，因而国家对包括重大行政决策失误在内的渎职犯罪人员往往采取严厉的强制措施和处罚手段，如拘传、拘留、逮捕、审讯、关押以及判处拘役或有期徒刑，即在一定期限内剥夺或者限制其人身自由，并强制劳动。在重大行政决策责任追究制度中，刑事责任是最为严厉的法律责任，因此应当适用不同于一般责任追究的特别追究程序。总的来看，追究重大行政决策渎职人员的刑事责任，通常要经过三个步骤，这就是国家监察机关的调查、检察机关的审查起诉以及审判机关的审理和判决。

1. 调查

调查是重大行政决策责任追究的基础，依法由国家监察机关负责。其法律依据是《中华人民共和国监察法》第三条的规定，即“各级监察委员会是行使国家监察职能的专责机关，依照本法对所有行使公权力的公职人员进行监察，调查职务违法和职务犯罪，开展廉政建设和反腐败工作，维护宪法和法律的尊严”。

国家监察体制改革之前，我国的职务犯罪案件主要由人民检察院负责侦查。2018年4月17日，中央纪委、国家监委联合印发了《国家监察委员会管辖规定（试行）》，详细列举了国家监察机关管辖的6大类88个职务犯罪案件的罪名。其中，贪污贿赂、滥用职权、玩忽职守、徇私舞弊等4类共55个罪名的犯罪案件由国家监察机关单独管辖。而公职人员在行使公权力过程中发生的重大责任事故和其他犯罪案件共计30个罪名，以及公职人员涉嫌贪污贿赂犯罪案件中的非国家工作人员受贿罪，对非国家工作人员行贿罪，对外国公职人员、国际公共组织官员行贿罪等3个罪名也由国家监察机关专门管辖。根据新的管辖分工，人民法院、人民检察院、公安机关、审计机关等国家机关在工作中发现公职人员涉嫌贪污贿赂、失职渎职等职务违法或者职务犯罪的问题线索时，应当移送监察机关，由监察机关依法调查处置。被调查人既涉嫌严重职务违法或者职务犯罪，又涉嫌其他违法犯罪的，一般应当由监察机关为主调查，其他机关予以协助。

监察机关行使监督、调查职权，有权向有关单位和个人了解情况，收集、调取证据。在调查过程中，对涉嫌贪污贿赂、失职渎职等职务犯罪的被调查人，监察机关可以进行讯问，要求其如实供述涉嫌犯罪的情况。对于符合法定情形的人员，可以依法采取留置措施。监察机关有权调取、查封、扣押用以证明被调查人涉嫌违法犯罪的财物、文件和电子数据等信息，可以对涉嫌职务犯罪的被调查人以及可能隐藏被调查人或者犯罪证据的人的身体、物品、住所等进行搜查。依法应当留置的被调查人如果在逃，监察机关可以决定在本行政区域内通缉，由公安机关发布通缉令，追捕归案。监察机关依法收集的物证、书证、证人证言、被调查人的供述和辩解、视听资料、电子数据等证据材料，在刑事诉讼中可以作为证据使用。

对涉嫌职务犯罪的，监察机关经调查认为犯罪事实清楚，证据确实、充分的，制作起诉意见书，连同案卷材料、证据一并移送人民检察院依法审查、提起公诉。涉嫌职务犯罪的被调查人主动认罪认罚，有下列情形之一的，监察机关可以在移送人民检察院时提出从宽处罚的建议：自动投案，真诚悔罪悔过的；积极配合调查工作，如实供述监察机关还未掌握的违法犯罪行为的；积极退赃，减少损失的；具有重大立功表现或者案件涉及国家重大利益等情形的。

2. 审查起诉和提起公诉

根据刑事诉讼法的规定，审查起诉和提起公诉属于人民检察院的职责权限，这是追究刑事责任的两个重要环节。

（1）审查起诉。

根据《中华人民共和国刑事诉讼法》的规定，“凡需提起公诉的案件，一律由人民检察院审查决定”。人民检察院审查案件，应当讯问犯罪嫌疑人，听取辩护人、被害人及其诉讼代理人的意见，并记录在案。人民检察院对物证、书证、视听资料、电子数据及勘验、检查、辨认、侦查实验等笔录存在疑问的，可以要求调查人员提供获取、制作的有关情况，必要时也可以询问提供相关证据材料的人员和见证人并制作笔录附卷，对物证、书证、视听资料、电子数据进行鉴定。人民检察院对于移送起诉的案件，应当在一个月以内作出决定；重大、复杂的案件，一个月以内不能作出决定的，可以延长十五日。

人民检察院审查移送起诉的案件，应当查明：犯罪嫌疑人身份状况是否清楚；犯罪事实、情节是否清楚；实施犯罪的时间、地点、手段、危害后果是否明确；认定犯罪性质和罪名的意见是否正确；有无法定的从重、从轻、减轻或者免除处罚情节及酌定从重、从轻情节；共同犯罪案件的犯罪嫌疑人在犯罪活动中的责任认定是否恰当；犯罪嫌疑人是否认罪认罚；证明犯罪事实的证据材料是否随案移送；证据是否确实、充分，是否依法收集，有无应当排除非法证据的情形；有无遗漏罪行和其他应当追究刑事责任的人；是否属于不应当追究刑事责任的；有无附带民事诉讼；对于破坏生态环境和资源保护，食品药品安全领域侵害众多消费者合法权益，侵害英雄烈士的姓名、肖像、名誉、荣誉等损害社会公共利益的行为，是否需要由人民检察院提起附带民事公益诉讼；采取的强制措施是否适当，对于已经逮捕的犯罪嫌疑人，有无继续羁押的必要；调查活动是否合法；等等。

人民检察院对于监察机关移送起诉的案件，认为需要补充调查的，应当退回监察机关补充调查。必要时，可以自行补充侦查。需要退回补充调查的案件，人民检察院应当出具补充调查决定书、补充调查提纲，写明补充调查的事项、理由、调查方向、需补充收集的证据及其证明作用等，连同案卷材料一并送交监察机关。退回监察机关补充调查的案件，应当在一个月以内补充调查完毕。补充调查以二次为限。补充调查完毕移送起诉后，人民检察院重新计算审查起诉期限。

人民检察院对案件进行审查后，应当依法作出“起诉”或者“不起诉”以及是否“提起附带民事诉讼、附带民事公益诉讼”的决定。其中，犯罪嫌疑人没有犯罪事实，或者有《中华人民共和国刑事诉讼法》第十五条规定的情形之一的，应当作出不起诉决定；对于犯罪情节轻微，依照刑法规定不需要判处刑罚或者免除刑罚的，可以作出不起诉决定。前者是“法定不起诉”，后者是“酌定不起诉”。不起诉的决定，应当公开宣布，并且将不起诉决定书送达被不起诉人和他的所在单位。对于监察机关移送起诉的案件，人民检察院决定不起诉的，还应当将不起诉决定书送达监察机关。此外，“对被不起诉人需要给予行政处罚、行政处分或者需要没收其违法所得的，人民检察院应当提出检察意见，移送有关主管机关处理”。

（2）提起公诉。

人民检察院认为犯罪嫌疑人的犯罪事实已经查清，证据确实、充分，依法应当追究刑事责任的，应当作出起诉决定，按照审判管辖的规定，向人民法院提起公诉，并将案卷材料、证据移送人民法院。

人民检察院决定起诉的，应当制作起诉书。起诉书的主要内容包括：被告人的基本情况；案由和案件来源；案件事实，包括犯罪的时间、地点、经过、手段、动机、目的、危害后果等与定罪量刑有关的事实要素；起诉的根据和理由，包括被告人触犯的刑法条款、犯罪的性质及认定的罪名、处罚条款、法定从轻、减轻或者从重处罚的情节，共同犯罪各被告人应负的罪责等；被告人认罪认罚情况，包括认罪认罚的内容、具结书签署情况等。此外，起诉书应当附有被告人现在处所，证人、鉴定人、需要出庭的有专门知识的人的名单，查封、扣押、冻结的财物及孳息的清单，以及其他需要附注的情况。

人民检察院提起公诉的案件，应当向人民法院移送起诉书、案卷材料、证据和认罪认罚具结书等材料。同时，可以向人民法院提出量刑建议。除有减轻处罚或者免除处罚情节外，量刑建议应当在法定量刑幅度内提出。建议判处有期徒刑、管制、拘役的，可以具有一定的幅度，也可以提出具体确定的建议。提出量刑建议的，可以制作量刑建议书，与起诉书一并移送人民法院。量刑建议书的主要内容应当包括被告人所犯罪行的法定刑、量刑情节、建议人民法院对被告人判处刑罚的种类、刑罚幅度、可以适用的刑罚执行方式以及提出量刑建议的依据和理由等。

3. 审理和判决

人民法院审理案件，实行两审终审制。

人民法院审判第一审案件应当公开进行。在决定开庭审判后，应当确定合议庭的组成人员，将人民检察院的起诉书副本至迟在开庭十日以前送达被告人及其辩护人。公诉人在法庭上宣读起诉书后，被告人、被害人可以就起诉书指控的犯罪进行陈述，公诉人可以讯问被告人；被害人、附带民事诉讼的原告人和辩护人、诉讼代理人，经审判长许可，可以向被告人发问；审判人员可以讯问被告人。法庭审理过程中，对与定罪、量刑有关的事实、证据，都应当进行调查、辩论。辩论终结后，被告人有最后陈述的权利。根据已经查明的事实、证据和有关的法律规定，分别作出以下判决：案件事实清楚，证据确实、充分，依据法律认定被告人有罪的，应当作出有罪判决；依据法律认定被告人无罪的，应当作出无罪判决；证据不足，不能认定被告人有罪的，应当作出证据不足、指控的犯罪不能成立的无罪判决。不服判决的上诉和抗诉的期限为十日，从接到判决书的第二日起算。

人民法院第二审对不服第一审判决的上诉、抗诉案件，经过审理后，应当按照下列情形分别处理：原判决认定事实和适用法律正确、量刑适当的，裁定驳回上诉或者抗诉，维持原判；原判决认定事实没有错误，但适用法律有错误，或者量刑不当的，应当改判；原判决事实不清楚或者证据不足的，可以在查清事实后改判，也可以裁定撤销原判，发回原审法院重新审判。第二审的判决、裁定和最高人民法院的判决、裁定，都是终审的判决、裁定。

4. 执行

判决和裁定在发生法律效力后执行。对被判处有期徒刑的罪犯，由公安机关依法将其送交监狱执行刑罚，其中剩余刑期在三个月以下的，由看守所代为执行；对被判处拘役的罪犯，由公安机关执行。执行机关应当将罪犯及时收押，并且通知罪犯家属。判处有期徒刑、拘役的罪犯，执行期满后，应当由执行机关发给释放证明书。

（四）责任追究对象权利的救济程序

就重大行政决策责任追究的主体来看，不仅有行政主管机关和党的纪律检查机关，还有国家监察机关和司法机关。由于责任追究主体、依据和承担责任的具体方式不同，责任追究对象权利的救济程序也有所差异。概括起来，我国现行的对责任追究对象的权利救济，主要是不服人事处理的“复核”“申诉”与“再申诉”，不服监察机关作出的政务处分的“复审”与“复核”，以及责任追究对象被错误拘留、逮捕和判决的刑事赔偿。

1. 不服人事处理的“复核”“申诉”与“再申诉”

在重大行政决策责任追究活动中，作为责任追究对象的公务员，如果对行政主管机关作出的人事处理不服，可以通过申请复核、提出申诉和再申诉等救济程序，依法维护自己的合法权益。根据《中华人民共和国公务员法》的相关规定，公务员对涉及本人的人事处理不服的，可以自知道该人事处理之日起三十日内向原处理机关申请复核，原处理机关应当自接到复核申请书后的三十日内作出复核决定，并以书面形式告知申请人。责任追究对象如果对复核结果仍然不服，可以自接到复核决定之日起十五日内，向同级公务员主管部门或者作出该人事处理的机关的上一级机关提出申诉；也可以不经复核，自知道该人事处理之日起三十日内直接提出申诉。受理公务员申诉的机关应当自受理之日起六十日内作出处理决定；案情复杂的，可以适当延长，但是延长时间不得超过三十日。对省级以下机关作出的申诉处理决定不服的，可以向作出处理决定的上一级机关提出再申诉。

需要指出的是，上面所说的“人事处理”并不仅限于行政处分，主要包括八种类型，即：（1）处分；（2）辞退或者取消录用；（3）降职；（4）定期考核定为不称职；（5）免职；（6）申请辞职、提前退休未予批准；（7）不按照规定确定或者扣减工资、福利、保险待遇；（8）法律、法规规定可以申诉的其他情形。上述这些情形中，大多都会与行政决策责任追究有或多或少的联系。依法申请复核或者提出申诉与再申诉，这是法律赋予公务员的权利，虽然复核、申诉期间不停止人事处理的执行，但也不能因申请复核或者提出申诉而加重对责任追究对象的处理。对于公务员的申诉和再申诉，受理机关审查后认定人事处理有错误的，原处理机关应当及时予以纠正。

2. 不服政务处分的“复审”与“复核”

《公职人员政务处分暂行规定》第十六条规定：“对公职人员不服政务处分决定的复审、复核，按照《中华人民共和国监察法》的规定办理。变更、撤销政务处分的情形和法律后果，根据受处分的公职人员的具体身份，依照或者参照《行政机关公务员处分条例》《事业单位工作人员处分暂行规定》等规定执行。”由此可见，责任追究对象如果对国家监察机关作出的处理决定不服，可以先申请“复审”，对复审决定仍不服的，还可以再申请“复核”，并且不因申请复审、复核而被加重处分。

复审、复核救济程序的法律依据主要是《中华人民共和国监察法》第四十九条。该条明确规定：“监察对象对监察机关作出的涉及本人的处理决定不服的，可以在收到处理决定之日起一个月内，向作出决定的监察机关申请复审，复审机关应当在一个月内作出复审决定；监察对象对复审决定仍不服的，可以在收到复审决定之日起一个月内，向上一级监察机关申请复核，复核机关应当在二个月内作出复核决定。复审、复核期间，不停止原处理决定的执行。复核机关经审查，认定处理决定有错误的，原处理机关应当及时予以纠正。”

对于责任追究对象的复核申请，复核机关可以根据不同情况，分别处理如下。一是“撤销处分决定，重新作出决定或者责令原处分决定机关重新作出决定”，主要适用于下列情形：（1）处分所依据的违法违纪事实证据不足的；（2）违反法定程序，影响案件公正处理的；（3）作出处分决定超越职权或者滥用职权的。二是“变更处分决定，或者责令原处分决定机关变更处分决定”，主要适用于下列情形：（1）适用法律、法规、规章或者国务院决定错误的；（2）对违法违纪行为的情节认定有误的；（3）处分不当的。按照相关规定，处分决定变更后，需要调整责任追究对象职务、级别或者工资档次的，应当予以调整；处分决定被撤销，应当恢复责任追究对象的级别、工资档次，按照原职务安排相应的职务，并在适当范围内为其恢复名誉。此外，责任追究对象的工资福利因此而受到损失的，还应当依法予以补偿。

3. 错误拘留、逮捕和判决的刑事赔偿的“申请”与“复议”

在我国，因重大行政决策失误、造成严重后果而被追究刑事责任的人员，享有依法取得国家赔偿的权利。根据《中华人民共和国国家赔偿法》的规定，行使侦查、检察、审判职权的机关以及看守所、监狱管理机关及其工作人员行使职权时有下列情形之一的，受害人有取得赔偿的权利：(1) 违反刑事诉讼法的规定对公民采取拘留措施的，或者依照刑事诉讼法规定的条件和程序对公民采取拘留措施，但是拘留时间超过刑事诉讼法规定的时限，其后决定撤销案件、不起诉或者判决宣告无罪终止追究刑事责任的；(2) 对公民采取逮捕措施后，决定撤销案件、不起诉或者判决宣告无罪终止追究刑事责任的；(3) 依照审判监督程序再审改判无罪，原判刑罚已经执行的；(4) 刑讯逼供或者以殴打、虐待等行为或者唆使、放纵他人以殴打、虐待等行为造成公民身体伤害或者死亡的；(5) 违法使用武器、警械造成公民身体伤害或者死亡的。

作为赔偿请求人的责任追究对象要求赔偿，应当先向赔偿义务机关提出。这里的赔偿义务机关主要有三种情形：一是对公民采取拘留措施、依法应当给予国家赔偿的，作出拘留决定的公安机关为赔偿义务机关；二是对公民采取逮捕措施后决定撤销案件、不起诉或者判决宣告无罪的，作出逮捕决定的检察机关为赔偿义务机关；三是再审改判无罪的，作出原生效判决的人民法院为赔偿义务机关。二审改判无罪，以及二审发回重审后作无罪处理的，作出一审有罪判决的人民法院为赔偿义务机关。按照法律规定，赔偿义务机关应当自收到申请之日起两个月内，作出是否赔偿的决定。其中，决定赔偿的，应当制作赔偿决定书，并自作出决定之日起十日内送达赔偿请求人；决定不予赔偿的，应当自作出决定之日起十日内书面通知赔偿请求人，并说明不予赔偿的理由。

赔偿请求人对赔偿的方式、项目、数额有异议的，或者赔偿义务机关作出不予赔偿决定的，赔偿请求人可以自赔偿义务机关作出赔偿或者不予赔偿决定之日起三十日内，向赔偿义务机关的上一级机关申请复议。复议机关应当自收到申请之日起两个月内作出决定。赔偿请求人不服复议决定的，可以在收到复议决定之日起三十日内，向复议机关所在地的同级人民法院赔偿委员会申请作出赔偿决定；复议机关逾期不做决定的，赔偿请求人也可以在期限届满之日起三十日内，向复议机关所在地的同级人民法院赔偿委员会申请作出赔偿决定。人民法院赔偿委员会处理赔偿请求，采取书面审查的办法，一般应当自收到赔偿申请之日起三个月内作出决定，对于疑难、复杂、重大案件，可以经本院院长批准延长三个月。

4. 完善重大行政决策责任追究的救济程序

行使公共权力的公务人员，具有公民和公务员的双重身份，并依法享有身份保障权和俸给保障权，即“非因法定事由、非经法定程序，不被免职、降职、辞退或者处分”。要保障责任追究对象的合法权益，就必须健全重大行政决策责任追究的救济程序。具体来讲，“普通的惩戒处分，系行政机关为提高行政效率、加强队伍建设目的而作，为保障行政权的相对独立性，仍然以行政机关为最终的决定者；涉及基本人权的惩戒处分，如撤职、开除等较为严厉的制裁，必须受到公正的司法救济，否则即违背了法治国家的基本理念”[①]。

由于受传统特别权力关系理论的影响，在一段相当长的时间里，许多国家都把行政机关的“人事处理”排除在司法审查的范围之外。即便是普通法系的英国，在1970年之前法官仍不愿干涉这类纯属行政机关内部管理的事务。[②]第二次世界大战以后，特别权力关系理论受到了人们的批评。在这种情况下，不少国家都有条件地将部分行政处分列入法院的审查范围。例如，日本的《国家公务员法》和《地方公务员法》中就详细地规定了公务员的勤务关系，并明确将公务员的“不利处分”纳入了诉讼的范围。然而，时至今日，我国法律仍将这类事项排除在司法救济的范围之外。例如，《中华人民共和国行政诉讼法》第十三条就明确规定，“行政机关对行政机关工作人员的奖惩、任免等决定”不属于人民法院的受案

① 胡建淼等:《领导人行政责任问题研究》,浙江大学出版社2005年版,第128页。

② 参见王名扬:《英国行政法》,中国政法大学出版社1987年版,第37页。

范围。

在1956年德国公法教授协会召开的以“特别权力关系”为主题的研讨会上，乌勒教授曾把特别权力关系分为基础关系和管理关系。凡是有关该特别权力关系产生、变更和消灭以及涉及公务员个人财产的关系，如公务员资格的取得、丧失、降级、降职等，属于基础关系。对于特别权力人所为的涉及基础关系事项的决定，可以提起司法救济；凡是为了达到行政目的，特别权力人所为的一切管理措施，如公务员的服装、仪容规定和作息时间规定等，属于管理关系。对于这些措施，应视为行政内部指示，不得提起司法救济。[①] 根据上述理论，在重大行政决策责任追究的制度设计和具体实践中，必须妥善处理行政权与司法权的关系，并把“行政处分是否改变行政公务人员的身份以及对其财产关系是否有重大影响”作为能否寻求司法救济的判断标准。具体来讲，在不涉及公务员身份和重大财产关系的一般事项上，如警告、训诫、记过等，要充分尊重行政机关的自主管理权；而对于关系到公务员身份和重大财产关系的事项，如撤职、开除、解除聘用关系等，则应当为其提供必要的司法救济。

二、重大行政决策终身责任追究的配套制度

在社会系统中，任何一种制度都不能独自运行，重大行政决策终身责任追究制度也不例外。在追究行政决策责任的实践中，其功能能否实现，取决于外部运行环境的优化与相关配套制度的完善。概括起来，与重大行政决策终身责任追究制度相关的配套制度主要有重大行政决策事项目录制度、重大行政决策后评估制度、重大行政决策全过程监督制度，以及重大行政决策集体讨论记录制度和材料归档制度等。

（一）重大行政决策事项目录制度

根据本地实际，制定重大行政决策事项目录，是依法、科学、民主决

① 参见胡建淼:《行政诉讼法学》,高等教育出版社2003年版,第46—48页。

策的重要内容，同时也是行政决策责任追究制度有效发挥作用的前提和基础。2013年11月，广州市人民政府率先在全国推出了《广州市重大行政决策目录管理试行办法》，共19条，自2014年1月1日起施行。该办法明确要求：市、区两级政府应按照《广州市重大行政决策程序规定》，将有关重大行政决策事项纳入目录管理。还规定将下列事项同时纳入听证目录管理：（1）涉及群众切身利益，且公众意见可能分歧较大的；（2）决策部门或者决策承办部门认为有必要组织听证的。决策目录和听证目录实行动态管理，每年年初由相关部门提出，在法制机构审查、政府常务会议审定后印发实施，并向社会公布。而行政监察机关则负责对议题事项的提出，以及决策目录和听证目录的编制、管理、执行等情况进行监察。因工作需要，新增或调整重大行政决策事项，由决策承办部门征求政府法制机构等有关部门意见后，报本级政府批准，同时对决策目录或听证目录进行相应的调整。此外，该办法还规定应当在政府门户网站开设重大行政决策信息专题网页，发布重大行政决策信息，征集社会公众的建议和意见。政府部门对社会公众提出的意见要及时回复处理并反馈。

继广州市实行重大行政决策目录管理办法之后，广东省的佛山市，安徽省的合肥市、安庆市，湖南省的株洲市、益阳市，江苏省的苏州市、江阴市，四川省的泸州市，河北省的承德市，山东省的淄博市，以及内蒙古自治区的阿拉善盟等地，都在实行重大行政决策事项目录管理方面进行了有益的探索和实践，并积累了可供借鉴的经验。在此基础上，国务院制定的《重大行政决策程序暂行规定》对这个问题明确规定如下：“决策机关可以根据本条第一款的规定，结合职责权限和本地实际，确定决策事项目录、标准，经同级党委同意后向社会公布，并根据实际情况调整。”根据上述要求，必须首先统一重大行政决策的认定标准，然后才能依据这个标准，并结合当地实际，确定重大行政决策的事项目录，从而实现重大行政决策的科学化、民主化、法治化。

（二）重大行政决策集体讨论决定记录制度

在重大行政决策责任追究活动中，需要区分领导集体中不同责任人所起的作用，准确地划分责任。其中，“决策机关集体讨论决策草案时，有关人员对严重失误的决策表示不同意见的，按照规定减免责任”。这就要求我们健全会议记录制度，对决策机关集体讨论、形成决定的全过程进行记录。

近几年来，各地陆续制定了一些关于重大行政决策程序的政府规章或规范性文件，其中绝大多数对集体讨论环节的记录问题进行了规定。例如：《湖北省人民政府重大行政决策程序规定（试行）》明确规定，“重大行政决策应当经省政府常务会议或全体会议审议决定……省政府常务会议或者全体会议应当就重大行政决策形成会议纪要，如实记录会议讨论情况及决定，对不同意见应当特别载明”；《贵州省人民政府重大行政决策程序规定》也有类似的规定，即“会议应当记录每位参会人员发表的意见，并制作会议纪要”。此外，《江西省县级以上人民政府重大行政决策程序规定》《浙江省重大行政决策程序规定》等，也都对这个问题进行了专门的规定。在实践中，记录工作通常由政府办公厅（室）的工作人员负责。记录的形式既可以是书面文字记录，也可以是动态影音记录，即采用照相、录音、录像、视频监控等方式进行的记录。

实践证明，重大行政决策集体讨论决定记录是认定领导集体成员责任的重要依据，也是追究行政决策责任不可缺少的配套制度。正因为这样，国务院制定的《重大行政决策程序暂行条例》明确规定如下：“决策草案应当经决策机关常务会议或者全体会议讨论。决策机关行政首长在集体讨论的基础上作出决定。讨论决策草案，会议组成人员应当充分发表意见，行政首长最后发表意见。行政首长拟作出的决定与会议组成人员多数人的意见不一致的，应当在会上说明理由。集体讨论决定情况应当如实记录，不同意见应当如实载明。”

（三）重大行政决策后评估制度

重大行政决策责任追究的前提是行政决策违法或者严重失误，而要判断一项行政决策是否存在失误或不当，则需要借助于重大行政决策后评估制度。所谓重大行政决策后评估，是指依据一定的标准和程序，运用科学、系统、规范的评价方法，对重大行政决策事项的实施过程和实施后效果作出综合评定，并由此决定行政决策的延续、调整或者终结。根据独立、客观、公正、科学的原则，评估机关可以委托高等院校、科研机构、社会团体、咨询机构等进行决策后评估。一般来讲，行政决策后评估应当围绕以下内容开展：（1）决策的实施结果与决策目的是否符合；（2）实施决策的成本、效益分析；（3）实施决策带来的负面因素；（4）实施决策在特定对象中的接受程度；（5）实施决策与经济发展方向的符合程度；（6）实施决策带来的近期效益和长远影响；（7）主要经验、教训、措施和建议等。其中，决策实施效果是否符合制定目标、决策实施的成本与效益分析和决策实施在特定对象中的评价这三项，则是决策后评估不可缺少的主要内容。

建立决策后评估制度不仅是重大行政决策责任追究的现实需要，也是提高行政决策质量和效益的内在要求。为了保证决策后评估的质量，需要做好以下三个方面的工作：其一，建立多主体的评估体系，增强决策后评估的公正性。评估主体必须是多元的，既包括有隶属关系的上级机关和内设机构，也包括外部的科研院所、专业机构和社会组织。这是因为，不同的评估主体各有其优点，亦有其不足。如果单纯由来自内部的主体进行评估，可能会刻意隐瞒决策中存在的问题，文过饰非，或者将决策机关的责任转移给某个决策执行部门；如果完全委托外部的主体进行评估，这些主体可能会因为不了解行政机关内部的决策运行机制而出现不该有的差错。其二，综合运用多种评估方法，增强决策后评估的科学性。对重大行政决策进行决策后评估，不仅需要建立一套能够反复使用的评估目标和评估指数，还要运用科学的方法和技术手段。按照先后顺序，大致分为三个步骤：（1）运用个体的、群体的访谈方法或采用文件资料审读、抽样问卷、实地调研等方法，采集整理决策信息；（2）实行定性、定量分析相结合的方法，分析决策信息；（3）运用成本效益统计、抽样分析、综合分析等方法，评价得出评估结论。其三，重视和采纳评估报告中提出的建议，增强决策后评估的有效性。评估报告的内容一般包括：对决策事项的作出与实施进行总体的评价，对决策效果、决策效率、决策效益作出定性与定量的评价；作出决策评估和定性、定量评价的依据；决策实施过程中存在的问题及改进对策；对决策事项继续实施、推广、调整或终结的建议；等等。为了充分发挥决策后评估的重要作用，形成的决策后评估报告经同级人民政府法制机构合法性审查后，应当报同级人民政府常务会议或全体会议审议，将其作为决策事项继续实施、推广、调整或终结的重要依据。

（四）重大行政决策材料归档制度

在重大行政决策责任追究实践中，无论是实行“责任倒查”，还是实行“终身责任追究”，都离不开当时的历史档案。因此，《重大行政决策程序暂行条例》第三十三条规定：“决策机关应当建立重大行政决策过程记录和材料归档制度，由有关单位将履行决策程序形成的记录、材料及时完整归档。”

重大行政决策是一个连续的过程，其中任何一个环节出现问题，都有可能导致整个决策的失误。因此，完整的档案材料应当贯穿重大行政决策的全过程，包括决策草案的形成、公众参与、专家论证、听证、风险评估、合法性审查、集体讨论决定、公布等所有环节形成的相关材料。值得欣慰的是，制定日期早于《重大行政决策程序暂行条例》的地方政府规章或规范性文件，也都规定了建立“重大行政决策全过程归档制度”，只是使用的措辞和具体内容有所不同。其中，《辽宁省重大行政决策程序规定》（辽宁省人民政府令第297号）规定，档案主要包括“决策方案草案和说明、公众参与反馈意见汇总及处理情况说明、听证会笔录、专家或者专业机构咨询论证意见、风险评估报告、合法性审查意见书、集体讨论会议记录、发布决策结果纸质文件等有关材料”，对于上述材料，决策机关和决策承办单位应当及时完整归档，作为履行决策程序的凭证。《云南省重大行政决策程序规定》（云南省人民政府令第200号）中的档案，则包括“决策建议、风险评估、专家论证、听证报告、合法性审查、会议纪要、实施后评估、督促检查等制定、执行、监督中形成的材料”。根据《宁夏回族自治区重大行政决策规则》（宁夏回族自治区人民政府令第74号）的规定，“决策方案草案及说明、主要调研成果、决策机关集体讨论决定会议记录、决策结果、决策执行和后评估情况、决策调整情况等有关材料”，属于重大行政决策档案的范围。

（五）重大行政决策全过程监督制度

“行政决策是对面向未来的公共事务作出的选择和决定，选择的过程本身就是裁量的过程，加上未来决策环境的多变和不确定性，使得决策中的自由裁量成为一种必然。行政决策的公共性和长远性决定了行政决策中包含着广泛的自由裁量空间，而这种决策的自由裁量需要相应的行政决策监督制度予以控制。”①鉴于上述原因，早在2004年3月，国务院就在《全面推进依法行政实施纲要》中明确提出：“要加强对决策活动的监督，完善行政决策的监督体制机制，明确监督主体、监督内容、监督对象、监督程序和监督方式。”

“我国现行的行政决策监督体系产生于中华人民共和国成立以后，它包括国家行政机关外部监督和内部监督两大体系。行政机关的外部监督体系主要包括政党监督、国家权力机关监督、社会团体监督、人民群众监督和社会舆论监督。”②该监督体系虽然在监督行政决策权的行使方面发挥了一定的积极作用，但也存在着一些明显的缺陷，主要表现在以下几个方面：一是内部监督主体与监督对象之间存在着或多或少的利益关系，甚至还存在着一定的依附关系，缺乏必要的独立性，监督的效果不尽如人意；二是行政决策行为往往具有专业性和技术性，国家权力机关、监察机关和司法机关等外部监督主体的作用尚未得到充分发挥，外部监督软弱无力；三是行政决策的监督具有滞后性，即偏重于事后监督，缺乏对行政决策全过程的动态监督；四是监督主体之间职责权限不清，缺乏必要的沟通与协调，难以形成监督的“合力”，影响行政决策监督的整体效果。

为了加强对行政决策权的监督，促进行政决策的科学化、民主化和法

---

① 周实、齐宁：《行政决策的法制化研究》，东北大学出版社2014年版，第87页。

② 转引自杨寅：《行政决策程序、监督与责任制度》，中国法制出版社2011年版，第153—154页。

治化，需要采取有效措施，进一步完善我国的行政决策监督机制。其一，整合现有的各种监督资源，使不同的监督主体在分工负责的基础上密切配合，构建党统一领导的权威高效的社会主义监督体系；其二，继续推进监察体制改革，充分发挥各级监察机关的作用；其三，健全质询、罢免、特定问题调查等制度，加强国家权力机关对行政决策的监督；其四，提升审计机关的法律地位，强化对行政决策的审计监督；其五，实行国家监督与社会监督相结合，进一步强化人民监督；其六，制定行政决策监督规范，加强配套制度建设，使行政决策监督进一步科学化、民主化、法治化。

第九章

重大行政决策风险评估及其责任

美国学者塞缪尔·亨廷顿认为："一个高度传统化的社会和一个已经实现了现代化的社会，其社会运行是稳定而有序的。而一个处在社会急剧变动，社会体制转轨的现代化之中的社会，往往充满着各种社会冲突和动荡。"[①]重大行政决策是行政权力运行的起点，涉及的利益关系通常比较复杂，因而更容易引发各种风险。为了确保重大行政决策的科学性和安全性，必须建立科学的重大行政决策的风险评估制度，以有效地减少和避免可能带来的政治风险、社会风险、经济风险与环境风险。正因为这样，2019年9月1日起施行的《重大行政决策程序暂行条例》第二十二条明确规定："重大行政决策的实施可能对社会稳定、公共安全等方面造成不利影响的，决策承办单位或者负责风险评估工作的其他单位应当组织评估决策草案的风险可控性。"该条例不仅把风险评估结果作为重大行政决策的重要依据，而且还规定了评估机构和相关人员的责任，即"承担论证评估工作的专家、专业机构、社会组织等违反职业道德和本条例规定的，予以

① [美]塞缪尔·亨廷顿著，王冠华等译：《变化社会中的政治秩序》，三联书店出版社1989年版，第40页。

通报批评、责令限期整改；造成严重后果的，取消评估资格、承担相应责任”。

一、重大行政决策风险评估的意义

（一）重大行政决策风险评估的概念

20世纪30年代，风险的管理理论开始在西方国家兴起。美国学者加拉格尔于1950年首次提出了“风险管理”这一概念。[①]行政决策的风险评估主要源于决策评估制度，世界各国与之相似的制度还有公共政策风险评估制度、规制影响分析制度等。从20世纪50年代开始，决策评估制度便逐步受到理论界的重视，并被划分为事先评估和事后评估两种，而事先评估的内容中就包含了风险评估。随着社会的发展，尤其是在当今风险社会的背景下对行政决策进行风险评估，其价值就是将“风险”有效地从决策事项中剥离出来，进而推动决策的科学化和民主化。世界各国基于政治传统和法律的不同，先后建立起了不同的风险防控机制。行政决策的社会稳定风险评估，美国称为“社会影响评价”，法国则称“公共政策影响评价”，而英国则称 “社会分析”。20世纪70年代以后，美国颁布了关于环境保护的《国家环境政策法》，通过对环境影响进行有效评价来加强对生态环境的保护。美国通过制定环境保护评价制度，开了环境风险评估机制的先河，并逐步地将决策风险评估制度纳入行政决策中来。

国内学者对此也有所研究，指出应当将行政决策的风险评估分为“决”定和献“策”两个程序，其中“决”就是体现风险控制方案的风险管理行为，而“策”体现的是对风险进行预估的行为。风险管理与风险评估之间既有一定的联系，也有着明显的区别。概括起来，两者的区别主要

① [德]乌尔里希·贝克著，何傅闻译：《风险社会》，译林出版社2008年版，第38页。

表现在以下三个方面：[①]

一是权力属性不同。风险管理一般具有公权力属性，它应当是行政决策风险评估制度的最后一环。其作用是为了进行宏观调控，是一种被赋予了法律效力而行使公权力的行为。而风险评估是对相关决策所隐藏的风险进行测评，并不具有法律上的效力性，而是由行政机关进行统筹并通过采纳风险评估的结果来认定其是否具有公权力的属性。

二是实施主体不同。风险管理的主体只能是行政机关或法律、法规、规章授权的机构，换句话说，风险管理必须得到公权力的支持和承认，才具有强制力和支配力。而风险评估的主体可以是任何主体，在更多的情况下是具备专业知识的社会组织机构或者个人。风险评估的主体往往需要通过整合有效的信息资源，并结合自己的专业知识来对行政决策进行评估。

三是具体特征不同。风险管理具有唯一性和确定性，且风险管理作为公权力的选择结果，在其作出选择后只能是确定且唯一的。但是，风险评估则具有多样性和不确定性。由于风险自身会根据不同的时间、空间和环境有所变化，而且风险具有极大的隐藏性。因此，不同的评估主体在不同的角度，采取不同的评估方法和利用不同的资源时可能会造成风险评估的结果有所不同。

在对风险评估与风险管理的区别和联系进行分析后，可将重大行政决策风险评估定义为："行政决策主体对涉及广大人民群众利益的重大事项出台之前或实施过程中可能出现的影响社会稳定、经济效益、环境保护、公共安全、媒体舆情等风险进行系统、科学地研判、预测、评估，制定应对策略和预案，以便有效地规避、预防、降低、控制和应对可能产生的社会风险，并将评估结论作为政府作出决策的基本依据的一整套运行机制，主要包括评估体制、内容、主体、程序、方法和责任机制。"[②]

① 黄学贤、郑哲：《聚焦二维结构的行政决策风险评估制度》，《苏州大学学报》（哲学社会科学版）2013年第5期，第73—79页。

② 肖北庚等：《行政决策法治化研究》，法律出版社2015年版，第185页。

（二）重大行政决策风险评估的意义

随着社会进入高风险期，决策往往具有一定的风险，行政决策亦不例外。在这种情况下，无论是作为行政主体的政府，还是企业、团体和个人都应当对决策中可能产生的风险进行评估，从而对风险的发生进行有效地规避或防范。

虽然我国目前在重大行政决策风险评估方面已累积了一定的实践经验，但是仍然处于探索阶段。地方立法实践在经历十余年的探索后，逐步完善了相关风险评估程序，为中央进行全国性统一的立法提供了宝贵经验。早在2005年，四川省遂宁市就进行了行政决策风险评估机制的探索，并在国内建立了关于重大工程项目的社会稳定风险评估的预测化解的相关机制。在2006年，把社会稳定风险评估的内容与范围进一步拓展到与民众利益相关的事项上；紧接着在2007年，又系统性地制作了关于风险评估的工作流程操作图，并确立了社会风险评价指标体系；随后在2008年，遂宁市便构建起比较完善的关于重大决策事项社会风险的评估体系，并以此为基础不断地进行完善和发展。[①]其他地区以四川省“遂宁模式”为蓝本进行学习和借鉴，也开始积极进行有关重大行政决策风险评估的尝试和探索。国务院在2010年为推进依法行政和法治政府的建设进程，在加强法治政府建设的意见中明确提出了要建立和完善相关行政决策的风险评估机制。各地的地方政府便根据国务院的这份指导意见，积极地开展了关于重大行政决策风险评估机制的系列探索。比如2010年《广州市重大行政决策程序规定》在第三章的决策程序和第四章的审议决定的规定中，用了25个条文来对重大行政决策的过程进行规定。这些程序规定不仅明确了要建立起以公众参与、合法性审查、风险评估、专家咨询和集体决定相结合的行政决策机制，还要求对财政经济、社会稳定、环境生态和法律纠纷等内容进行风险评估。这些都为其他省市的重大行政决策规范性文件中对风险评

① 许丹:《中国地方政府行政决策风险评估机制研究——以遂宁模式为例》,黑龙江大学硕士学位论文,2016年。

估机制的完善提供了借鉴，同时也促进了我国重大行政决策风险评估制度的探索与完善。为了健全科学民主依法决策机制，规范重大行政决策的行为，提高决策质量和保证决策效率，我国正在积极进行有效的立法活动。已有的实践探索和法治政府建设背景，为重大行政决策风险评估机制的完善提供了有利的环境。

1. 有利于实现法治政府的建设

依法治国基本方略的一项重要内容就是要实现依法行政，同时依法行政也是政府实行行政管理的一项基本原则和要求。创新社会管理方式建设法治政府，应当注重行政决策的风险评估，将风险评估作为一种法定程序。随着我国法治建设的进行和法治观念的普及，行政机关和领导个人必须在合法与职权范围内行使权力。在重大行政决策的过程中，首先要启动风险评估程序，在加强程序性建设的同时建立起重大行政决策的风险评估机制，以此来推动依法决策，使得重大行政决策在内容和程序上都按照法律的规定和权限进行合法评估而得到有效的落实和执行。[①]政府的重大行政决策只有通过正当法律程序作出，才能约束决策者的权力进而实现理性决策。只有对政府重大行政决策进行合法性评估，才能将从决策到执行再到监督的整个过程都纳入法律程序中来。对重大行政决策进行有效调控，使违法的行政决策在源头上得以断灭，以此来避免违法决策的产生，从而推动政府依法行政，进而强化行政决策的合法性地位，推动法治政府的建设。

2. 有利于推动社会稳定的发展

我国当下正处于高速发展期与深化改革期，同时也处于社会矛盾的高发期和风险期。重大行政决策的内容往往涉及的是有关重大公共利益、全局性和综合性的事项，因此重大行政决策的失误不仅会有损人民群众的利益与政府的形象，还会引起公众不满而危及社会的稳定。重大行政决策风险评估中的社会稳定风险评估，将会使政府执政的思维方式从被动的事后管控转变为立体化、民主化、科学化的主动思维方式。从而有利于从源头

① 杜钢建:《法治是社会管理创新的治本之道》,《湘湖论坛》2011年第6期,第5—7页。

上规避风险来保障决策顺利进行，推动社会稳定的发展。风险评估的应用可以发挥转变政府执政理念的作用，比如通过重大行政决策社会稳定风险评估程序的嵌入，对容易引发社会稳定问题的风险作出应对预案，维持动态的社会稳定。[①]同时完善重大行政决策风险评估机制，能够提高政府决策的科学化与民主化。在作出或者出台重大行政决策事项时，能够充分考虑社会公众的意见与接受度，听取专家的意见分析和建议，从而有利于减少决策失误带来的社会稳定风险，提高决策的正确性与科学性。这种科学和正确的风险评估，有利于预防机制的建立，节约决策成本，从而带来良好的隐性收益。在实践中不难发现造成社会稳定风险的导火索之一就是政府的决策和管理行为不当，对公众利益、集体利益或者个人利益造成了损害而没有去妥善处理。因此对重大行政决策进行有效的风险评估，旨在最大限度地维护社会公共利益与个人利益，提供风险解决方案和建议，以使最终实施的决策得到公众的认可与支持，从而避免不稳定风险的发生。

3. 有利于保障公民的民主权利

在现代民主国家中，公民参与制定政策的过程，被法律确定下来并成为法定的决策程序。与此同时，民主决策体制中公民参与的过程使政府决策者和社会主体之间有了良好的联络，使政府和社会形成了有利的互动。[②]在重大行政决策的作出上虽然是以政府为主导，但是仍旧需要人大及其常委会进行监督，同时引进第三方机构进行科学而独立的评估，以及加强社会公众民主参与的积极性。在经历了上述过程后所作出的决策，才能真正地体现出决策的科学性和民主性。在目前的地方规章和相关的规范性文件中，基本上都把公众参与作为一项基本原则或内容纳入重大行政决策的风险评估程序中。通过有效的风险评估程序，保障公民的参与权并能够及时地了解民众的意见，真正地实现政府听从民意，做到从群众中来到群众中去。真正地让公民参与，不仅能够使公民的民主权利得到充分行

① 郑沫:《重大行政决策社会稳定风险评估制度研究》,黑龙江大学硕士学位论文,2015年。

② 赵成根:《民主与公共决策研究》,黑龙江人民出版社2000年版,第169页。

使，还能够使行政机关的决策得以顺利执行，进而提升政府的公信力，为政府的依法行政提供依据和基础。[①]

二、重大行政决策风险评估的内容与原则

为了健全科学民主的依法决策机制，规范重大行政决策行为，提高决策质量和保证决策效率，目前我国正在积极地推进法治政府的建设。十余年的实践探索，为重大行政决策风险评估机制的完善积累了宝贵的经验。通过坚持独立评估、民主评估、科学评估、信息公开、优化比例这五项评估原则，来对重大行政决策的相关内容进行有效的风险评估。

（一）重大行政决策风险评估的内容

1. 合法性评估

依法决策是重大行政决策进行合法性评估的基本要求。在进行重大行政决策过程中，应当对决策主体的合法性、决策依据的合法性、决策内容的合法性、决策权限的合法性和决策程序的合法性进行评估。比如对决策事项是否属于决策行政主体的权限与授权范围、是否符合党和国家的大政方针、是否符合法定的决策程序等进行评估。国务院2008年发布的《国务院关于加强市县政府依法行政的决定》中明确规定：要健全重大行政决策的合法性审查制度，未经合法性审查或者经审查不合法的不得做出决策。文件明确提出了要建立重大行政决策的合法性审查制度，这是通过全国统一性指导意见来要求市县政府在作出重大行政决策时要进行合法性审查。2016年《上海市重大行政决策程序暂行规定》第十四条也明确规定了决策机关在进行决策时，应当事先将决策草案及相关材料进行合法性审查。在进行合法性审查时可采取多种形式，比如采取书面评估、论证评估和专家评估等形式。在进行书面评估时，应当根据其所依据的法律法规对其内容

① 郑莹:《重大行政决策风险评估制度的法律思考》,《第八届中部崛起法治论坛论文集》,2015年。

进行评估；在进行论证评估时，可以以召开座谈会、听证会、论证会的形式积极通过社会论证进行评估；在进行专家评估时，可以引进和建立专家人才库，比如浙江省人民政府公开聘请法律顾问等，来听取专家学者对拟作出的重大行政决策的看法。

2. 合理性评估

重大行政决策的合理性评估，要求行政主体作出的是一种理性且符合实际情况的决策。而所谓合理性是指：在进行合理性评估时，要充分考虑决策事项是否符合绝大多数公民、法人和其他组织的利益；重大行政决策的社会效益、经济效益和生态效益等是否符合人民群众现实利益、长远利益和合法权益；是否通过公众参与程序听取了利益群体的意见；是否遵循了公平、公正和公开的原则；是否充分考虑相关因素与进行比例原则的权衡；决策机关拟采取的措施是否合理及时等。行政主体在作出重大行政决策时，需要平等地对待每位利益相关者或行政相对人，做到同等情况同等对待和不同情况差别对待。在作出决策时，要进行合理性的裁量和考虑相关因素，必须具有适当性以满足合理性的需求。在利益损害抉择时，采取最大利益保护与最小损害避免的方式。在合法性的基础上，根据实际情况来评估重大行政决策的实施给地区的平衡性、社会的稳定性、发展的持续性等所带来的影响。要尽最大可能保护所涉及群众的合法权益，积极地听取相关利益群体的意见，从而保障评估决策的合理性，防止决策有违公平正义进而造成不合理现象的发生。

3. 可行性评估

可行性评估，是指行政主体在作出相关决策或者决策实施前对决策的可实施性进行评估。它要求行政主体在作出决策时要充分进行可行性论证，即对重大行政决策内容的适当性、可能性和可行性进行论证，以免决策失误而造成重大影响或损失。美国学者巴尔达奇认为，技术可行性、政治可行性、经济和财政可行性以及行政可操作性这四种主要因素会对政策设计目标产生较大影响。而学者大卫·沙维奇、卡尔·帕顿则进一步认为这四种类型包含了大多数政策评估标准，因此将其作为“通常使用的政策评估标准”，并对这四种标准进行运用。[①]其中技术可行性标准是用来衡量相关决策内容的产生能否达到预期目标；政治可行性标准是根据对决策作出者、决策执行者、决策承受者以及其他利益相关人的影响来衡量决策所能够达到的成效；经济和财政可行性论证则是通过对实施决策内容所必需的经济、财政、物质等资源获取的可行性进行评估；行政可操作性论证则是根据权威、制度约定、能力和组织支持等来对决策内容进行相关有效的论证。[②]但是在针对行政决策的具体评估时，则应当根据决策的具体内容来进行有效选择而实现相关论证。因此对重大行政决策的可行性评估应当包括：重大行政决策实施方案、实施物质条件、实施时机等是否符合本地区、行业发展和人民群众的利益；决策事项的配套措施是否经过充分调研论证以及公民、法人和其他组织对决策事项的接受程度等。

4. 可控性评估

可控性评估是指对于所要决策事项整体性的发展趋势，决策者能够对其发展方向进行有效的掌控。政府作出的重大行政决策与人民的利益息息相关，会直接影响到民生需要和国家经济发展，其作为重大行政决策的主导者与具体实施者应当对作出的决策有着宏观性的把控。一般可控性的评估主要包括以下四项：（1）制定与出台实施的重大行政决策是否存在公共安全隐患；（2）是否会引发不良群体性事件而导致社会治安不稳定与信访等问题；（3）是否对环境的保护与资源的节约有利；（4）是否制定了社会矛盾预防和化解措施以及相应的应急处置预案等。重大行政决策的可控性评估还应当充分考虑其决策的相关配套措施是否周密与完善，对可能引发社会稳定风险的可控程度进行严格把握，制定科学和有效的预防与化解措施。进行有效的可控性评估，对决策实施后所产生的发展动态进行严格把控，针对不同的发展动态及时采取不同的应对措施。同时在实施重大行政决策时，还要积极地跟进，建立有效的信息反馈机制，将整个决策的制

---

① [美]大卫·沙维奇、卡尔·帕顿著，孙兰芝、胡启生等译：《公共政策分析和规划的初步方法》，华夏出版社2002年版，第165—166页。

② 杨寅：《行政决策程序、监督与责任制度》，中国法制出版社2011年版，第103—106页。

定、实施进行合理的预期规划和有效的引导，防止决策实施后难以得到执行的情形发生。对决策可能会导致超出预料的不利后果，制定替代性方案或者相关预案，以实现对重大行政决策的可控性，防止决策的失控。

（二）重大行政决策风险评估的原则

要完善重大行政决策风险评估制度，使其科学而合理，必须让其回归到现实中。而这种现实要以决策的事项为逻辑起点，并将程序正义的理念贯穿整个制度。程序正义是一种前提，而这种前提的实现必须是将风险评估作为重大行政决策的一种法定程序和必经步骤。必须坚持民主和独立的评估，从而实现程序正义和体现行政决策的正当性，进而保障重大行政决策的科学性、民主性和维护社会公众的合法权益。

1. 独立评估原则

重大行政决策的风险评估要进行独立评估，需要明确风险评估的独立地位。这不仅是保障重大行政决策风险评估顺利实施的前提，更是实现科学评估、民主评估进而保障评估结果客观、公正、科学、合理的前提。实现独立评估，具体要求实现评估主体的独立、评估过程的独立、评估结果的独立。首先，评估主体应当与决策主体相分离，即评估主体不能依附于决策主体。特别是行政机关自己作为评估主体时，也应当独立地履行和进行风险评估的工作。防止决策主体以其自身具有的强大公权力，来影响评估各方参与主体的判断以及整个的评估过程。其次，评估过程应独立于外部影响，避免外部不适当的干预。评估的过程要进行独自的理性分析，保持价值中立使得评估结果科学而公正。最后，评估结果应当客观，评估结果保持其独立性。评估的结果得出后，应当保持其独立性不因外部干预或者行政权力的压迫而对其进行更改。评估主体的独立，能够保障评估的源头不被污染；评估过程的独立，能够保障评估结果的公正与客观；评估结果的独立，才能够最终保持客观的评估结论，才能对重大行政决策的作出与实施产生实质的参考价值和影响。

2. 民主评估原则

重大行政决策的民主评估，不仅仅要求评估结果的民主，更要求评估程序中的公众，尤其是具有特定利益关系的公众，对行政决策享有知情权与参与权，其诉求能够得到正当的机会予以表达并被考虑。首先，决策的民主评估应当采用民主集中的原则。在重大行政决策进行评估时，尤其是在重大和复杂问题决策的风险评估时，应当发挥集体的思维进行集体民主决策，充分考虑参与评估人员的集体意见，形成民主决策的评估意见。其次，决策的民主评估要公开征集相关意见，实现民主意见的表达。由于行政决策是一种公共决策，亦是作为行政主体的政府主导的有关公共利益与民生的决策活动，因此公众对决策的风险评估内容和过程享有知情权和参与权。公众的民主意见应当被正当采纳，同时对决策的风险评估提供参考。最后，决策的民主评估，要正当保障民主参与度。公众的民主参与是体现决策民主评估的最直接的方式，只有将公众的意愿与行使参与权吸收到评估过程中，才能够最直接地表达民意，对利益进行充分平衡，通过有效的民主评估来作出最佳决策。

3. 科学评估原则

重大行政决策的风险评估，决策者和评估者需要用社会科学原理，运用科学和专业的知识对行政决策进行评估。一般认为，行政决策的作出需要运用相关专业领域的客观知识和信息，不掌握这方面的情况而作出的决策内容就难以符合客观事物的规律，从而危及决策的科学性。[①]因此，重大行政决策应当根据相关的环境和条件，运用相应技术和解决相关问题的信息，来实现科学和理性的决策。在进行风险评估时，要对数据进行科学有效的分析。比如在评估数据运用上，传统的评估数据多为表格和文档类的结构化数据，这些数据基本上源自政府部门内部的业务信息，再加上其他组织或者信息渠道提供的信息来予以补充。这样传统的评估数据多为有限样本，在当今大数据背景下重大行政决策风险评估的数据运用应当逐步科学化，运用政府网站、微博、微信、移动互联网平台等现代网络科技，运用大数据的信息资源与信息挖掘能力为风险评估提供多元与更加科学的

① 王周户:《实现行政决策程序的法治化》,《理论与改革》2014年第6期,第15—16页。

评估数据，实现风险评估方式与风险评估数据的多元科学评估。[①]

4. 信息公开原则

行政信息公开是行政公开制度的普遍要求，也是行政主体的法定职责。行政公开可以有效地让公众参与整个行政过程，以维护自己的合法权益。同时，公众享有相关信息的知情权，能够在信息公开、民主的前提下提高行政措施的可接受性。[②]在重大行政决策风险评估信息公开的内容上，要求将风险评估的主体、风险评估的程序、风险评估的意见与结果和风险评估的决策方案等向社会公众进行公开，但涉及国家秘密、商业秘密和个人隐私的不应包括在内。在构建重大行政决策风险评估机制时，应当将风险评估的信息公开作为政府信息公开的法定内容，比如《政府信息公开条例》第九条明确规定了政府需要信息公开的内容。在重大行政决策风险评估中，应当将评估信息与内容公开，这能让公众获取权威与客观的评估信息，进而使得具有相关利益影响的公众以平等的身份参与进来。让具有相关利益影响的公众充分表达意见，有助于决策评估更加合理和客观，对风险评估的结果也会产生实质性的影响。

5. 优化比例原则

比例原则是合理行政的基本要求，其基本含义是行政机关在实施行政行为时应兼顾行政目标的实现和保护相对人的合法权益。[③]这一原则同样也应当是作为重大行政决策风险评估中所需要遵守的基本原则。针对重大行政决策的风险评估要以最小成本获得最大效益，以最小损害获得最大回报的应对方案来实现。在重大行政决策的风险评估上不仅需要进行定性分析，还应当进行定量分析。针对不同种类的风险评估应当设计出不同的评估方式，对评估的结果进行客观的分析，形成最合理优化的解决策略并制

① 王远萌：《大数据视阈下行政决策风险评估的趋势、困境与路径》，《厦门特区党校学报》2016年第2期，第53—57页。

② 章剑生：《论行政程序法上的行政公开原则》，《浙江大学学报》（人文社会科学版）2000年第12期，第100—106页。

③ 姜明安：《行政法与行政诉讼法》，北京大学出版社、高等教育出版社2015年版，第73页。

定方案。由于重大行政决策在决策内容上具有全局性与长远性，而在决策过程上又具有高投入性，因此在决定采取何种方案来应对决策中的风险时，应当量力而行，注重投资与收益的回报比。优化比例原则作为黄金法则，在重大行政决策的风险评估中应当贯穿整个过程，以实现决策的最终目的。

三、我国重大行政决策风险评估的立法现状及存在的问题

（一）我国重大行政决策风险评估的立法现状

对重大行政决策进行风险评估，不仅是政府实现科学、民主化社会管理的需要，更是实现社会稳定和可持续发展的需要。2014 年十八届四中全会提出深入推进依法行政，加快建设法治政府要健全政府依法决策机制，并把风险评估确定为重大行政决策法定程序。但是我国长期以来有效统一立法上的缺失，不仅对重大行政决策程序缺乏统一的立法，对重大行政决策的风险评估的立法更是缺乏。被授权立法的地方政府为实现本区域的行政管理或者遵从中央相关指导意见，出台了一些规范性文件。但这些规范性文件在具体实施和执行过程中也存在着很大差异，甚至过于“形式化”而影响了相关决策风险评估的质量。

1. 缺乏全国性的统一立法

在全国范围内，到目前为止还没有统一立法对重大行政决策风险评估作出相关的规定。在涉及重大行政决策风险评估时，目前大多是参考国务院的一些施政纲要、指导性文件和规范性文件。比如：2004年国务院印发并实施的《全面推进依法行政实施纲要》第12项“完善行政决策程序”中提出针对全国或者地区经济社会发展的重大决策事项需要进行必要性和可行性论证，并在决策过程中进行合法性论证等。2008年《国务院关于加强市县政府依法行政的决定》发布，明确提出进行完善市县政府行政决策机制，同时在这份决定的第十一条中提出要建立重大行政决策实施情况后评价制度。这份决定已经明确提出要将评估方式作为主要内容，对重大行政

决策的内容进行评估。但不难看出，这种评估也仅仅是针对重大行政决策实施后进行的事后评估，在重大行政决策实施前，未建立合理有效的风险评估体系。接着2010年国务院印发的《国务院关于加强法治政府建设的意见》第十二条中明确提出完善行政决策风险评估机制，同时也标志着重大行政决策风险评估作为重大行政决策作出的必经环节被提出。2012年国务院办公厅发布《关于建立健全重大决策社会稳定风险评估机制的指导意见（试行）》，将风险评估的要求、评估的范围和内容、评估的主体和程序、评估的责任追究等予以了明确。

从以上这些文件中不难看出，在中央层面针对重大行政决策风险评估仅仅只是作为施政的纲要内容或者为了推动法治政府建设而出台了相关指导性意见。这些指导性意见只是原则性的参考，并没有上升为相关法律规范性文本，因而无法进行统一有效的规范。虽然文件内容在不断完善，但是在效力上缺乏法律的约束力，内容涵盖上各有侧重，在缺乏中央统一规范的前提下无法得到整体性的适用。因此需要加快全国性的统一的立法，从法律层面统一规范重大行政决策风险评估机制，来实现风险评估的制度化与规范化。①

2. 地方性的立法规定不一

在地方层面，一些地方政府根据地方行政管理的需要，陆续出台了一些规范性文件。这些规范性文件对重大行政决策的风险评估有所涉及。截止到2017年8月10日，通过对自2005年以来省级（包含自治区和直辖市）和地级市（设区的市）在中国人大网进行备案的涉及重大行政决策风险评估的文件进行梳理可以看出：在地方政府的相关立法上也未有一份关于重大行政决策风险评估的专门规范性文件，基本上都是将风险评估作为一项重大行政决策的决策事项或将风险评估作为重大行政决策的法定程序之一进行规定。因此，对于重大行政决策风险评估机制本身而言依旧是处于无法可依的状态。并且在地方的相关立法中采用的规范性文件的名称也有着

① 田潜娟：《县级政府重大行政决策社会稳定风险评估制度研究》，华中师范大学硕士学位论文，2015年。

部分差异，多数通过“程序规则”“程序规定”“考核办法”“指导意见”“实施细则”等形式命名发布，比如：《重庆市政府重大决策程序规定》《浙江省行政程序办法》《广东省依法行政考评办法》等。

2005—2017年，各地基于区域经济发展、具体社会公共事务管理以及地方政绩考核等的需要，都在积极进行重大行政决策风险评估的探索实践。比如《广东省依法行政考评办法》第十四条规定，把重大行政决策评估和责任追究等制度得到有效落实作为科学、民主、依法决策的基本要求来进行考评。这种“形式化”的风险评估规定，根本无法将重大行政决策风险评估落实到具体实践中，也无法形成完善的重大行政决策风险评估机制。《浙江省行政程序办法》第三十条，也将重大行政决策的风险评估作为决策方案实施的程序。由此可见，这种地方性立法不仅使立法的规范性文件不具有统一性，也使重大行政决策风险评估程序的规定更加混乱，更加无法形成长期和有效的风险评估机制。

（二）我国重大行政决策风险评估中存在的问题

对目前我国涉及重大行政决策风险评估的相关规范性文件进行纵向梳理，以及对这些规范性文件的内容进行横向比较时，可以发现目前我国重大行政决策风险评估制度存在一些问题。这些问题主要表现在：评估立法不完善，缺乏健全统一的立法；评估程序不明确，未形成有效的评估程序；评估主体不适当，评估主体相对较单一；评估范围不全面，评估范围重点有偏颇；评估问责不健全，评估责任追究待完善。

1. 评估立法不完善

评估立法不完善，缺乏健全统一的立法。通过分析相关规范性文件发现，目前我国还没有统一的法律或规范性文件对重大行政决策的风险评估作出具体规定。而在重大行政决策风险评估机制的实践上，采取的是“先地方、后中央”和“中央文件指导、地方立法先行”的模式。中央尚未启动相关的立法，而地方却早已经出台了大量地方政府规章或行政规范性文件。[①]正是由于缺乏全国性统一和有效的立法，而地方政府又有各自行政区域内实现行政管理的需要，只能在其权限范围内先出台相关的规章或者规范性文件。这些规章和规范性文件的效力比较低，缺乏一定的权威性和执行力，一般情况下被当作一种地方政府的工作统筹规则来使用，比如《济南市推进依法行政若干制度规定》等。在这些规范性文件中仅仅是将风险评估作为其中的步骤程序，并没有详尽的规定，因此也无法得到有效的落实。[②]即使能够得到部分落实，但由于在实际工作开展中，弹性幅度比较大也并没有实际可操作性，而是出现了过多的形式化现象。因此呈现出一种立法上中央缺位、地方先行的乱象状态，在数量与质量上存在立法不完善与效力低的情况。因此急需将法治化的规范文件转化为统一化的法律法规，以此来规避这种缺乏统一立法的现象。[③]

2. 评估程序不明确

评估程序不明确，未形成有效的评估程序。由于缺乏统一立法的指导，再加上地方立法的规定不一造成了重大行政决策的风险评估程序的混乱，没有一套完善的评估程序。例如，《浙江省重大行政决策程序规定》第七条规定：在涉及相关群体利益或群众普遍关系的焦点问题时，应当组织公众参与和专家论证，并对公共安全、环境保护和社会稳定等方面进行风险评估。以此规定为例进行分析可以看出，仅规定组织相关专家和利益群体共同参与风险评估，但是对于评估的程序和路径等没有明确规定。针对评估程序根本没有相关具体步骤的细化，这种笼统与模糊的规定，更无法形成相关机制来对重大行政决策进行有效的风险评估，缺乏对风险评估程序的规范。而在事实上一套完整的评估程序从启动到结束，都应当按照固定的流程与步骤有序地进行。而到目前为止，尚未建立起统一和固定的

① 王万华、宋烁：《地方重大行政决策程序立法之规范分析——兼论中央立法与地方立法的关系》，《行政法学研究》2016年第5期，第24—40页。

② 曾佳慧：《重大行政决策风险评估机制研究》，《求知导刊》2015年第15期，第58—60页。

③ 张璐珂：《我国重大行政决策风险评估的法治化研究》，贵州民族大学硕士学位论文，2015年。

评估程序，导致重大行政决策风险评估程序比较混乱，从而造成风险评估的随意性和低效性。

3. 评估主体不适当

评估主体不适当，评估主体相对较单一。由于2005年四川省遂宁市就开始了行政决策的风险评估机制的探索实践，随后其他地区便将“遂宁模式”作为成功的经验与蓝本进行沿袭。在这种蓝本下由于政府部门行政公权力的行使，占据着评估活动的主导地位，出现了政府在当运动员的同时又兼任裁判员，政府独家唱戏和公众听戏的现象。比如《四川省社会稳定风险评估办法》第五条规定：“地方各级人民政府领导和管理本行政区域内社会稳定风险评估工作，相关决策主体、评估主体、实施主体负责具体组织实施。”权责统一的要求使风险评估逐渐形成一种“谁主管、谁负责、谁决策、谁评估”的模式，虽然这种模式体现了权责一致的要求，促使政府增强风险意识。但是政府既是决策者又是评估者，内部矛盾的存在，会丧失风险评估的独立性与中立性。由于缺乏公众参与和足够的民主性，相关的评估结果无法令社会公众信服。这种完全以政府为单一主体进行的评估，存在着一些弊端，因此应该建立多元主体参与的评估模式。这种多元主体参与的评估模式应该是以政府为主导，人大及其常委会进行监督，“第三方”独立评估，公众民主参与，媒体积极引导的多元主体参与的评估模式。

4. 评估范围不全面

评估范围不全面，评估重点有偏颇。重大行政决策与社会发展、公众利益紧密联系，一般有着全局性、高成本性和不可逆性的特点。重大行政决策的影响囊括社会政治、经济、文化、环境的各个方面，因此不仅仅具有社会稳定风险，还包括了公共财政风险和环境生态风险等。因此对重大行政决策的风险评估不应偏颇于某方面的评估，而应当进行科学和全面的风险评估，尤其是对于影响社会稳定、经济发展、生态环境的应当进行重点评估。[①]而在目前的实践中，大多数地方政府仅仅将社会稳定风险评估

① 孔晓丹、茅铭晨:《中国重大行政决策程序之风险评估研究》,《东华大学学报》(社会科学版)2016年第1期,第6—10页。

当作主要评估内容，比如《四川省社会稳定风险评估办法》《汕头市人民政府重大行政决策社会稳定风险评估办法》等，这些规范性文件从源头上就忽视对经济发展与生态环境的风险评估。除此之外，重大行政决策的风险评估应当是对整个过程的评估，而在目前我国地方政府重大行政决策风险评估中，很多规定只是针对重大行政决策实施情况后评价制度。比如《广州市重大行政决策程序规定》第二十九条规定："实施决策实行决策后评估制度。"作为完整的评估程序，应当包括决策前的预评估、决策中的过程评估和决策实施后的结果评估。因此风险评估不仅仅是决策实施后的结果评估，而应当贯穿整个决策及其实施的过程，评估具有全面性和全过程性。[①]

5. 评估问责不健全

评估问责不健全，评估责任追究待完善。"有权必有责，权责相统一"，这是对行使公权力的政府及其工作人员的必然要求，也是依法行政的体现和基本要求。[②]虽然目前我国从中央到地方都出台了有关行政决策责任追究机制的规范性文件，但是问责机制不完善，问责标准不清楚、缺乏清晰性和明确性等问题仍旧存在。比如2016年《汕头市人民政府重大行政决策社会稳定风险评估办法》第十五条规定："决策承办单位未按照本办法规定对行政决策事项进行风险评估，造成重大损失的，依法对直接负责的主管人员和其他直接责任人员追究行政责任。"从这些类似的地方政府规章的规范性文件中可以看出：仅仅是提及未按照规定进行风险评估而造成损失的，对相关人员进行责任追究，但是对于如何追责、追责的标准等都未进行具体的规定。在具体实践中时常会遇见由多个部门联合推动一项重大行政决策的实施，在共同进行风险评估时，各个部门之间的权力与职责的界线往往存在着难以划分的情形，最终导致各方采用"踢皮球"的方式推诿，因而难以对相关责任人进行追究。由此可见，我国重大行政决

① 杨寅：《行政决策程序、监督与责任制度》，中国法制出版社2011年版，第146—147页。

② 夏青青：《行政决策风险防范研究》，苏州大学硕士学位论文，2011年。

策的风险评估依旧停留在地方性规范文件上，尚未形成统一规范的全国性立法，缺乏对重大行政决策风险评估责任的界定和对责任问责具有刚性约束力的法律，而这最终会对重大行政决策的风险评估制度的实效性产生一定的影响。[①]

四、完善我国重大行政决策风险评估制度

“法律若欲发挥规范效力，则必须针对现实情形。”[②]因此作为规范行政决策风险评估的法律规范，也必须针对现实中行政决策风险评估面临的现状。对于不同属性的行政决策事项，自然应有不同的风险评估策略与之对应，并完善相应的程序规则。作为重大行政决策的风险评估，则应当从风险评估的程序和规则等方面来进行完善。

（一）重大行政决策风险评估的完善途径

1. 健全风险评估法律体系

重大行政决策的规范性，要求风险评估程序法律制度化，做到有章可循和有法必依，并且使其具有统一性和稳定性。近十年来重大行政决策的风险评估，尤其是社会风险评估在我国逐渐得到重视，并进行了大量的探索与实践。但是在这些探索实践中风险评估依旧表现出一种“流水化”的形式，因此重大行政决策的风险评估的立法急需统一，需要以法律的手段来完善风险评估制度，使其具有应有的法律效力。[③]在现有众多的地方性规范性文件中，大多数将风险评估作为决策准备或决策调研的环节之一。只有《贵州省人民政府重大决策程序规定》把“风险评估”单独地列为一

① 胡东、郑沫：《论重大行政决策社会稳定风险评估制度的构建：理论、问题与对策》，《南京工业大学学报》（社会科学版）2015年第1期，第95—103页。

② 翁岳生：《行政法》，中国法制出版社2009年版，第108页。

③ 石东坡：《政府重大决策前期社会风险评估立法引论——以〈重大行政决策程序条例〉的创制为指向》，《浙江工业大学学报》（社会科学版）2014年第3期，第302—307页。

章，相对比较详细地从原则、内容、程序等方面予以规定。[①]因此，政府应当根据其管理和处理行政事务的需要将重大行政决策风险评估纳入法律法规的框架之中，进而将重大行政决策的风险评估纳入法治化的轨道。从目前的实践来看，我国关于重大行政决策风险评估规范性文件的出台，主要有以下两种：一是中央层面的指导规则或指导意见出台后，地方政府再根据这些指导性意见出台相关的规范性文件；二是地方政府根据自身行政事务管理需要进行自我实践探索或者借鉴其他地区进行出台。基于目前的这种实践探索模式，在中央层面应该进行统一立法，出台相关专门的行政法规或者规章。尤其是在2015年《中华人民共和国立法法》修改后，可根据《国务院组织法》《地方政府组织法》和《环境保护法》等内容，由国务院出台和制定重大行政决策风险评估条例等实现规范和统一立法。[②]国务院制定的《重大行政决策程序暂行条例》中，专门在第三章设立了“风险评估”一节，共3个条款。但是不难看出，我国正在逐步地进行重大行政决策相关制度的完善立法，但由于风险评估是重大行政决策的必经程序，应该由更加规范性的专项立法对该制度进行具体规定与完善，而不能够再次用笼统性的概述来进行规范，否则重大行政决策风险评估制度无法可依的境况将难以改变。在立法实践探索上，笔者认为可以将《重大行政决策程序暂行条例》作为重要的一步，进行统一规范并形成法律强制规定，要求政府履行法定职责并对重大行政决策开展风险评估。随后逐步地在实践中进行探索，在立法上完善类似于重大行政决策风险评估程序条例的专项法律法规，以此来促进重大行政决策风险评估机制的完善。

2. 完善相关的风险评估体系

风险评估作为重大行政决策的一项必经程序，对于如何评估应当建立一套完整的风险评估体系。对于重大行政决策的评估应该坚持评估与决策相分离的原则，形成一事一评估的全评估机制。在这套完整的评估体系

① 陈爱敏:《重大行政决策风险评估制度研究》,山东大学硕士学位论文,2014年。

② 张璐珂:《我国重大行政决策风险评估的法治化研究》,贵州民族大学硕士学位论文,2015年。

中，首先，需要对评估的内容予以明确，即对重大行政决策的合法性、合理性、可行性和可控性进行风险评估，重大行政决策的作出是否有法律依据，是否符合法律程序等。对其合法性进行有效审查的同时，让政府坚持依法行政来做到法无授权不可为，法定职责必须为。对其内容进行合理的正当性评估与审查，以及作出的决策是否具备可实际操作性与其背后隐藏的风险能否被有效的规避和控制。其次，应当按照科学评估、民主评估、独立评估、信息公开评估和优化比例评估的原则对重大行政决策进行风险评估。运用科学的方法进行独立有效的评估，实现民主评估的过程，对评估内容、评估流程及其结果进行公开，实现公开透明的风险评估。再次，应当确立重大行政决策风险评估主体的多元性，填补由政府统一主导的决策主体与评估主体同一性的漏洞。对重大行政决策进行相关风险评估是为了重大行政决策的实施。只有实现评估主体的多元参与，将评估者与决策者进行分离，保障评估的独立性才能够保障评估的科学性，进而防止和避免行使公权力的行政主体对风险评估进行不适当的干预。最后，应当设置一套科学合理而具体的评估程序，根据相应的程序形成固定的评估流程来实现重大行政决策风险评估的法定程序化。

3. 借鉴域外的做法

行政决策，与国民经济运行和人民生活、社会稳定发展紧密关联。基于此，决策者应当具有风险意识，并且需要高度重视行政决策的风险防控，积极地对风险进行有效评估进而规避风险。伴随着全球社会经济的发展，越来越多的国家采取有效的风险评估方式来对相关决策中的风险进行防控。然而由于决策中的风险包含多方面，各国基于政治传统和法律的不同，建立起了不同的风险评估的防控机制。比如：美国把这种防控机制定义为“社会影响评价”，而在法国则是“公共政策影响评价”。1969年，美国颁布了关于环境保护的《国家环境政策法》，通过对环境影响进行有效评价来加强对环境生态的保护。美国创立的这种环境保护评价制度，开了环境风险评估机制的先河。随着该制度的发展与完善，决策风险评估制度被逐步纳入行政决策中来。[①]

在美国，进行相关决策风险评估时，针对不同领域建立起不同的风险评估机制。比如：1969年出台的《国家环境政策法》明确指出了社会影响评价，通过社会影响评价重点对政府活动中可能对社会环境产生的影响进行评价。这种社会影响评价通过建立起标准化的评估程序，进而促使风险评估程序合法化和公开化，确保风险评估过程的民主性与结果的科学性。这种针对环境领域的影响性评价的出现，促使国家设立了专门对环境影响进行风险评估的机构并将其作为评估主体来评估相关决策对环境和人体健康的影响，而评估的依据主要是各种法律法规和规范性文件，美国在1994年5月颁布了社会影响评价指南及其原则。而在食品安全风险评估领域，在20世纪80年代，美国食品药物管理局在立法过程中将风险评估首次进行运用，环保局与劳工部的职工安全与健康协会首次将风险评估的标准作为规则的内容。环保局、食品药物管理局和相关协会共同作为评估主体，将决策的合法性以及对人体健康的影响程度作为评估内容，将评估所形成的文件交由相关部门和公众进行审查，经过充分的公众论证或者听证吸纳公众意见后，最终形成风险评估报告书。

在法国，则构建了一套比较成熟和完整的评估体制。在这套评估体制中，从评估主体的规定，到评估程序的流程与步骤，再到最后的评估法律保障和责任追究等形成了一项专项制度。比如：在评估主体的选择上是由多个公共机构来共同选择，这些机构不仅包括中央和地方的国家行政机关，还包括相关的审计法院与专业的评估机构。在地方评估上，根据人口的数量多少和行政区域的划分来设置评估机构。在省级政府设立评估机构，在大区设立相关的评审委员会负责相关的评估，在人口数量超过5万的城市设立评估员。这些职业评估员需要经过专业的评估测试并得到资质认定才能成为评估师，并且有相关的法律法规对评估师的行为予以规范。同时为了保障公共政策评估的科学性和有效性，评估机构通过立法被赋予

① 张旖：《我国重大行政决策风险评估制度研究》，内蒙古大学硕士学位论文，2014年。

了一些特权，在评估职责和工作范围内可以自行召开听证会并调取相关评估所需的秘密资料数据等。[①]

通过分析发现，国外发达国家针对风险管理理论的研究与风险评估体制的构建已经趋于成熟并且形成了完善的框架体系，我国的风险评估制度虽也进行了相关有效的探索，但是就目前来说我国仍处于起步阶段。[②]因此我国需要积极学习国外成功的经验，并进行合理有效的域外借鉴。与此同时要积极加强重大行政决策风险评估机制的探索实践，实现我国风险评估机制的专项立法。完善相关风险评估机制的同时，推动政府决策的科学民主化以更好地实现对公共事务的管理。

（二）拓展重大行政决策风险评估的参与主体

由于在2012年，国务院办公厅发布的《关于建立健全重大行决策社会稳定风险评估机制的指导意见（试行）》第五条中未对评估主体与决策主体进行明确区分，而目前的重大行政决策风险评估探索又把该意见作为范本和工作指导意见进行实施，致使多数情况下决策主体与评估主体被糅合在一起。在这种探索下决策主体在风险评估中起到决定性的作用，而评估主体多数情况下则是“被指定”或者“被需要”而参与。[③]因此为解决这种以决策主体为评估主体进行自我评估的乱象，实现评估主体与决策主体的分离，应当构建多元主体模式共同参与风险评估。应当形成以政府为统筹主导，同级人大及其常委会进行监督，“第三方”独立实施评估，公众民主参与并充分表达自己的意见和监督，媒体积极进行引导的多元主体参与的评估模式。

① 张旖：《我国重大行政决策风险评估制度研究》，内蒙古大学硕士学位论文，2014年。

② 唐莎莎：《西安市重大决策社会稳定风险评估管理研究》，西北大学硕士学位论文，2016年。

③ 戚建刚：《我国行政决策风险评估制度之反思》，《法学》2014年第10期，第92—98页。

1. **政府主导**

政府作为行使国家公权力的行政主体，是国家政策的制定者与实施者，掌握着国家行政权力，同时又享有最丰富的资源。因此要使重大行政决策风险评估有序进行，政府应当发挥其在社会公共事务中的管理职能，融合自身所拥有的社会资源对风险评估进行强有力的支持。当一项重大行政决策被提上政府政策的实施议程，政府首先应当根据法定程序启动风险评估。然后在风险评估的过程中统筹各方，运用各种方式和方法组织专家进行咨询，让公众积极参与，保障第三方进行独立的评估，并对相关决策信息与风险评估信息进行公开披露。最后根据评估结果，对评估的决策对象进行决策并推动实施等。在风险评估实践过程中，经济风险领域、社会稳定风险领域、生态环境风险领域这三大风险领域可以由不同职能的主管部门负责。比如经济领域的风险评估可主要由政府的财政部门、税务部门和发展改革部门等主导，社会稳定领域的风险评估由信访部门、公安部门和相关负责维稳的部门主导，生态环境领域的风险评估则由相关的环保部门和生态保护部门主导。充分发挥政府各职能部门的职能，使其各司其职，利用各部门的工作属性，发挥其良好的职能优势。

2. **人大及其常委会监督**

“人大监督”即全国和地方各级人大及其常委会对行政活动进行监督。依据我国宪法的规定，政府作为我国权力机关人民代表大会的执行机关，由人民代表大会产生并接受其监督。其中人大常委会为人民代表大会的常设机关，并在人民代表大会闭会期间代为行使职权，政府同时也要对人大常委会负责并接受其监督。一方面，在重大行政决策风险评估上，人民代表大会作为权力机关，具有行使监督行政机关的权力职责。为了防止政府或者其职能部门在行使权力的过程中滥用权力或者通过重大行政决策的制定无限地扩张权力，人大及其常委会有必要行使监督权。[①]在重大行政决策风险评估的实施过程中，人大及其常委会对政府机关及其公职人员存在的违法行为和违法程序予以监督，保障重大行政决策风险评估结果的客观

① 张立峰:《重大行政决策风险评估制度研究》,山西大学硕士学位论文,2016年。

性和公正性。另一方面，人大及其常委会成员都是人大代表，是由人民群众选举产生代表民意和表达民意的代表。人大及其常委会的监督，能够更加深入地体察民情、反映民意和关注民生，协助决策机关切实地解决人民群众最关心的问题，为重大行政决策风险评估建言献策。积极地发挥人大及其常委会的监督作用，实施其限制行政权力的职能，让其在法律范围内为人民群众服务，保护人民群众的利益和实施更好的政府决策。

3. 第三方独立评估

重大行政决策的风险评估过程是否公平和公正，关键取决于评估主体能否独立进行有效的评估。目前，在我国的风险评估探索中，多数评估是围绕重大行政决策的社会稳定风险进行的。这些探索中存在着部分“第三方”实施独立评估的探索，但是这些探索并未全面发挥“第三方”独立评估的作用。为了保障评估过程的公正，得出科学的评估结果，实现预期评估和构建完整的重大行政决策风险评估机制，评估主体也就不能再限于行政机关本身，而是应当积极地将社会力量引入决策的评价机制中，必须引进相关专业机构、专家学者等人才专家，将其作为第三方，并保障其独立的地位以进行科学有效地评估。在充分实现社会资源合理化运用的同时，积极地发挥第三方独立评估地位的作用。

发达国家也有建立起政府专家咨询制度，通过立法将专家咨询纳入政府决策风险评估的法定程序。这种专项立法使得专家咨询运行规范化，建立起服务于政府的咨询和评估机构。比如在美国和英国，为政府提供决策服务咨询的机构多达上千家，其中最负盛名的是1948年11月成立的美国兰德公司。兰德公司作为一种非营利的民办研究机构，独立地开展工作，通过与美国联邦政府签订合同，在合同内容规定范围内为政府的相关决策提供咨询和评估服务。

而在我国的实践探索中，江苏省淮安市在2006年建立起了第一家专业评估机构，主要是针对社会稳定风险进行评估。淮安市在进行风险评估时，通过引入第三方实现了由风险评估的第三方参与的探索实践，并逐渐发展形成了全国范围内予以推广的“淮安模式”，成为第三方评估机构进行风险评估的开端。2008年，宁波市政府为了实施“镇海泥螺山北侧围垦项目”，便委托宁波市国际投资咨询有限公司对该项目中的社会稳定风险进行评估，并取得了良好的风险评估效果。目前，在相关领域，我国已经建立起行政决策风险评估机制和相关机构，比如在食品安全领域我国于2009年专门成立了国家食品安全风险评估委员会和国家食品安全风险评估中心来专门负责和承担国家的食品安全风险评估，并制定了《食品安全风险评估管理规定（试行）》，来对食品安全的风险评估提供支持和进行规范。因此在引入第三方独立评估时，在国家层面亦可设立国家风险评估委员会，进而在地方县级以上政府成立与之对应的地方“风险评估委员会”或者相关同等职能的行政机构。而在社会层面则可以加强社会评估咨询机构与政府的合作，通过社会建立相关的评估公司或第三方风险评估协会。比如浙江创安风险评估咨询有限公司经过许可认证后，依托浙江省社会科学研究院以及高校专家资源，采用现代服务企业的运作模式，独立地开展相关风险评估和风险咨询等服务。通过政府有序引入和有效管理的第三方评估机构，在实现第三方独立评估的情况下提升风险评估工作的权威性和公信力。

不难看出，目前国外的先进经验和我国已有的探索，为建立和完善第三方独立评估，对我国多元风险评估主体机制的形成提供了极大的借鉴意义。但是由于我国目前还处于探索实践阶段，引入第三方评估机构参与或独立负责风险评估仍存在很多的问题与缺陷。目前，无论是针对第三方的评估机构资质的认定、委托评估程序的确立，还是评估专家人才的引进等都尚未形成一套完整的规范体系。因此，为保障重大行政决策风险评估的顺利进行，构建完善的风险评估机制，需要加强专家咨询和建立第三方咨询与评估机构的专项立法。

4. 公众参与

公众参与，是现代民主的重要表现形式。[①]政府作出的行政决策，是为了实现社会行政管理对社会公共资源与社会公共利益进行的权威性分配。作为一种分配，它必然会厚此薄彼，为了维护公众的合法利益，公众

① 姜明安等:《行政程序法典化研究》,法律出版社2016年版,第98页。

参与决策是现代社会发展和政府决策的必然要求。健全多种重大行政决策公众参与机制，畅通参与渠道和实现公众利益表达，是实现重大行政决策多元评估主体参与的必然要求。为实现公众参与进而加强对公权力的监督，防止行政决策的腐败，保障和贯彻决策的最终执行，应当保障公众参与风险评估主体的地位。[①]首先，应当保障公众的知情权和合理的言论自由权。在政府进行重大行政决策风险评估时，应当及时将相关评估信息进行公开。让公众能够及时地了解和知悉相关决策及相关评估信息，对此进行自由的协商探讨和发表自己独立的看法，进而形成相关公众的集体意见或建议。其次，应当保障协商渠道畅通，保证公众享有民主表决权。当公众形成的民意表达需要进行民主协商与有效沟通时，应当积极地畅通民意表达渠道。通过召开座谈会、新闻发布会、听证会等，对公众的意见与建议进行充分释明。对于部分重大决策方案和评估意见无法取得一致意见时，应当采取民主投票表决的方式，让公众充分参与并表达意见。最后，应当保障公众的民主监督权。在民众充分表达意见后，政府应当听取民主建议，并根据相关的具体建议作出具体的行政行为和决策。在决策和风险评估进程中，应当自觉接受公众监督与评价，进而获得公众对决策内容或评估结果的理解与支持。因此，风险评估作为重大行政决策的一项运行程序，必然要体现程序参与的精神。而这种程序参与的精神则体现在相关评估的过程中，“利益相关者”均有权平等地参与风险评估的过程中，且这种参与应当是实质性和具有现实意义的参与，而不是一种形式上的列场和出席。[②]

5. 媒体引导

在当今信息技术与网络技术迅速发展的时代，媒体作为一种专门从事大众信息传播工作以满足社会需要的组织机构，其信息活动的传播已经渗透到当今社会生活的各个领域中。首先，媒体具有信息传播性。媒体以其

---

① 姜明安:《公众参与与行政法治》,《中国法学》2004年第2期,第28—38页。

② 徐希友:《我国重大行政决策风险评估制度研究》,苏州大学硕士学位论文,2016年。

自身的灵活性，使得信息传播不仅速度快而且传播范围广。媒体能够充当连接政府和公众的信息纽带，促进重大行政决策相关信息的公开，能够让公众充分了解和获得政府相关的信息动态和风险评估工作的相关信息。其次，媒体具有信息引导性。媒体可以利用自身强大的传播能力，对公众心理产生强大的影响力和作用力，进而促进重大行政决策风险评估的顺利进行。通过媒体正确的舆论引导，进而对政府的相关决策及其风险评估进行有效的宣传、解释和说明，引导公众更加信任政府和接受政府的相关决策，减少在决策实施和执行过程中的阻碍。最后，媒体具有信息反馈性。由于媒体的信息传播性强，因此能够及时并快捷地将相关民意表达和公众对相关决策的态度反馈给政府，公众的态度和意见及时被政府思忖和考虑，从而将风险评估过程中公众对决策的可接受度，作为重大行政决策的可行性与可控性的参考因素。因此，政府的信息公开与反馈制度离不开新闻媒体的有效报道和引导，建立重大行政决策风险评估机制，必须让新闻媒体积极介入公共政策的制定，共同参与重大行政决策的风险评估和对决策的监督。

（三）健全重大行政决策风险评估程序

政府作为国家行政管理机关，履行职责的表现之一就是作出行政决策，决策尤其是重大行政决策必须经过合理、合法的程序。而重大行政决策风险评估更应当注重和实现法治化程序，以此来保障风险评估的有序推动，按照法定的流程与步骤，来实现风险评估的预期目标。根据目前的实践探索，可将重大行政决策风险评估的程序设定为评估启动程序、评估准备程序、评估实施程序、评估论证程序和评估报告程序这五大程序。

1. 评估启动程序

重大行政决策风险评估的启动程序，可分为依职权启动和依申请启动两种。所谓依职权启动是指，政府或相关职能部门依据管理社会公共事务的需要，履行职责而作出重大行政决策时，依据法律规范和履行法定职责，根据风险发生的可能性而主动启动风险评估程序。所谓依申请启动是指，社会公众与个人、其他组织团体和相关利益群体等为了实现社会公共利益或维护自身利益，向政府或者其他相关的职能部门提出合理的风险评估意见或建议，作出决策的相关部门经过审核或认定需要进行风险评估的，应当及时启动风险评估程序。但这种依申请而启动的程序需要决策部门进行审核后予以认定，在认定后不需要启动风险评估时，应当提供相关不予启动风险评估的依据和充分的理由说明。在不服不予启动风险评估程序的认定时，应当给予相关申请人行政复议的权利，保障行政救济的途径和权利。

2. 评估准备程序

风险评估程序启动后，进入风险评估的准备程序。在准备程序中需要准备和完成以下事项：（1）确定所需评估的重大行政决策事项。根据依职权或依申请，对所需进行风险评估的决策事项予以确定。对多项需要评估的决策一般应采取一事一评估的原则进行逐项评估。但对于决策之间具有极强的关联性且合并评估有利于节省评估成本的，在不影响评估结果的情况下则可根据评估的需要，将多项决策合并评估。（2）确定评估机构与相关评估的组成成员。根据确定的评估事项，委托相关第三方评估机构或成立评估小组，来确定负责评估的成员，再根据评估的需要积极引入专家共同参与评估。在确定评估人员时，应当同时建立评估回避制度。与评估事项有利害关系或可能影响评估结果公正性的评估专家或成员应回避以保障评估程序的公正和评估结果的科学。（3）评估风险的初步识别与审查。根据成立的评估小组或委托的评估机构，对所需评估的决策进行初步的风险识别。对相关决策的风险是否存在以及存在哪些风险进行初步有效的审查和识别，根据审查和识别的情况来制定相关应对的评估方案和评估策略。（4）制定评估方案。包括明确评估形式、具体实施方案和评估时间要求等。根据识别的风险，制定具体的评估实施方案和采取定性评估法和定量评估法等方法进行评估，根据评估的需要预测评估所需时间，制定评估流程的推进计划方案。（5）相关评估准备信息公开。在完善相关准备工作后，应当将可以公开的决策评估内容、评估主体和评估人员、评估具体方案等相关的评估信息进行有效的公开。接受社会公众、媒体和上级监督机关的监督，并为评估提供有效的合理建议。（6）其他评估所需准备事项。

3. **评估实施程序**

根据制定的评估方案，进行科学合理的评估。在评估机构和评估专家运用专业知识进行科学评估的同时，根据需要及时采用问卷调查、实地走访、公示公告、召开听证会、座谈会的方式广泛征求意见。综合政府相关调研结果、公众意见、第三方机构评估建议，以及专家的研究分析等来形成最终的评估意见。根据决策评估的难易程度以及所花费的时间成本，可将评估程序分为简易程序与普通程序。在重大行政决策风险评估的简易评估程序中，可将评估的时限进行缩短，评估的人员数量予以减少，相关公开信息内容予以简化等。因此可在对相关决策进行风险评估时，根据具体相关内容来选择适用的程序。

4. **评估论证程序**

在对风险评估进行分析后，以论证会、公民公开评议、听证会等形式，分析论证相关评估结果。通过设置论证程序，进一步提高社会公众参与度，由社会公众对风险评估的结果和应对方案进行监督与检验。在进行论证时，社会相关的利益公众或者社会组织团体，能够有效地提出自己的意见。在召开相关评议论证会前，在利益关联群体中公开选出论证评议代表，在开会时代表公众如实发表意见，对决策风险评估内容情况、评估后的应对方案、决策的社会可接受性等进行集体讨论。在集体讨论过程中，将相关意见和讨论情况如实进行记录。在不断的论证监督中通过合理“商谈”，形成最佳的风险解决或规避方案。

5. **评估报告程序**

在经过评估和充分论证后，评估结果均应当表现为正式的评估报告，将评估成果形成书面信息提交给相关的决策机构。相关决策机构应当以此评估报告为决策依据，决定是否继续作出相关决策或者修改决策的裁量。形成的风险评估报告应当包含这些内容：(1) 评估的相关信息事项和评估过程。(2) 评估人员及相关专家的评估意见记录；(3) 论证过程记录和征求意见的采纳情况；(4) 风险评估的相关评估结果；(5) 评估风险的对策建议或应急处置预案；(6) 其他应当报告的内容。在递交的风险评估报告中，应当对评估的相关风险进行等级划分，并提供相关判断依据及标准。

通过对重大行政决策风险评估的风险等级进行统一划分，来规范和完善评估风险的适用性。

不同的风险级别，对决策而言意味着不同的可实施性。比如：(1) 评估报告确认决策会造成重大影响与负面结果，可能引发重大的经济风险或环境风险，相关利益群体有极强的反对意见，可能会引发重大群体性事件的为高风险级别。倘若报告认为相关决策存在着高风险，则应当在报告中明确建议决策部门撤销决策，或者及时调整决策方案，有效地降低风险等级，制定好相关预案和应对措施，经过再次有效的评估，根据评估结果来考虑是否再作出相关决策。(2) 评估报告确认存在一定影响并会产生一定不利后果，存在小范围内社会公众及利益群体不予支持和理解的，可能存在引发社会矛盾情形的为中风险级别。对于报告中确认存在中风险的决策，应当建议决策部门暂缓作出决策，同时应当制定风险化解方案或预案，或者建议决策部门分步骤和分部分实施相关决策，通过疏导、降低风险来继续推动整体决策的实施。(3) 评估报告中确认决策基本上不会造成相关负面影响，社会公众和相关利益群体予以支持和理解的，则为低风险级别。对于低风险级别的决策评估，可积极建议决策主体在法定程序内作出原有决策，并在推动实施过程中积极防范其他新风险的产生。

五、健全重大行政决策风险评估的责任追究机制

在重大行政决策程序中，风险评估是一个相对独立的子系统，涉及决策主体与评估主体之间的关系。由于评估主体的身份比较特殊，故不能适用党政机关工作人员的责任追究方式，而是要按照行政合同法律关系来处理，使其承担相应的法律责任。

(一) 评估主体与决策主体之间的行政契约关系

在重大行政决策过程风险评估中，主要有三种模式可以选择：一是自我评估模式，即由行政决策机关自己来进行风险评估。这种模式具有成本低、效率高的优势，但是，评估主体往往缺乏专门的评估技术和专业知

识，而且容易受某种利害关系的影响，评估结果可能不够客观。二是第三方评估模式，即委托第三方机构（科研院所、专业公司、社会组织等）进行风险评估。这种模式虽然在专业技能和客观性方面具有明显的优势，但由于评估主体政府资源和风险治理经验欠缺，再加上经济利益的驱动，评估结果有时可能会缺乏应用价值。三是结合评估模式，即通过行政契约的方式将特定的评估任务交由专业机构完成，相关的行政机关负责经验指导和资源帮扶，并对整个评估过程实施监督。这种模式实质上是一种“公私合作”，既可以较好地发挥专业机构的特长，又可以充分利用政府资源和治理经验。作为一种新的治理模式，决策的行政机关并非完全从风险评估事务中退出，而是由“台前”转到了“幕后”，由“划桨者”变成了“掌舵者”。将评估任务通过签订行政契约的方式“外包”出去，这不仅有利于强化评估机构的责任感，而且也为重大行政决策风险评估的责任追究奠定了良好的基础。

在第三种评估模式中，行政决策主体与评估主体是一种行政契约法律关系。行政契约也叫行政合同，它是行政主体为实现特定的行政目标，依法与行政相对人签订的，具有行政法上权利、义务内容的协议，如政府有关部门与科研院所签订的科研协作协议、与专业服务机构签订的购买社会服务的协议等。与传统的行政行为相比，行政契约法律关系具有下列特点[①]：其一，行政契约双方当事人法律地位的平等性。当行政主体借助行政契约手段实现其行政管理职能时，作为相对人的公民、法人或其他组织便取得了与行政主体平等的法律地位。其二，行政契约双方当事人意思表示的一致性。行政契约的成立，必须以行政主体与行政相对人的“合意”为前提，从而区别于行政命令、行政处罚等传统的行政行为。其三，行政契约双方当事人的互选性和妥协性。在签订行政契约时，不仅要给双方当事人以互相选择的机会和条件，而且要求双方当事人互谅互让，通过必要的妥协来达到意思表示的一致。其四，行政契约缔结过程中的公开性和竞

① 参见邢鸿飞:《行政契约》,应松年主编《当代中国行政法》第二十一章,中国方正出版社2004年版,第996—1000页。

争性。行政契约的签订应当遵循公开、竞争的原则，采取公开招标的方式进行。倘若相对人由行政主体私下确定，契约的内容受行政命令左右，就不可能形成公平、公开、竞争、规范的行政管理秩序和社会秩序，公共利益就会遭受损失。

（二）重大行政决策风险评估责任的追究

风险评估作为重大行政决策程序的一个法定程序，评估报告对决策的质量和效益具有较大的影响。这是因为，决策主体在讨论和确定决策方案时，要把评估报告作为重要参考依据，并据此决定继续实施决策方案、撤销决策方案、修改决策方案或者采取一定的应对措施。因此，《重大行政决策程序暂行条例》第四十一条规定："承担论证评估工作的专家、专业机构、社会组织等违反职业道德和本条例规定的，予以通报批评、责令限期整改；造成严重后果的，取消评估资格、承担相应责任。"此外，一些省级政府制定的规章或规范性文件，也对这个问题做了明确的规定。例如：重庆市规定，"受委托的专家、专业服务机构或组织，不履行合同约定，或者在政府重大决策过程中违反工作规则，或者违反法律、法规、规章和国家有关规定，造成严重后果的，有关机关应依法解除合同，追究相应的法律责任"；辽宁省规定，"违反本规定，承担民意调查、专家或者专业机构论证、风险评估工作的单位和个人弄虚作假，出具严重违反科学规律或者客观事实的专业报告的，由决策机关或者决策承办单位纳入诚信考核记录，公开取消其决策参与资格"；贵州省规定，"受委托的专家、专业服务机构或者组织应当以诚信和认真负责的态度履行合同约定，无正当理由不按时尽职履行合同约定提出意见和建议的，根据情节给予批评、解除合同，由有关主管机关降低信用等级、撤销政府赋予的荣誉；违反法律、法规、规章或者国家有关规定，造成严重后果的，追究相应的法律责任"。

目前，我国的重大行政决策风险评估责任追究制度尚处于起步阶段，在责任追究的主体、程序和责任承担方式等问题上都缺乏明确的法律规定。这里，可以借鉴《中华人民共和国环境影响评价法》的相关规定，在此基础上进一步加以完善。《环境影响评价法》首先在总则的第四条中提出了总体要求，即“环境影响评价必须客观、公正、公开，综合考虑规划或者建设项目实施后对各种环境因素及其所构成的生态系统可能造成的影响，为决策提供科学依据”。然后，又在法律责任的第三十二条规定：“接受委托为建设项目环境影响评价提供技术服务的机构在环境影响评价工作中不负责任或者弄虚作假，致使环境影响评价文件失实的，由授予环境影响评价资质的环境保护行政主管部门降低其资质等级或者吊销其资质证书，并处所收费用一倍以上三倍以下的罚款；构成犯罪的，依法追究刑事责任。”根据上述规定，结合重大行政决策风险评估的实际情况，可以将评估主体的责任分为三种类型：一是行政责任，包括通报批评、责令限期整改、罚款、降低资质等级或者吊销资质证书；二是民事责任，包括退还部分或全部评估费用、赔偿违约造成的损失等；三是刑事责任，包括罚金、拘役和有期徒刑。

参考文献

一、著作

[1] 缪勒. 公共选择理论:第3版[M]. 韩旭,杨春学,等,译. 北京:中国社会科学出版社,2010.

[2] 林德布洛姆. 决策过程[M]. 竺乾威,胡君芳,译. 上海:上海译文出版社,1988.

[3] 应松年. 当代中国行政法[M]. 北京:中国方正出版社,2005.

[4] 刘熙瑞. 公共管理中的决策与执行[M]. 北京:中共中央党校出版社,2003.

[5] 刘莘. 法治政府与行政决策、行政立法[M]. 北京:北京大学出版社,2006.

[6] 桂萍. 重大行政决策的公众参与制度研究[M]. 苏州:苏州大学出版社,2016.

[7] 杨寅. 行政决策程序、监督与责任制度[M]. 北京:中国法制出版社,2011.

[8] 栗燕杰. 行政决策法治化探究[M]. 北京:中国法制出版社,2011.

[9] 周实,齐宁. 行政决策的法制化研究[M]. 沈阳:东北大学出版社,2014.

[10] 肖北庚,王伟,邓慧强. 行政决策法治化研究[M]. 北京:法律出版社,2015.

[11] 谷志军. 政府决策问责:理论与现实[M]. 杭州:浙江大学出版社,2016.

[12] 江国华,梅扬. 重大行政决策程序法学研究[M]. 北京:中国政法大学出版社,2018.

［13］苏曦凌．行政人的非理性世界:行政决策的非理性维度研究［M］．北京:光明日报出版社,2013.

［14］罗依平．地方政府决策研究［M］．湘潭:湘潭大学出版社,2011.

［15］王锡锌．公众参与和行政过程——一个理念和制度分析的框架［M］．北京:中国民主法制出版社,2007.

［16］陈党．问责法律制度研究［M］．北京:知识产权出版社,2008.

［17］周亚越．行政问责制研究［M］．北京:中国检察出版社,2006.

［18］曹鎏．行政官员问责的法治化研究［M］．北京:中国法制出版社,2011.

［19］张越．法律责任设计原理［M］．北京:中国法制出版社,2010.

［20］魏昌东,钱小平．职务违纪、违法、犯罪办案一本通［M］．北京:法律出版社,2019.

二、期刊论文

［1］应松年．社会管理创新要求加强行政决策程序建设［J］．中国法学,2012(2).

［2］熊樟林．重大行政决策概念证伪及其补正［J］．中国法学,2015(3).

［3］韩春晖．行政决策终身责任追究制的法律难题及其解决［J］．中国法学,2015(6).

［4］杨海坤,李兵．建立健全科学民主行政决策的法律机制［J］．政治与法律,2006(3).

［5］周叶中．论重大行政决策问责机制的构建［J］．广东社会科学,2015(2).

［6］夏金莱．重大行政决策终身责任追究制度研究——基于行政法学的视角［J］．法学评论,2015(4).

［7］王仰文．行政决策责任的多元类型及内在关联研究［J］．中共云南省委党校学报,2014(5).

［8］张淑芳．行政决策失误的责任追究探讨［J］．苏州大学学报(哲学社会科学版),2013(6).

[9] 王锡锌. 公共决策中的大众、专家与政府[J]. 中外法学,2006(4).

[10] 黄学贤. 行政法视野下的行政决策治理研究[J]. 政治与法律,2014(3).

[11] 李艳红,薛明. 行政决策失误中的领导责任问题[J]. 行政与法,2004(8).

[12] 谭九生,赵友华. 省级政府重大行政决策程序立法实践及其完善路径[J]. 求索,2017(2).

[13] 王万华,宋烁. 地方重大行政决策程序立法之规范分析——兼论中央立法与地方立法的关系[J]. 行政法学研究,2016(5).

[14] 戚建刚. 我国行政决策风险评估制度之反思[J]. 法学,2014(10).

[15] 骆梅英,赵高旭. 公众参与在行政决策生成中的角色重考[J]. 行政法学研究,2016(1).

[16] 舒绍福. 行政决策问责:异域模式与经验启示[J]. 新视野,2010(6).

[17] 陈峰. 重大行政决策程序法律规制实践中的问题与对策[J]. 国家行政学院学报,2017(2).

[18] 朱林果. 建立重大决策终身责任追究制度及责任倒查机制的重大意义[J]. 福建理论学习,2015(1).

[19] 赖先进. 论重大决策终身责任追究的实现机制[J]. 行政与法,2017(7).

[20] 朱桉成. 论重大决策终身责任追究制度[J]. 中国检察官,2017(5).

[21] 于君博,童辉. 走向程序正义——对我国重大行政决策程序规定的文本分析[J]. 长白学刊,2017(3).

[22] 石东坡. 政府重大决策前期社会风险评估立法引论——以《重大行政决策程序条例》的创制为指向[J]. 浙江工业大学学报(社会科学版),2014(3).

[23] 尹奎杰,王箭. 重大行政决策行为的性质与认定[J]. 当代法学,2016(1).

[24] 廖秀健,刘白. 重大决策社会稳定风险评估的困境及其规制——

以重庆“短命医改”为例[J]. 中国行政管理,2016(1).

[25] 高洪成,姜瑞青. 重大决策终身责任追究制度的现实困局及其破解[J]. 理论导刊,2015(8).

[26] 赵娜. 重大行政决策的集体讨论决定制度研究[J]. 北京航空航天大学学报(社会科学版),2014(1).

[27] 周实,马野. 行政决策法律责任追究机制研究[J]. 国家行政学院学报,2011(1).

[28] 关保英,杨福韬. 政府决策失误的责任追究探讨[J]. 福建公安高等专科学校学报,2007(2).

[29] 惠连江. 应建立和完善政府决策失误的法律责任追究制度[J]. 国家行政学院学报,2000(5).

[30] 谭九生. 重大行政决策终身追责中“双轨型”档案制度的构建及应用[J]. 浙江档案,2015(4).

三、学位论文

[1] 陈党. 行政问责法律制度研究[D]. 苏州:苏州大学,2007.

[2] 卢剑锋. 行政决策法治化研究[D]. 兰州:兰州大学,2010.

[3] 谷志军. 决策问责及其体系构建研究[D]. 杭州:浙江大学,2014.

[4] 桂萍. 重大行政决策之公众参与制度[D]. 苏州:苏州大学,2016.

[5] 肖俏. 行政决策追责中领导人行政责任认定研究[D]. 长春:吉林大学,2018.

[6] 郑理. 我国重大行政决策风险评估制度的优化研究[D]. 武汉:中南财经政法大学,2017.

[7] 李林芳. 重大决策终身责任追究制度研究[D]. 重庆:西南政法大学,2016.

[8] 马飞. 行政决策法治化研究[D]. 济南:山东大学,2005.

[9] 徐希友. 我国重大行政决策风险评估制度研究[D]. 苏州:苏州大学,2016.

[10] 曾佳欣. 重大行政决策问责范围研究[D]. 合肥:安徽大学,2017.

附　录

重大行政决策程序暂行条例

（2019年4月20日国务院令第713号公布，自2019年9月1日起施行）

第一章　总　则

第一条　为了健全科学、民主、依法决策机制，规范重大行政决策程序，提高决策质量和效率，明确决策责任，根据宪法、地方各级人民代表大会和地方各级人民政府组织法等规定，制定本条例。

第二条　县级以上地方人民政府（以下称决策机关）重大行政决策的作出和调整程序，适用本条例。

第三条　本条例所称重大行政决策事项（以下简称决策事项）包括：

（一）制定有关公共服务、市场监管、社会管理、环境保护等方面的重大公共政策和措施；

（二）制定经济和社会发展等方面的重要规划；

（三）制定开发利用、保护重要自然资源和文化资源的重大公共政策和措施；

（四）决定在本行政区域实施的重大公共建设项目；

（五）决定对经济社会发展有重大影响、涉及重大公共利益或者社会公众切身利益的其他重大事项。

法律、行政法规对本条第一款规定事项的决策程序另有规定的，依照其规定。财政政策、货币政策等宏观调控决策，政府立法决策以及突发事件应急处置决策不适用本条例。

决策机关可以根据本条第一款的规定，结合职责权限和本地实际，确定决策事项目录、标准，经同级党委同意后向社会公布，并根据实际情况调整。

第四条　重大行政决策必须坚持和加强党的全面领导，全面贯彻党的路线方针政策和决策部署，发挥党的领导核心作用，把党的领导贯彻到重大行政决策全过程。

第五条　作出重大行政决策应当遵循科学决策原则，贯彻创新、协调、绿色、开放、共享的发展理念，坚持从实际出发，运用科学技术和方法，尊重客观规律，适应经济社会发展和全面深化改革要求。

第六条　作出重大行政决策应当遵循民主决策原则，充分听取各方面意见，保障人民群众通过多种途径和形式参与决策。

第七条　作出重大行政决策应当遵循依法决策原则，严格遵守法定权限，依法履行法定程序，保证决策内容符合法律、法规和规章等规定。

第八条　重大行政决策依法接受本级人民代表大会及其常务委员会的监督，根据法律、法规规定属于本级人民代表大会及其常务委员会讨论决定的重大事项范围或者应当在出台前向本级人民代表大会常务委员会报告的，按照有关规定办理。

上级行政机关应当加强对下级行政机关重大行政决策的监督。审计机关按照规定对重大行政决策进行监督。

第九条　重大行政决策情况应当作为考核评价决策机关及其领导人员的重要内容。

第二章　决策草案的形成

第一节　决策启动

第十条　对各方面提出的决策事项建议，按照下列规定进行研究论证后，报请决策机关决定是否启动决策程序：

（一）决策机关领导人员提出决策事项建议的，交有关单位研究论证；

（二）决策机关所属部门或者下一级人民政府提出决策事项建议的，应当论证拟解决的主要问题、建议理由和依据、解决问题的初步方案及其必要性、可行性等；

（三）人大代表、政协委员等通过建议、提案等方式提出决策事项建议，以及公民、法人或者其他组织提出书面决策事项建议的，交有关单位研究论证。

第十一条　决策机关决定启动决策程序的，应当明确决策事项的承办单位（以下简称决策承办单位），由决策承办单位负责重大行政决策草案的拟订等工作。决策事项需要两个以上单位承办的，应当明确牵头的决策承办单位。

第十二条　决策承办单位应当在广泛深入开展调查研究、全面准确掌握有关信息、充分协商协调的基础上，拟订决策草案。

决策承办单位应当全面梳理与决策事项有关的法律、法规、规章和政策，使决策草案合法合规、与有关政策相衔接。

决策承办单位根据需要对决策事项涉及的人财物投入、资源消耗、环境影响等成本和经济、社会、环境效益进行分析预测。

有关方面对决策事项存在较大分歧的，决策承办单位可以提出两个以上方案。

第十三条　决策事项涉及决策机关所属部门、下一级人民政府等单位的职责，或者与其关系紧密的，决策承办单位应当与其充分协商；不能取得一致意见的，应当向决策机关说明争议的主要问题，有关单位的意见，决策承办单位的意见、理由和依据。

第二节　公众参与

第十四条　决策承办单位应当采取便于社会公众参与的方式充分听取意见，依法不予公开的决策事项除外。

听取意见可以采取座谈会、听证会、实地走访、书面征求意见、向社会公开征求意见、问卷调查、民意调查等多种方式。

决策事项涉及特定群体利益的，决策承办单位应当与相关人民团体、社会组织以及群众代表进行沟通协商，充分听取相关群体的意见建议。

第十五条　决策事项向社会公开征求意见的，决策承办单位应当通过政府网站、政务新媒体以及报刊、广播、电视等便于社会公众知晓的途径，公布决策草案及其说明等材料，明确提出意见的方式和期限。公开征求意见的期限一般不少于30日；因情况紧急等原因需要缩短期限的，公开征求意见时应当予以说明。

对社会公众普遍关心或者专业性、技术性较强的问题，决策承办单位可以通过专家访谈等方式进行解释说明。

第十六条　决策事项直接涉及公民、法人、其他组织切身利益或者存在较大分歧的，可以召开听证会。法律、法规、规章对召开听证会另有规定的，依照其规定。

决策承办单位或者组织听证会的其他单位应当提前公布决策草案及其说明等材料，明确听证时间、地点等信息。

需要遴选听证参加人的，决策承办单位或者组织听证会的其他单位应当提前公布听证参加人遴选办法，公平公开组织遴选，保证相关各方都有代表参加听证会。听证参加人名单应当提前向社会公布。听证会材料应当于召开听证会7日前送达听证参加人。

第十七条　听证会应当按照下列程序公开举行：

（一）决策承办单位介绍决策草案、依据和有关情况；

（二）听证参加人陈述意见，进行询问、质证和辩论，必要时可以由决策承办单位或者有关专家进行解释说明；

（三）听证参加人确认听证会记录并签字。

第十八条　决策承办单位应当对社会各方面提出的意见进行归纳整理、研究论证，充分采纳合理意见，完善决策草案。

第三节　专家论证

第十九条　对专业性、技术性较强的决策事项，决策承办单位应当组织专家、专业机构论证其必要性、可行性、科学性等，并提供必要保障。

专家、专业机构应当独立开展论证工作，客观、公正、科学地提出论证意见，并对所知悉的国家秘密、商业秘密、个人隐私依法履行保密义务；提供书面论证意见的，应当署名、盖章。

第二十条　决策承办单位组织专家论证，可以采取论证会、书面咨询、委托咨询论证等方式。选择专家、专业机构参与论证，应当坚持专业性、代表性和中立性，注重选择持不同意见的专家、专业机构，不得选择与决策事项有直接利害关系的专家、专业机构。

第二十一条　省、自治区、直辖市人民政府应当建立决策咨询论证专家库，规范专家库运行管理制度，健全专家诚信考核和退出机制。

市、县级人民政府可以根据需要建立决策咨询论证专家库。

决策机关没有建立决策咨询论证专家库的，可以使用上级行政机关的专家库。

第四节　风险评估

第二十二条　重大行政决策的实施可能对社会稳定、公共安全等方面造成不利影响的，决策承办单位或者负责风险评估工作的其他单位应当组织评估决策草案的风险可控性。

按照有关规定已对有关风险进行评价、评估的，不作重复评估。

第二十三条　开展风险评估，可以通过舆情跟踪、重点走访、会商分析等方式，运用定性分析与定量分析等方法，对决策实施的风险进行科学预测、综合研判。

开展风险评估，应当听取有关部门的意见，形成风险评估报告，明确风险点，提出风险防范措施和处置预案。

开展风险评估，可以委托专业机构、社会组织等第三方进行。

第二十四条　风险评估结果应当作为重大行政决策的重要依据。决策机关认为风险可控的，可以作出决策；认为风险不可控的，在采取调整决策草案等措施确保风险可控后，可以作出决策。

第三章　合法性审查和集体讨论决定

第一节　合法性审查

第二十五条　决策草案提交决策机关讨论前，应当由负责合法性审查的部门进行合法性审查。不得以征求意见等方式代替合法性审查。

决策草案未经合法性审查或者经审查不合法的，不得提交决策机关讨论。对国家尚无明确规定的探索性改革决策事项，可以明示法律风险，提交决策机关讨论。

第二十六条　送请合法性审查，应当提供决策草案及相关材料，包括有关法律、法规、规章等依据和履行决策法定程序的说明等。提供的材料不符合要求的，负责合法性审查的部门可以退回，或者要求补充。

送请合法性审查，应当保证必要的审查时间，一般不少于7个工作日。

第二十七条　合法性审查的内容包括：

（一）决策事项是否符合法定权限；

（二）决策草案的形成是否履行相关法定程序；

（三）决策草案内容是否符合有关法律、法规、规章和国家政策的规定。

第二十八条　负责合法性审查的部门应当及时提出合法性审查意见，并对合法性审查意见负责。在合法性审查过程中，应当组织法律顾问、公职律师提出法律意见。决策承办单位根据合法性审查意见进行必要的调整或者补充。

第二节　集体讨论决定和决策公布

第二十九条　决策承办单位提交决策机关讨论决策草案，应当报送下列材料：

（一）决策草案及相关材料，决策草案涉及市场主体经济活动的，应当包含公平竞争审查的有关情况；

（二）履行公众参与程序的，同时报送社会公众提出的主要意见的研究采纳情况；

（三）履行专家论证程序的，同时报送专家论证意见的研究采纳情况；

（四）履行风险评估程序的，同时报送风险评估报告等有关材料；

（五）合法性审查意见；

（六）需要报送的其他材料。

第三十条　决策草案应当经决策机关常务会议或者全体会议讨论。决策机关行政首长在集体讨论的基础上作出决定。

讨论决策草案，会议组成人员应当充分发表意见，行政首长最后发表意见。行政首长拟作出的决定与会议组成人员多数人的意见不一致的，应当在会上说明理由。

集体讨论决定情况应当如实记录，不同意见应当如实载明。

第三十一条　重大行政决策出台前应当按照规定向同级党委请示报告。

第三十二条　决策机关应当通过本级人民政府公报和政府网站以及在本行政区域内发行的报纸等途径及时公布重大行政决策。对社会公众普遍关心或者专业性、技术性较强的重大行政决策，应当说明公众意见、专家论证意见的采纳情况，通过新闻发布会、接受访谈等方式进行宣传解读。依法不予公开的除外。

第三十三条　决策机关应当建立重大行政决策过程记录和材料归档制度，由有关单位将履行决策程序形成的记录、材料及时完整归档。

第四章　决策执行和调整

第三十四条　决策机关应当明确负责重大行政决策执行工作的单位（以下简称决策执行单位），并对决策执行情况进行督促检查。决策执行单位应当依法全面、及时、正确执行重大行政决策，并向决策机关报告决策执行情况。

第三十五条　决策执行单位发现重大行政决策存在问题、客观情况发生重大变化，或者决策执行中发生不可抗力等严重影响决策目标实现的，应当及时向决策机关报告。

公民、法人或者其他组织认为重大行政决策及其实施存在问题的，可以通过信件、电话、电子邮件等方式向决策机关或者决策执行单位提出意见建议。

第三十六条　有下列情形之一的，决策机关可以组织决策后评估，并确定承担评估具体工作的单位：

（一）重大行政决策实施后明显未达到预期效果；

（二）公民、法人或者其他组织提出较多意见；

（三）决策机关认为有必要。

开展决策后评估，可以委托专业机构、社会组织等第三方进行，决策作出前承担主要论证评估工作的单位除外。

开展决策后评估，应当注重听取社会公众的意见，吸收人大代表、政协委员、人民团体、基层组织、社会组织参与评估。

决策后评估结果应当作为调整重大行政决策的重要依据。

第三十七条　依法作出的重大行政决策，未经法定程序不得随意变更或者停止执行；执行中出现本条例第三十五条规定的情形、情况紧急的，决策机关行政首长可以先决定中止执行；需要作出重大调整的，应当依照本条例履行相关法定程序。

第五章　法律责任

第三十八条　决策机关违反本条例规定的，由上一级行政机关责令改正，对决策机关行政首长、负有责任的其他领导人员和直接责任人员依法追究责任。

决策机关违反本条例规定造成决策严重失误，或者依法应当及时作出决策而久拖不决，造成重大损失、恶劣影响的，应当倒查责任，实行终身责任追究，对决策机关行政首长、负有责任的其他领导人员和直接责任人员依法追究责任。

决策机关集体讨论决策草案时，有关人员对严重失误的决策表示不同意见的，按照规定减免责任。

第三十九条　决策承办单位或者承担决策有关工作的单位未按照本条例规定履行决策程序或者履行决策程序时失职渎职、弄虚作假的，由决策机关责令改正，对负有责任的领导人员和直接责任人员依法追究责任。

第四十条　决策执行单位拒不执行、推诿执行、拖延执行重大行政决策，或者对执行中发现的重大问题瞒报、谎报或者漏报的，由决策机关责令改正，对负有责任的领导人员和直接责任人员依法追究责任。

第四十一条　承担论证评估工作的专家、专业机构、社会组织等违反职业道德和本条例规定的，予以通报批评、责令限期整改；造成严重后果的，取消评估资格、承担相应责任。

第六章　附　则

第四十二条　县级以上人民政府部门和乡级人民政府重大行政决策的作出和调整程序，参照本条例规定执行。

第四十三条　省、自治区、直辖市人民政府根据本条例制定本行政区域重大行政决策程序的具体制度。

国务院有关部门参照本条例规定，制定本部门重大行政决策程序的具体制度。

第四十四条　本条例自2019年9月1日起施行。

四川省重大行政决策责任追究暂行办法

（2016年8月22日四川省人民政府第126次常务会议审议通过，2016年9月1日四川省人民政府令第314号公布，自2016年11月1日起施行）

第一条　为规范重大行政决策活动，促进依法决策、科学决策、民主决策，根据《中华人民共和国行政监察法》《中华人民共和国公务员法》《行政机关公务员处分条例》等法律、法规规定，结合四川省实际，制定本办法。

第二条　本省行政区域内县级以上地方人民政府重大行政决策责任追究适用本办法。

法律、法规对重大行政决策违法行为责任追究另有规定的，从其规定。

第三条　本办法所称重大行政决策责任追究，是指县级以上地方人民政府重大行政决策未按照法定权限、程序、时限决策，或者造成重大损失、恶劣影响的，按照本办法规定追究行政首长、负有责任的其他领导人员及相关责任人员（以下简称有关责任人员）的责任。

第四条　重大行政决策责任追究应当遵循职权法定、客观公正、权责统一、惩教结合等原则。

第五条　县级以上地方人民政府及有关部门应当按照法定权限，对下级人民政府重大行政决策进行监督。

县级以上地方人民政府及其有关部门或者县级以上地方人民政府监察机关按照法定权限，负责重大行政决策违法行为的调查。

重大行政决策责任追究由相关任免机关或者监察机关（以下简称责任追究机关）按照管理权限依法处理。

第六条　县级以上地方人民政府重大行政决策应当遵循公众参与、专家论证、风险评估、合法性审查、集体讨论决定等法定程序。

第七条　在重大行政决策公众参与程序中有下列情形之一的，应当追究有关责任人员责任：

（一）未按照规定公开征求社会公众意见的；

（二）未按照规定处理公民、法人或者其他组织提出的意见的；

（三）未按照规定举行听证会的；

（四）法律、法规、规章规定的其他情形。

第八条　在重大行政决策专家论证程序中有下列情形之一的，应当追究有关责任人员责任：

（一）未按照规定组织专家论证的；

（二）在论证过程中弄虚作假的；

（三）法律、法规、规章规定的其他情形。

第九条　在重大行政决策风险评估程序中有下列情形之一的，应当追究有关责任人员责任：

（一）未按照规定开展风险评估的；

（二）未按照规定处理风险评估结论的；

（三）法律、法规、规章规定的其他情形。

第十条　在重大行政决策合法性审查程序中有下列情形之一的，应当追究有关责任人员责任：

（一）未按照规定进行合法性审查的；

（二）经合法性审查认定不合法，作出决策的；

（三）法律、法规、规章规定的其他情形。

第十一条　在重大行政决策集体讨论决定程序中有下列情形之一的，应当追究有关责任人员责任：

（一）未按照法定权限、时限、程序作出决策的；

（二）未按照规定对会议决定过程进行记录的；

（三）法律、法规、规章规定的其他情形。

第十二条　重大行政决策有下列情形之一的，应当追究有关责任人员责任：

（一）未按照规定在政府网站或者公众媒体向社会公开重大行政决策的事项、依据和结果的；

（二）未按照规定组织重大行政决策后评估的；

（三）法律、法规、规章规定的其他情形。

第十三条　在重大行政决策事项方案起草、决策等过程中，有玩忽职守、弄虚作假、徇私舞弊、贪污受贿等违法行为的，应当依法追究有关责任人员责任。

第十四条　重大行政决策有下列情形之一的，县级以上地方人民政府及其有关部门或者县级以上地方人民政府监察机关按照法定权限应当启动调查程序：

（一）未按照法律、法规、规章规定进行重大行政决策的；

（二）重大行政决策造成重大损失或者恶劣影响的；

（三）公民、法人或者其他组织投诉、检举、控告重大行政决策存在违法事实的；

（四）法律、法规、规章规定的其他追究责任的情形。

县级以上地方人民政府及其有关部门或者县级以上地方人民政府监察机关应当将调查结论提交责任追究机关依法处理。

第十五条　法律、法规规定应当终身追究重大行政决策责任的，从其规定。

第十六条　法律、法规、规章或者有关规定应当减轻或者免予追究重大行政决策责任的，从其规定。

第十七条　按照本办法规定追究有关责任人员责任，可以采取批评教育、责令公开道歉、诫勉谈话、停职检查、引咎辞职、责令辞职、免职等方式追究责任；构成违纪的，依照相关法律、法规、规章等规定给予处分；涉嫌犯罪的，移送司法机关依法追究刑事责任。

第十八条　参与重大行政决策专家论证、风险评估的中介组织、专家等应当对所提供的决策咨询意见负责，在参与重大行政决策活动中违反法律法规、职业道德、职业规范造成决策失误的，由责任追究机关将调查情况通报相关主管部门，由相关主管部门依法调查、处理。

第十九条　有关责任人员对重大行政决策责任追究处理决定不服的，可按照《中华人民共和国公务员法》等法律、法规规定依法提出申诉。

第二十条　县级以上地方人民政府职能部门、乡（镇）人民政府、街道办事处或者法律、法规授权的组织重大行政决策严重失误或者违法决策，应当追究有关责任人员责任的，参照本办法执行。

第二十一条　本办法自2016年11月1日起施行。

深圳市行政决策责任追究办法

（深圳市政府四届一四一次常务会议审议通过，2009年9月3日市政府令第207号发布，自2009年11月1日起施行）

第一条　为了加强对行政决策活动的监督，促进科学、民主、依法决策，强化行政决策责任，防止和纠正行政决策失误，惩处行政决策活动中的违法违规行为，推动依法行政，建设法治政府，根据《中华人民共和国公务员法》《行政机关公务员处分条例》的规定，结合本市实际，制定本办法。

第二条　本办法适用于市政府所属行政机关、各区政府及其所属行政机关、法律法规授权的具有管理公共事务职能的组织和市、区行政机关委托的组织及其领导集体成员和参与决策的有关人员（以下简称行政机关及其工作人员）。

第三条　本办法所称行政决策责任追究（以下简称决策责任追究），是指对行政机关及其工作人员在承办政府重大决策事项时不履行或者不正确履行职责，或者在本单位重大事项决策中，不履行职责或不正确履行职责，造成人身、财产损失、环境破坏或者其他不良社会影响的行为，按照本办法追究行政机关及有关责任人员行政责任的活动。

前款所称不履行职责，包括拒绝、放弃、推诿职责等情形；不正确履行职责，包括无合法依据以及不依照规定程序、规定权限和规定时限履行职责等情形。

第四条　决策责任追究应当坚持谁决策谁负责、惩处与责任相适应、教育与惩处相结合的原则。

第五条　各行政机关应当建立健全重大行政决策事项的议事规则，防止决策失误发生。

第六条　按政府要求负责承办政府重大决策事项的调研、方案起草与论证等前期工作的行政机关，有下列情形之一的，应当追究行政机关或者有关责任人员的行政责任：

（一）应当提请政府审议的重大决策事项，未按规定提请审议擅自决定的；

（二）制定重大决策事项方案时未认真进行可行性研究，或者未按规定提供决策备选方案的；

（三）重大决策事项方案未按规定进行社会稳定风险评估的；

（四）未按决策事项涉及范围，征求各有关部门意见的；

（五）涉及城市规划、城市交通、生态环境、文化教育、医疗卫生、公共服务价格调整等关系市民切身利益的重大决策事项方案，未按规定通过报纸、电台、电视台或互联网等媒体进行公示或组织召开听证会，广泛征求社会各界和市民意见的；

（六）涉及经济社会发展规划、城市规划、土地及资源利用、生态环境、产业发展、重大改革举措、重要资源配置和政府重大建设项目等涉及面广、专业性和技术性较强的重大决策事项方案，未按规定开展衔接协调、公开咨询以及组织专家进行咨询论证的；

（七）未依法经合法性审查或者审查不合格的；

（八）征求意见分歧较大的重大决策事项方案，未按规定进行协调的；

（九）提请政府审议时，提供的重大决策事项有关材料不真实的；

（十）政府重大决策事项承办过程中有其他违法违规行为的。

第七条　负责办理政府重大决策事项审议会议的行政机关，有下列情形之一的，应当追究有关责任人员的行政责任：

（一）未认真审查行政机关报送的重大决策事项有关材料，或者对报送的不符合要求的材料，未及时通知报送的行政机关补正或者退回报送的行政机关的；

（二）未按规定做好政府重大决策事项会议记录、形成会议纪要印发会议组成人员和有关行政机关，或者未按规定形成和保存政府重大决策会议档案的；

（三）政府重大决策事项审议会议办理过程中有其他违法违规行为的。

第八条　行政机关在本单位重大事项决策中，有下列情形之一的，应当追究行政机关或者有关责任人员的行政责任：

（一）未按规定建立重大事项决策议事规则的；

（二）超越权限决策的；

（三）违反法律、法规、规章或者政府决定、命令决策的；

（四）按照议事规则应当由领导集体讨论决定的重大事项，以传阅会签或个别征求意见等形式代替集体议事和会议表决的；

（五）研究决定重大事项的会议，未按规定达到半数以上领导集体成员到会或者分管此项工作的领导集体成员未到会又未在会前征求其意见的；

（六）研究重大事项，未按规定做好会前协调等会前准备工作的；

（七）集体讨论时，行政首长未听取领导集体其他成员的意见决策的；

（八）未按规定做好重大事项决策会议记录、形成会议纪要印发领导集体成员和有关部门，或者未按规定形成和保存重大事项决策会议档案的；

（九）重大突发事件和紧急情况，没有充足时间集体议事和会议表决，领导集体成员处置后，未及时向行政首长或领导集体报告的；

（十）行政机关在本单位重大事项决策中有其他违法违规行为的。

第九条　行政机关或者行政机关领导干部有本办法规定情形应当追究行政决策责任的，按照有关法律、法规、规章、国家规定以及《关于实行党政领导干部问责的暂行规定》《深圳市行政过错责任追究办法》《深圳市人民政府部门行政首长问责暂行办法》等有关规定，追究行政机关或者行政机关领导干部的责任。没有规定的，按照本办法执行。

第十条　行政机关领导干部以外的人员有本办法规定情形应当追究行政决策责任的，按照有关法律、法规、规章、国家规定以及《深圳市行政过错责任追究办法》等有关规定追究责任。

第十一条　责任人员在决策责任追究过程中享有陈述权和申辩权，责任追究机关应当听取其陈述和申辩。

第十二条　责任人员对处理决定不服的，可按照《中华人民共和国公务员法》《中华人民共和国行政监察法》等规定提出申诉。

第十三条　对有关责任人员作出的处理决定，应当抄送同级监察机关、公务员主管部门备案。

第十四条　行政机关及其工作人员违反本办法第六条、第七条、第八条规定情形，涉嫌犯罪的，移送司法机关处理。

第十五条　法律、法规、规章以及国家规定对决策责任追究另有规定的，从其规定。

第十六条　本办法中有关政府重大决策事项和本单位重大事项的范围按照《深圳市人民政府常务会议工作规则》等有关规定确定。

第十七条　本办法自2009年11月1日起实施。

云南省重大行政决策终身责任追究办法(试行)

（2017年11月13日印发）

第一条 为规范政府重大行政决策行为，强化决策责任，减少决策失误，保障重大行政决策的科学性、民主性、合法性，根据《行政机关公务员处分条例》《云南省党政领导干部问责办法（试行）》和《云南省重大行政决策程序规定》等规定，结合我省实际，制定本办法。

第二条 本办法适用于全省县级以上政府及其工作部门因重大行政决策失职失责对有关责任人员的责任追究。

乡镇人民政府（街道办事处）以及法律法规授权行使行政管理职能的组织，参照本办法执行。

第三条 本办法所称重大行政决策终身责任追究，是指具有下列情形之一，对负有责任的领导人员和直接责任人员不论是否已调职、离职、辞职或者退休，进行责任倒查，实行终身责任追究：

（一）除特殊情形外，在实施重大行政决策过程中未依法按照公众参与、专家论证、风险评估、合法性审查、集体讨论决定等程序规定决策，造成重大行政决策严重失误的；

（二）行政决策机关依法应当作出行政决策而未作出决策，或者应当及时作出决策但久拖不决，造成重大损失或者恶劣影响的；

（三）在履行重大行政决策程序中弄虚作假的；

（四）其他应当进行终身责任追究的情形。

第四条 实行重大行政决策终身责任追究，应当坚持权责一致、依法依规、客观公正、科学认定、终身追究的原则。

第五条 重大行政决策主要包括下列事项：

（一）编制或者调整国民经济和社会发展规划、年度计划，土地利用总体规划、主体功能区规划、城镇体系规划、城市规划、水资源利用规划，以及需要县级以上政府批准的专项发展规划和重要区域发展规划；

（二）全局性公共资源配置、重大国有资产处置、社会公益事业建设、政府投资的重大社会公益建设项目批准和实施、非政府投资但需经政府审批并涉及公共利益的重大建设项目，重大财政资金支出；

（三）制定或者调整资源开发利用、环境保护、科技教育、城市建设、安全生产、劳动就业、收入分配、社会保障、卫生计生、公共服务等重大政策措施；

（四）制定或者调整政府定价、政府指导价等公用事业价格、公益性服务价格以及专营商品、特许经营或者服务的价格；

（五）为保护公共安全和公共利益，维护社会稳定和社会治安秩序，采取影响当地生产、生活秩序的长期限制性措施；

（六）其他涉及经济社会发展的重大行政决策事项。

第六条　各级政府及其工作部门对本行政区域内重大行政决策负责，政府及其有关部门主要领导承担主要责任，其他人员依据职责分工和履行职责情况承担直接责任或者其他相应的责任。

集体讨论决策事项时，对严重决策失误明确持不赞成态度或者保留意见的人员，应该免除或者减轻责任。

第七条　各级政府及其工作部门人员发生重大行政决策终身责任追究情形的，应当由监察机关或者其他有权限部门按照职责依法依规进行调查，根据干部管理权限给予相应责任追究。

责任追究决定，一般应当向社会公开。

第八条　重大行政决策终身责任追究方式有：通报；诫勉；组织调整或者组织处理，包括停职检查、调整职务、责令辞职、免职、降职等；政纪处分。

上述责任追究方式，可单独使用，也可合并使用。

责任追究对象涉嫌犯罪的，移送司法机关依法处理。

第九条　重大行政决策责任追究涉及需要追究党员干部党纪责任的，按照《中国共产党纪律处分条例》《中国共产党问责条例》等规定处理。

第十条　重大行政决策终身责任追究的程序按照法律法规和党内法规的有关规定执行。

第十一条　受到责任追究的人员对责任追究处理决定不服的，可按照《中华人民共和国公务员法》等法律法规的规定依法提出申诉。申诉期间，不停止责任追究决定的执行。

第十二条　各级政府及有关部门发现应当追究责任，但没有权限处理的事项，应当及时向监察机关或者有权限部门移送并提供有关材料。

对发现有重大行政决策终身责任追究的情形应当移送而未移送，应当调查而未调查，应当追责而未追责的，追究领导责任和有关责任人员的责任。

第十三条　本办法由省监察厅负责解释。

第十四条　本办法自2018年1月1日起施行。

武汉市重大行政决策责任追究暂行办法

（武政规〔2015〕20号）

第一章　总则

第一条　为了加强对重大行政决策活动的监督，强化行政决策责任，防止和纠正决策失误，惩处行政决策活动中的违法违规行为，促进依法、科学、民主决策，根据《中华人民共和国公务员法》、《行政机关公务员处分条例》（国务院令第495号）、《关于实行党政领导干部问责的暂行规定》（中办发〔2009〕25号）、《武汉市人民政府重大行政决策程序规定》（市人民政府令第266号）等规定，结合我市实际，制定本办法。

第二条　本办法所称重大行政决策，是指政府在依法履行宏观调控、市场监管、公共服务、社会管理等职能过程中，对关系本行政区域内经济社会发展全局、社会涉及面广、与人民群众切身利益密切相关的重大事项所作出的决定。

第三条　本办法适用于市人民政府所属行政机关、各区人民政府、各区人民政府所属行政机关及其行政主要负责人、负有责任的其他领导人员和相关责任人员（以下称行政机关及其工作人员）。

法律、法规对参与重大行政决策违法违规行为的处理另有规定的，从其规定。

第四条　本办法所称重大行政决策责任追究，是指对行政机关及其工作人员在参与重大行政决策事项时不履行或者不正确履行职责，造成人身、财产重大损失以及产生社会稳定、生态环境、财政和公共安全等方面恶劣影响的行为，按照本办法追究行政机关及其有关责任人员责任的活动。

前款所称不履行职责，包括拒绝、放弃、推诿职责等情形；不正确履行职责，包括无合法依据以及不依照规定程序、规定权限和规定时限履行职责等情形。

第五条　重大行政决策责任追究应当坚持权责一致、过罚相当、依法有序、主客观相统一的原则。

第二章　责任追究的情形

第六条　重大行政决策起草单位有下列情形之一，造成决策严重失误或者重大损失、恶劣影响的，应当追究有关责任人员的责任：

（一）起草决策草案前不进行调查研究或者调查研究不深入的；

（二）无正当理由，未按照规定履行公众参与、专家论证、风险评估等程序的；

（三）选择与重大行政决策事项有直接利害关系或者可能影响客观公正的专家、专业机构进行咨询论证的；

（四）对拟决策事项存在重大意见分歧但不主动进行协调的；

（五）未按照规定报送重大行政决策事项有关材料、未按照要求补正的；

（六）提请政府审议时，提供的重大行政决策事项有关材料不准确、弄虚作假的；

（七）重大行政决策事项起草过程中有其他违法违规行为的。

第七条　负责重大行政决策事项审议会议办理、合法性审查等工作的行政机关，有下列情形之一，造成决策严重失误或者重大损失、恶劣影响的，应当追究有关责任人员的责任：

（一）未按照规定审核重大行政决策起草单位报送的重大行政决策事项有关材料，把关不严的；

（二）未履行合法性审查程序，或者经审查发现问题没有提出而提请政府审议的；

（三）对不同情形的决策草案未按照规定提请政府审议或者退回决策起草单位的；

（四）未按照规定做好重大行政决策事项决策会议记录，或者未按照规定形成和保存重大行政决策事项决策会议档案的；

（五）需报请上级机关批准、向人大及其常委会报告或者提请审议决定的重大行政决策事项，未按照有关规定办理的；

（六）重大行政决策事项审议会议办理、合法性审查等过程中有其他违法违规行为的。

第八条　行政决策机关有下列情形之一，造成决策严重失误或者重大损失、恶劣影响的，应当追究有关责任人员的责任：

（一）依法应当决策而不决策或者不及时决策的；

（二）超越法定权限决策的；

（三）违反法律、法规、规章或者上级机关依法作出的相关规定决策的；

（四）决策前不进行认真调查研究，主观臆断、盲目决策的；

（五）重大行政决策事项按照规定应当履行公众参与、专家论证、风险评估、合法性审查、集体讨论决定、决策后评估等程序而未履行的，或者选择与重大行政决策事项有直接利害关系或者可能影响客观公正的专家、专业机构进行咨询论证的；

（六）对第三方评估报告、专家咨询论证意见、公众和其他行政机关合理意见未予采纳的；

（七）为个人和特定关系人牟取利益，作出不公正决策的；

（八）发现决策错误、失误或者失当，可以纠正而未及时纠正的；

（九）未履行相关程序，在实施过程中变动或者调整原决策的；

（十）决策后评估报告建议停止执行，决定继续执行的；

（十一）重大行政决策中有其他违法违规、不作为或者严重失误的。

第九条　决策实施单位履责不力，导致重大行政决策不能正确执行的，依照有关规定对负有领导责任的人员和其他直接责任人员给予处理。

第三章　责任追究的方式及适用

第十条　按照本办法应当追究有关人员责任的，根据其行为性质、过错程度、危害后果等因素确定情节轻重，分别给予诫勉谈话、责令公开道歉、停职检查、调离岗位、引咎辞职、责令辞职、免职处理。构成违纪的，给予纪律处分；涉嫌犯罪的，移送司法机关处理。

以上责任追究方式可以单独或者合并使用。

第十一条　重大行政决策责任追究，应当分清集体责任和个人责任、直接责任和领导责任。追究集体责任时，领导班子主要负责人和直接主管的领导班子成员承担主要责任，参与决策的领导班子其他成员承担相关责任。

第十二条　有下列情形之一的，应当从重、加重责任追究：

（一）干扰、阻碍、不配合责任追究调查的；

（二）弄虚作假、隐瞒事实真相的；

（三）对控告人、检举人、申诉人或者责任追究承办人员打击报复的；

（四）法律、法规规定的其他从重、加重情形。

第十三条　有下列情形之一的，可以从轻、减轻或者免予责任追究：

（一）决策参与者对决策结果持不赞同或者保留意见的；

（二）上级机关改变或者撤销本级行政机关的决定导致决策错误的；

（三）因国家政策调整，且符合重大行政决策程序规定的；

（四）决策出现失误或者造成一定损失，但出于推动改革发展需要，且在决策中勤勉尽责、未牟取私利的；

（五）因意外事件、不可抗力或者其他非人为因素导致不良影响或者不良后果发生的；

（六）主动采取措施，有效避免损失扩大或者挽回影响的；

（七）法律、法规规定的其他从轻、减轻或者免予责任追究的情形。

第十四条　按照法律、法规和有关规定应当追究终身重大行政决策责任的，不因工作岗位、职务变动或者退休而免予责任追究。

第四章　责任追究的程序

第十五条　重大行政决策责任追究，按照管理权限由政府作出决定，监察机关、组织人事部门具体负责实施。

第十六条　决策起草单位和实施单位应当依照《中华人民共和国档案法》等有关规定，将决策的作出和实施过程中形成的相关材料及时、完整整理归档。责任追究程序启动后，责任追究实施机关根据归档资料倒查问题线索，确定责任追究对象，倒查直接责任人员、领导人员的责任。

第十七条　政府或者监察机关、组织人事部门发现有本办法第二章规定的情形，或者依据下列反映行政机关及其工作人员存在上述责任追究情形的线索，可以按照规定启动责任追究调查程序：

（一）上级机关及其领导同志批示、交办和通报的；

（二）上级或者本级人大常委会、人民政协监督中发现的；

（三）行政诉讼和行政复议中发现的；

（四）监察机关、组织人事部门在监督检查、立案审查中发现的；

（五）公民、法人和其他组织投诉、控告、检举的；

（六）新闻媒体或者网络舆情曝光的；

（七）其他渠道反映的存在责任追究情形的线索。

第十八条　行政机关在监督检查中发现有本办法第二章规定的情形，应当按照规定及时移送监察机关、组织人事部门处理。

第十九条　监察机关、组织人事部门收到应当追究责任的线索，按照权限和程序进行调查，对事实清楚、证据充分的，按照干部管理权限向责任追究决定机关提出责任追究建议。

第二十条　作出责任追究决定前，应当听取被追究人员的陈述和申辩，对其合理意见，应当予以采纳。

第二十一条　责任追究决定机关根据责任追究建议，经领导班子集体讨论后作出责任追究决定。

第二十二条　责任追究决定应当以书面形式作出，并送达有关责任机关和责任人员。

第二十三条　对处理决定不服的，可以自接到责任追究决定之日起15日内，向责任追究决定机关提出书面申诉。责任追究机关接到书面申诉后，应当在30日内作出申诉处理决定。法律、法规另有规定的，从其规定。

第二十四条　对有关责任人员作出的处理决定，应当抄送同级监察机关、组织人事部门和法制部门备案。

第二十五条　组织人事部门应当及时将被追究责任的人员的有关材料归入其个人档案，并将执行情况报告责任追究决定机关，回复责任追究建议机关。

第二十六条　责任追究决定应当在一定范围内予以公开。

第二十七条　对经各级人民代表大会及其常务委员会选举或者决定任命的人员实行责任追究，按照有关法律规定的程序办理。

第二十八条　监察机关、组织人事部门不履行本办法规定职责或者违反本办法行使职责，造成严重后果的，应当根据有关规定追究相关责任人员的责任。

第五章　附则

第二十九条　对法律、法规授权的具有公共事务管理职能的组织作出的重大行政决策进行责任追究，参照本办法的规定执行。

第三十条　本办法自印发之日起施行，有效期为2年。

南昌市人民政府重大行政决策责任追究办法

（洪府发〔2010〕35号）

第一条　为了加强对重大行政决策活动的监督，促进科学、民主、依法决策，防止决策失误，根据《国务院关于加强市县政府依法行政的决定》《江西省县级以上人民政府重大行政决策程序规定》，结合本市实际，制定本办法。

第二条　市人民政府重大行政决策（以下简称重大决策）责任追究适用本办法。法律、法规、规章另有规定的，从其规定。

本办法所称重大决策责任追究，是指对行政机关及其工作人员在承办、决定、执行重大决策过程中，不履行或者不正确履行职责，造成不良社会影响或者后果的行为，追究有关责任人员行政责任的活动。

第三条　重大决策责任追究应当坚持实事求是，有错必究，惩处与责任相适应，教育与惩处相结合的原则。

第四条　重大决策承办、决定、执行过程中有下列情形之一的，应当追究有关责任人员的责任：

（一）未按规定听取意见或者未如实将听取意见情况向市政府报告；

（二）应当听证而未听证作出决策的；

（三）未经合法性审查或者经审查不合法作出决策的；

（四）未经集体讨论作出决策的；

（五）执行不力，导致重大决策不能正确执行的；

（六）其他应当追究责任的情形。

第五条　重大决策责任追究方式有：

（一）责令作出书面检查；

（二）告诫；

（三）取消当年评优评先资格；

（四）扣发当年奖金；

（五）通报批评；

（六）给予行政处分。

以上方式可以单独适用或者合并适用。

第六条　决策承办单位未按规定听取意见或者未如实将听取意见情况向市政府报告的，对负有领导责任的人员和其他直接责任人员单独给予或者合并给予责令作出书面检查、告诫、取消当年评优评先资格、扣发当年奖金、通报批评的处理。

第七条　对应当听证而未听证作出决策，未经合法性审查或者经审查不合法作出决策，以及未经集体讨论作出决策的，依照国务院《行政机关公务员处分条例》第十九条第一项的规定，对负有领导责任的人员给予行政处分。

第八条　对决策执行单位执行不力，导致重大决策不能正确执行的，依照国务院《行政机关公务员处分条例》第十九条第二项的规定，对负有领导责任的人员和其他直接责任人员给予行政处分。

第九条　重大决策责任追究，依照人事管理权限，由任免机关或者监察机关决定。

第十条　决策责任追究机关经调查，对事实清楚、证据充分的，应当做出责任追究决定；对事实不清、证据不足或者无过错的，不予追究。

行政机关在作出责任追究决定前，应当听取有关责任人的陈述和申辩。

第十一条　责任追究决定应当以书面形式作出，并送达有关责任人。

第十二条　责任人对责任追究决定不服的，可以自收到决定之日起30日内向作出决定的机关提出复核。其中对行政处分不服的，依照《中华人民共和国行政监察法》《中华人民共和国公务员法》的有关规定办理。复核期间，责任追究决定不停止执行。复核中发现处理错误，应当及时纠正。

第十三条　对有关责任人作出的责任追究决定，应当同时报送同级监察机关和组织、人事部门备案。

第十四条　各县区（含开发区、新区）、各部门重大决策责任追究参照本办法执行。

第十五条　本办法自2011年1月1日起施行。

西安市重大行政决策责任追究暂行办法

（2017年6月6日市政府第17次常务会议、2017年7月6日市委全面深化改革领导小组第十五次会议审议通过，2017年8月14日印发）

第一条　为了加强对重大行政决策行为的监督，促进依法、科学、民主决策，强化行政决策责任，根据《中华人民共和国公务员法》《行政机关公务员处分条例》《西安市政府重大行政决策程序规定》等法律法规和规定，结合我市实际，制定本办法。

第二条　本办法适用于参与重大行政决策工作中不履行或不正确履行职责的全市各级行政机关，法律、法规授权组织及其工作人员。

重大行政决策是指市、区县人民政府、开发区管委会依照法定职权，对关系本地区经济社会发展全局、社会涉及面广、与人民群众利益密切相关的重大事项所作出的决定。

第三条　重大行政决策责任追究由各级监察机关负责，坚持谁决策谁负责、谁主管谁负责、谁承办谁负责的原则。

第四条　重大行政决策责任追究包括以下方式：

（一）责令作出书面检查；

（二）通报批评；

（三）诫勉；

（四）组织调整或者组织处理；

（五）纪律处分。

上述追究方式可以单独使用，也可以合并使用。法律、法规另有规定的，从其规定。涉嫌犯罪的，依法移送司法机关处理。

第五条　承办政府重大行政决策事项的调研、方案起草与论证等前期工作，有下列情形之一，情节较轻的，给予责令作出书面检查、通报批评；情节较重的，给予诫勉；情节严重的，给予组织调整或组织处理、纪律处分：

（一）对列入政府年度重大行政决策目录的重大事项，未按规定提请政府审议或者擅自决策的；

（二）制定重大行政决策事项方案时未认真进行可行性研究，或者未按规定提供决策备选方案的；

（三）重大行政决策事项方案未按规定进行社会稳定风险评估的；

（四）未按决策事项涉及范围，征求相关部门或社会意见的；

（五）对城市规划、城市交通、生态环境、文化教育、医疗卫生、公共服务价格调整等关系群众切身利益的重大行政决策事项方案，未按规定预公开征求社会意见的；

（六）涉及经济社会发展规划、城市规划、土地及资源利用、生态环境、产业发展、重大改革举措、重要资源配置和政府重大建设项目等涉及面广、专业性和技术性较强的重大行政决策事项方案，未按规定开展衔接协调、公开咨询、专家论证的；

（七）相关部门意见分歧较大的重大行政决策事项方案，未按规定进行协调的；

（八）未经合法性审查或者经审查不符合法律、法规规定仍提交会议研究的；

（九）提请政府审议时，提供虚假资料的；

（十）政府重大行政决策事项承办过程中有其他违法违规行为的。

第六条　负责办理重大行政决策事项审议会议的机构，有下列情形之一，情节较轻的，给予责令作出书面检查、通报批评；情节较重的，给予诫勉；情节严重的，给予组织调整或组织处理、纪律处分：

（一）未认真履行审核职责，导致不符合提交会议审议条件的重大行政决策事项而提会审议的；

（二）未按规定做好重大行政决策事项审议会议记录、形成会议纪要印发会议组成人员和有关行政机关，或者未按规定形成、保存政府重大行政决策会议档案的；

（三）重大行政决策事项审议会议办理过程中有其他违法违规行为的。

第七条　各级政府及其部门在重大事项决策中，有下列情形之一，情节较轻的，给予责令作出书面检查、通报批评；情节较重的，给予诫勉；情节严重的，给予组织调整或组织处理、纪律处分：

（一）研究重大事项，未按规定做好会前协调等准备工作的；

（二）重大事项未按规定集体审议或者按照议事规则应当由领导集体讨论决定的重大事项，以传阅、会签或者个别征求意见等其他形式替代集体审议和会议表决的；

（三）研究决定重大事项的会议，未按规定达到半数以上领导集体成员到会的；

（四）超越权限决策的；

（五）违反法律、法规或者政府决定、命令决策的；

（六）在重大行政决策中有其他违法违规行为的。

第八条　出现下列情形之一的，监察机关应当追究相关重大行政参与者的责任：

（一）因重大行政决策失误而导致行政行为在行政复议中被撤销或确认违法，或者在行政诉讼中败诉的；

（二）在查处安全事故、破坏生态环境、腐败案件等执纪执法工作中，发现存在重大行政决策失误问题的；

（三）在其他工作中发现存在重大行政决策失误问题的。

第九条　承办政府重大行政决策事项的调研、方案起草与论证等前期工作的行政机关和负责办理重大行政决策事项审议会议的机构要建立责任到人、记录在案、问题倒查的相关机制。不因追责对象职务变动、岗位调整、辞职、辞退、退休等免予追究。

第十条　监察机关对本办法规定的追责情形应当调查而未调查，应当移送而未移送，应当追责而未追责的，追究有关人员的责任。

第十一条　有关责任人员在责任追究过程中享有陈述权和申辩权，责任追究机关应当听取其陈述和申辩。

第十二条　有关责任人员对处理决定不服的，可以按照《中华人民共和国公务员法》《中华人民共和国行政监察法》等规定提出申诉。

第十三条　国有企业、法律法规授权组织的重大行政决策责任追究工作，参照本办法执行。

第十四条　本办法自发布之日起施行。

遂宁市重大行政决策失误责任追究办法

（遂府办函〔2009〕383号）

第一章　总则

第一条　为提高我市各级行政机关及其组成部门领导干部重大行政决策水平，保证重大行政决策的科学化、民主化、合法化，防止重大行政决策失误的发生，实现行政决策权力和行政决策责任相统一，根据《中华人民共和国公务员法》《中华人民共和国行政监察法》《行政机关公务员处分条例》《关于实行党政领导干部问责的暂行规定》，结合我市重大行政决策工作实际，制定本办法。

第二条　本办法所称重大行政决策是指行政机关及其组成部门及其内设机构的领导成员在行使行政管理职能过程中，为制定公共政策而进行论证和方案选择的行政行为。

重大行政决策失误，是指行政机关及其组成部门及其内设机构的领导成员因不履行或不正确履行法律、法规、规章、上级政府决定和单位内部管理制度规定的重大行政决策职责及程序，以致影响重大行政决策的效率和质量，造成不良影响和后果。

第三条　本规定适用本市各级政府及其工作部门及其内设机构的领导成员。

法律、法规授权的具有管理公共事务职能的组织的领导成员和实行垂直管理的政府部门的领导成员的重大行政决策失误责任，按法律、法规、规章规定的权限，参照本办法执行。

第四条　重大行政决策失误责任追究，应当坚持公正、公平和教育与惩处相结合，坚持行政决策权力与行政决策责任相统一的原则。

第二章 责任追究范围

第五条 下列行政行为为重大行政决策事项。

（一）经济、社会发展战略的确定或调整；

（二）年度或中长期经济社会发展目标的确定或调整；

（三）年度财政预算（草案）的确定或调整，以及重大项目资金的安排；

（四）与经济社会发展密切相关的工业、农业、电子信息业、环保、商贸、旅游、科教文卫、城建等重大建设项目的确定或调整；

（五）土地、水等有限资源的开发和利用；

（六）涉及区域性重大改革措施的出台；

（七）城市总体规划、分区规划、各类专业规划的确定或调整，大规模的城市改造规划或重要街区、路段的改造规划以及城市公共管理职能的确定或调整；

（八）环境功能区划和自然保护区域的确定，对影响环境和危及人身安全的特定物品或动物采取的禁止或限制性措施；

（九）为保护公共安全和公共利益，维护社会治安秩序和社会稳定采取的辖区范围内长期限制措施；

（十）涉及辖区范围内需要长期限制的重大交通管制措施；

（十一）直接关系公共利益的特定行业的市场准入；

（十二）关系群众切身利益的重要的公用事业价格、公益性服务价格的定价和调价；

（十三）重大社会保障、福利措施的制定；

（十四）其他涉及经济发展、社会稳定和群众切身利益的重大抽象行政行为。

第六条 需经民主讨论决定的重大、复杂的具体行政行为按相关法律规定认定。

第七条 有下列行为之一造成重大行政决策失误的，应当追究有关人员的责任：

（一）超越权限或者滥用权限的；

（二）重大行政决策的内容违反国家法律法规的；

（三）违反重大行政决策风险评估制度的；

（四）违反重大行政决策前成本效益分析制度的；

（五）违反重大行政决策听取意见制度的；

（六）违反重大行政决策合法性审查制度的；

（七）违反重大行政决策社会公开制度的；

（八）违反重大行政决策专家咨询论证制度的；

（九）违反规定程序作出重大行政决策的；

（十）有其他违反规定作出重大行政决策的。

第三章　责任追究方式

第八条　违反本规定第二章规范的，视其情节轻重，由有关机构按照管理权限给予告诫、责令公开道歉、责令书面检查、通报批评、取消当年评优评先资格、扣减当年目标考核得分或扣减年终奖金、调离岗位、停职检查、引咎辞职、责令辞职、免职、辞退、解聘处理。以上追究方式可以单处或并处。

应当追究政纪责任的，视情节轻重，依照《行政机关公务员处分条例》给予相应的政纪处分。

对于其中的共产党员，建议有关党组织，依照《中国共产党纪律处分条例》给予相应的党纪处分。

涉嫌违法犯罪的，移送司法机关依法处理。

第四章　附则

第九条　对责任人作出的责任追究，应当按管理权限，送同级监察机关、组织和人事部门备案。

第十条　负责办理重大决策失误责任追究的工作人员滥用职权、徇私舞弊、玩忽职守的，依照有关规定追究其责任。

第十一条　对重大决策失误责任的追究，国家法律、法规和上一级政府制定的规章制度另有规定的，从其规定。

第十二条 本办法由遂宁市监察局负责解释。

第十三条 本办法自二〇一〇年一月一日起施行。

后 记

本书系教育部人文社会科学一般项目“重大行政决策终身责任追究制度研究”（项目编号：15YJA820001）的研究成果，由课题主持人陈党教授拟定提纲并统稿，课题组成员共同完成。本书写作过程中的具体分工如下：

陈党（浙江工商大学）：撰写第一章、第八章，合作撰写第二章、第五章、第六章；

顾赵丽（浙江工商大学）：撰写第三章、第七章，合作撰写第九章；

王淑蕊（浙江理工大学）：撰写第四章；

俞博文（浙江法校律师事务所）：合作撰写第二章；

贺定乾（平高集团有限公司）：合作撰写第五章；

康斌（浙江五星国泰律师事务所）：合作撰写第六章；

何泽（浙江金道律师事务所）：合作撰写第九章。

在本书付梓之际，感谢课题组的全体成员；感谢浙江工商大学法学院的领导和同事；感谢浙江工商大学出版社的相关工作人员。

我国的重大行政决策终身责任追究制度尚处于探索阶段，再加上作者的学识有限，书中的错误和疏漏在所难免，敬请专家和读者批评指正。

陈 党

2020年3月6日